Interpretação do Brasil

GILBERTO FREYRE
Interpretação do Brasil

Aspectos da formação social brasileira como processo de amalgamento de raças e culturas

3ª Edição

ORGANIZAÇÃO, INTRODUÇÃO E NOTAS DE OMAR RIBEIRO THOMAZ
APRESENTAÇÃO DE EDUARDO PORTELLA
BIOBIBLIOGRAFIA DE EDSON NERY DA FONSECA
ÍNDICE ONOMÁSTICO ELABORADO POR GUSTAVO HENRIQUE TUNA

São Paulo
2015

© by Fundação Gilberto Freyre, 2013/Recife – Pernambuco – Brasil
1ª Edição, José Olympio, Rio de Janeiro 1947
2ª Edição, Companhia das Letras, São Paulo 2001
3ª Edição, Global Editora, São Paulo 2015

Jefferson L. Alves – diretor editorial
Gustavo Henrique Tuna – editor assistente
Flávio Samuel – gerente de produção
Flavia Baggio – coordenadora editorial e preparação de texto
Deborah Stafussi – assistente editorial
Tatiana F. Souza e Luciane Ortiz – revisão
Eduardo Okuno – capa
Natureza-morta com frutas, Agostinho José da Motta (ca. 1873), óleo sobre tela – imagem da capa

Obra atualizada conforme o
NOVO ACORDO ORTOGRÁFICO DA LÍNGUA PORTUGUESA.

CIP-BRASIL. CATALOGAÇÃO NA FONTE
SINDICATO NACIONAL DOS EDITORES DE LIVROS, RJ

F943i
3. ed.
    Freyre, Gilberto, 1900-1987
    Interpretação do Brasil / Gilberto Freyre ; organização, introdução e notas Omar Ribeiro Thomaz ; apresentação Eduardo Portella; biobibliografia de Edson Nery da Fonseca ; índice onomástico elaborado por Gustavo Henrique Tuna. – 3. ed. – São Paulo : Global, 2015.

ISBN 978-85-260-2223-2

1. Brasil - História. I. Título.

15-25048   CDD: 981
                                                                                    CDU: 94(81)

Direitos Reservados

global editora e distribuidora ltda.
Rua Pirapitingui, 111 – Liberdade
CEP 01508-020 – São Paulo – SP
Tel.: (11) 3277-7999 – Fax: (11) 3277-8141
e-mail: global@globaleditora.com.br
www.globaleditora.com.br

Colabore com a produção científica e cultural.
Proibida a reprodução total ou parcial desta obra
sem a autorização do editor.

Nº de Catálogo: **3639**

Gilberto Freyre, fotografado por Pierre Verger, 1945.
Acervo da Fundação Gilberto Freyre.

Sumário

Gilberto Freyre, múltiplas parcerias – *Eduardo Portella* 9

Introdução – *Omar Ribeiro Thomaz* 15

Prefácio do autor 37

1. Antecedentes europeus da história brasileira 39

2. Fronteiras e plantações 71

3. Unidade e diversidade, nação e região 101

4. Condições étnicas e sociais do Brasil moderno 123

5. A política exterior do Brasil e os fatores que a condicionam 153

6. A literatura moderna do Brasil 183

História bibliográfica de *Interpretação do Brasil* 207

Bibliografia sobre Gilberto Freyre 209

Biobibliografia de Gilberto Freyre 211

Índice onomástico 251

Gilberto Freyre, múltiplas parcerias

Interpretação do Brasil, obra de Gilberto Freyre inicialmente escrita para estrangeiros, tem muito o que ensinar aos brasileiros; particularmente no que diz respeito ao regime superior de coabitação cultural, de trocas materiais e imateriais, intercâmbios simbólicos, sensações difusas, encontros e desencontros, previsíveis e imprevisíveis *vida, forma e cor*.

Interpretação do Brasil inscreve-se no mesmo quadro argumentativo configurado pelos seus antecessores e seus contemporâneos, *Casa-grande & senzala, Sobrados e mucambos, Região e tradição, Ordem e progresso*. Em nenhum instante se deixa tomar pela tentação da síntese, mesmo dialética. Antes, procura operar a tensão constitutiva de opostos considerados inconciliáveis e que logo se tornaram divergências complementares, talvez alguma coisa parecida com o que o pensador esloveno Slavoj Zizek chama hoje de *paralaxe*, ou seja, a interação entre representações sociais destinadas à colisão. Mesmo que, nessa missão, tenha de recorrer aos serviços do imaginário, na difícil caminhada do "*éthos* nacional" (p. 183). Empreendimento hermenêutico sob o signo da fronteira, da interface tenaz de vizinhança e afastamento, proximidade e distância.

Nunca foram amistosas as interlocuções levadas a efeito pelo triângulo (nada amoroso) entre Estado, Nação e Pátria. O primeiro tem se mostrado dissociativo e autoritário; a segunda, em vez de uma legítima emanação societária, tem sido um capítulo pouco brilhante das campanhas eleitorais; já a terceira, pela sua ênfase ufanista, tem se prestado a tarefas pouco ou nada edificantes. É quando a visão interativa e includente da cultura – predicada por Gilberto Freyre – jamais excludente, visivelmente aglutinadora, tem papel relevante a desempenhar. Menos em nome da "assimilação", do "fusionismo", palavras que não pertencem ao meu vocabulário, e mais em virtude de ações interativas, parcerias, mesclas, acordos reciprocamente fortalecedores. Menos ainda o programa da "deglutição", bravata canibalesca endereçada ao apetite do mercado. Gilberto Freyre investe na outra face da moeda.

Interpretação do Brasil é também a instigante narrativa do encontro, em meio aos desencontros; é o compêndio de relações vitalizadas, a trama diversificada de seus elementos constitutivos; a comunidade, a sociedade, a cultura, a identidade, as formas de pensar, o sentir, o agir. As relações múltiplas, os choques, os antagonismos, as divergências são simples acidentes de percurso. Mas já se pode divisar e antever a nação transnacional.

As colisões sucessivas do eu íntimo com o eu social são instâncias fortalecedoras da identidade. Não a identidade natural, ou apenas paisagística, tão grata ao Conde Afonso Celso, mas a identidade conquistada, longe de qualquer tipo ou forma de fundamentalismo; mesmo, ou sobretudo, o fundamentalismo nacionalista, que não vacilou em idealizar a modernidade.

Pena que Gilberto Freyre não esteja presente, agora, para assistir ao conturbado funeral do "homem cordial". Sem ser nunca intolerante, Freyre também não compactuou com o modernismo modernoso, aquele servido no mesmo banquete em que estavam juntas as vanguardas europeias e o Brasil profundo.

Para entender a posição de Gilberto Freyre convém recorrer à sua noção de "tempo tríbio", de simultaneidade. Daí sua afirmação: "Não acredito que se deva escolher entre ser moderno ou tradicional. Pode-se ser ambas as coisas ao mesmo tempo." Além do mais, quando a modernidade faz a sua autocrítica, gera o que Antoine Compagnon designou, no seu recente e famoso livro, como o *anti-*

moderno, categoria na qual incluiu o próprio Charles Baudelaire. É o caso de Walter Benjamin, como alto porta-voz da modernidade. Os antimodernos seriam os que não aceitam a modernidade como dogma. Em se tratando de Freyre, é válido falar-se em ambivalência, e nunca em denegação.

Mas Gilberto Freyre foi igualmente alvo de um veto ideológico por parte dos integrantes do pelotão do "isto ou aquilo", integrado por sociólogos burocráticos, ideologizados, monodisciplinares.

A impugnação ideológica costuma ser criticamente frágil, impermeável, avessa às contradições, às permutas intersubjetivas, às interlocuções livres. É estranho que o autor de *Interpretação do Brasil* venha a ser tão cobrado pelos cavaleiros do apocalipse epistemológico, rígidos e ortodoxos, justamente ele, que jamais cogitou em nos oferecer um saber sistemático. Não era a sua praia. Uma das suas frentes de trabalho consistia em romper os muros convencionais das ciências sociais, sobretudo quando elas insistem que a ideia de sistema preceda o diálogo crítico, e a *rotina* se sobreponha à *aventura*. Essa proposta insólita encontrou dificuldades em penetrar no *bunker* dos ideólogos de plantão, dos sociólogos canônicos, dos acadêmicos engessados.

Gilberto Freyre foi o que mais agudamente percebeu, com engenho e arte, as impurezas da modernidade. Ele, que era um especialista em impurezas, chegou a esboçar uma crítica da razão impura. Aí ele encontra apoio para essa propensão à convivência, ao viver com. A aspiração da pureza sacraliza ainda mais o processamento da cultura. A impureza aqui não se refere à raça, como supõem alguns, e sim ao modo heterodoxo de conduzir a razão hegemônica. Há igualmente, como foco de perturbação da cena social, o deslocamento dos lugares preestabelecidos pelos dispositivos pedagógicos. De repente, os coadjuvantes tornam-se protagonistas. Facilita-se o acesso do outro, da diferença. Os vínculos entre a casa-grande e a senzala não são exclusivamente engendrados pelo modelo produtivista. Progride a infiltração simbólica. Às jornadas de trabalho juntam-se as jornadas de desejo. A história dos vencedores vê-se obrigada a reconhecer o lugar do vencido. O olhar pluriunívoco do intérprete multidisciplinar corrige os desvios oculares do observador indolente.

Outra cobrança insistente dirigida ao esforço interpretativo de Freyre vem a ser o que estigmatizam como a ausência de conclusão. É uma exigência que agride a dinâmica reflexiva do pensamento. Tudo que se conclui não merece ser pensado. A conclusão é, na verdade, um recurso autoritário. O que importa não são as conclusões, mas os questionamentos, as diferentes vias do possível, os encaminhamentos capazes de iluminar os caminhos.

Três outras passagens controversas são o "regionalismo tradicionalista", a democracia racial e a valorização da *ibericidade*. Segundo essa avaliação intolerante, pouco fica da região como reduto de uma tradição em retirada, batida pela voracidade da urbanização. Mesmo diante da sua nítida repulsa a qualquer espécie de eugenismo, repetem-se as acusações com justificativas que antes se aplicam à democracia como um todo. É a democracia que não funciona.

A nossa democracia tem vários pontos cegos. É como o reconhecimento do valor do núcleo ibérico; vale ressaltar os seus frequentes encontros com os "indignados" Miguel de Unamuno e José Ortega y Gasset, ícones de uma península historicamente cooptada por árabes, mouros e judeus, onde predomina a coerência da contradição.

Não sei se todas essas incompreensões teriam influenciado a sua opção radical pela condição de escritor. Creio que não. Prefiro acreditar que foi a confluência vertical, a cumplicidade sólida que se estabelece entre pensamento e linguagem. A linguagem é a língua em rotação. O vigor ensaístico de sua reflexão histórico-social entrega, a todos nós, a sustentável leveza do ensaio, a exemplo de Montaigne, Ortega, Borges, Barthes, Eduardo Lourenço, Octavio Paz, Claudio Magris, Rafael Argullol. Freyre assume desinibida, e até orgulhosamente, a sua identidade de ensaísta. O ensaio tem razões que a própria razão desconhece.

Gilberto Freyre dispõe das qualidades inegociáveis do escritor, possui a plasticidade, a elasticidade, a fluidez, a capacidade de interagir na contracorrente de processos ásperos, e alargar os limites do mundo vazado de subjetividade. É a atitude fundadora dos verdadeiros criadores de linguagem. Linguagens que são mundo. Com Freyre, as diversas culturas do mundo se encontram e, não raro, se entendem. Freyre faz questão de reconhecer o acentuado vigor cognitivo da literatura, sobretudo se nos dispusermos a remover os obstáculos interpostos ao exercício da cidadania e a evitar o acelerado desencantamento do mundo.

Visto na perspectiva atual, a partir do colapso da ordem e do balanço negativo do progresso, por incrível que pareça, é possível recomeçar. Mas é inadiável deslocar o eixo interpretativo. Alguma coisa que, no passado, mobilizou a força e a abertura hermenêutica de Gilberto Freyre. Quando *Interpretação do Brasil* parecia fechar-se sobre as promessas produtivistas, Freyre, repito, abre as possibilidades e o alcance das leituras focadas na produção de relações. Foi uma reviravolta até hoje mal-entendida.

Pode-se entender por que Gilberto Freyre, no término desta obra, entrega à literatura e à arte literária as chaves para abrir a caixa-preta da história, do *éthos* nacional-universal.

Eduardo Portella

Bacharel em Ciências Jurídicas e Sociais pela Universidade Federal de Pernambuco e doutor em Letras pela Universidade Federal do Rio de Janeiro. Professor da Faculdade de Letras da UFRJ, recebeu o título de professor emérito em 2002. Foi Ministro da Educação, Cultura e Desportos do Brasil (1979-1980) e diretor-geral para programas da Unesco (1988-1992). Foi também presidente da Conferência Geral (1997-1999) e idealizador e presidente do Comitê Caminhos do Pensamento (1989-2008), ambos da Unesco. Membro da Academia Brasileira de Letras desde 1981, é autor de diversos livros publicados, alguns na Espanha e na França. Entre eles, destacam-se *Fundamento da investigação literária* (Tempo Brasileiro, 1974) e *Brasil à vista* (Tempo Brasileiro, 1985).

Introdução

> *Las naciones, en efecto, laborioso producto histórico, han de morirse tarde o temprano, y creo y espero y deseo que mucho antes de lo que nos figuramos. Les sobrevivirán, de un modo o de otro, los pueblos, su imperecedera sustancia. La obra mayor tal vez de la historia sea crear razas históricas y dar a los pueblos personalidad diferenciádolos, y preparar así la integración futura de la universal familia humana, bajo el padre comun.*
>
> Miguel de Unamuno (1898)[1]

Gilberto Freyre e o esforço de superação de conflitos

Em *Interpretação do Brasil*, Gilberto Freyre reúne um conjunto de conferências apresentadas em instituições norte-americanas em 1944, e pensadas tendo em conta o público estrangeiro. Sua leitura, contudo, revela um momento crucial da obra de Freyre. De um lado, a reafirmação do programa inaugurado com *Casa-grande & senzala*, e mesmo a tentativa de apresentar uma síntese desse programa; de outro, o anúncio da radicalização (e simplificação) de suas propostas interpretativas para todo o "mundo português" – projeto iniciado com *O mundo que o português criou*, de 1940.²

Embora tenha sido pensado tendo em conta um público estrangeiro, rapidamente *Interpretação do Brasil* é traduzido e publicado no Brasil, em 1947. Em 1951, as conferências de Freyre saem em Portugal. Desde então, conhecem apenas edições em língua estrangeira. Em 1959, é lançado nos Estados Unidos *New world in the tropics*, que reproduz boa parte de *Interpretação do Brasil*, revisto, ampliado e acrescido de quatro novos capítulos; segundo Freyre, tratava-se de "um novo, um diferente, um outro livro":³ traduzia assim, explicitamente, sua ambição de interpretar não apenas o Brasil, mas as possibilidades de novas civilizações em espaço tropical.

Interpretação do Brasil mantém, no entanto, seu interesse: revela-nos o *processo* pelo qual passava a obra de Freyre. Observa-se uma inflexão, uma passagem, como que uma interpretação geral do Brasil, no tempo e no espaço, a informar a universalização de sua teoria luso-tropical. Traduz a importância crescente que o Brasil, e as representações construídas em torno de sua realidade, passa a ter num mundo cada vez mais preocupado com as consequências potencialmente violentas e dramáticas de contatos entre povos, culturas e religiões. Em meados da década de 1940, ganhava força a ideia de que na América Latina em geral, no Brasil em particular, o padrão de relações interétnicas era específico quando comparado ao dos Estados Unidos, da Europa ou dos continentes colonizados na última onda imperial: o catolicismo teria deixado por aqui marcas universalistas, e a relação entre diferentes grupos étnicos e raciais tendia a produzir sociedades miscigenadas cultural e racialmente, no interior das quais polos inicialmente antagônicos, distanciados pela situação colonial, acabariam por se aproximar num processo de superação de conflitos seculares.

No contexto latino-americano, o Brasil representava uma situação paradigmática: sua formação estava ligada a uma escravidão sistêmica, o país tinha mantido sua unidade política e, havia muito, intelectuais, diplomatas e viajantes observavam com espanto um universo à primeira vista resistente à criação de guetos e que, mesmo hierárquico, desigual e injusto, cultivava uma relação no mínimo fraterna entre os diferentes grupos que compunham o todo nacional.

Para uma Europa atormentada diante de uma tentativa radical de lidar com a diversidade étnica e religiosa no interior de uma mesma fronteira nacional; para os Estados Unidos, que ainda não tinham superado a divisão entre o Norte e o Sul do país, este último marcado por rigorosas leis que amputavam a cidadania da população de afro--descendentes; para a África do Sul, que caminhava a passos largos em direção à institucionalização do *apartheid*; e para todos aqueles que previam a inevitável descolonização violenta da África e da Ásia, a simples ideia da existência de uma possível superação de conflitos pela via relacional, e mesmo pela miscigenação, poderia ser um alento. Tal realidade deveria ser investigada.

Foi nesse contexto que intelectuais norte-americanos e europeus começaram a olhar para o Brasil e a se interessar por seus pensadores. Buscava-se compreender um padrão diferenciado de relações raciais, e, ao que tudo indicava, o Brasil poderia fornecer um bom modelo. Além de constituir um campo privilegiado de observação e análise, uma tradição de pensamento nativa se propunha a interpretar as nossas particularidades. Tradição que não era unívoca, pois implicava diferentes visões sobre o país, sua viabilidade política, social e cultural em meio a um debate que acompanhava a própria transformação do país. Assim, se desde meados do século XIX havia a ideia de que a compreensão do país exigia especial atenção para os grupos raciais e étnicos formadores – indígenas, portugueses e africanos –, o lugar de cada um desses grupos no passado, no presente e, sobretudo, no futuro da *nação* e do *povo* despertava acalorados debates.

Entre as décadas de 1920 e 1940, deparamos com uma urbanização crescente, com o fortalecimento de gerações de migrantes e a afirmação de correntes culturais que pregavam uma revisão da tradicional relação do Brasil com os centros metropolitanos de produção cultural. Artistas e pensadores propunham-se a revisitar o Brasil com outros olhos, buscando não apenas aquilo que se considerava a nossa carência, mas apontando para a nossa especificidade.

É certo que tal movimento de busca de uma "identidade nacional" era antigo, uma tradição que remonta, pelo menos, ao nosso romantismo. Sabemos, contudo, que o modelo com o qual se pensava o "nacional" dizia respeito antes a ideais estrangeiros do que, propriamente, à realidade do país. Esse processo já produzira resultados curiosos, para não dizer aberrantes, como a defesa simultânea de ideias liberais e da escravidão, levando a um paradoxo já apontado por Roberto Schwarz.[4] Em todo caso, a jovem República brasileira inaugura o século XX quase envergonhada de si mesma, quando muito projetando para um futuro longínquo a sua realização nacional, pensada em termos de "civilização": a marcha inevitável do progresso, aliada à migração europeia, ao branqueamento progressivo da população e às altas taxas de mortalidade verificadas entre pretos e pardos, acabaria por fazer da "cultura de salão" a "cultura nacional". A valsa deveria, enfim, vencer o lundu, e o piano se sobrepor ao cavaquinho.[5]

Essa situação no mínimo desconfortável seria superada a duras penas, e, para tanto, contribuíram decisivamente movimentos que, de diferentes formas, se identificavam com o mote "modernismo". Era urgente a superação da cópia de padrões artísticos e comportamentais estrangeiros, o estilo postiço dos cafés de Lisboa e Paris deveria ser substituído por um genuinamente *nacional*, que atentasse para a nossa realidade. E foram as próprias vanguardas europeias que, num primeiro momento, dotaram de forma a ousadia de jovens paulistas, mineiros e cariocas em torno da máxima de Oswald de Andrade: "Tupi or not tupi".

Paralelamente, temos a afirmação de um *outro modernismo*, "eventualmente distinto daquela postura a um só tempo nacionalista e modernizadora que se tornava gradualmente hegemônica entre nós":[6] o nacionalismo se faria sentir nas peculiaridades das diferentes *regiões* do país. E, na falta de um movimento muralista nos moldes do mexicano, *Casa-grande & senzala* acaba por constituir um verdadeiro mural da vida brasileira, com base em estímulos que evocam a um só tempo "imagens" e "sentidos". Retomo aqui a ênfase dada pelo antropólogo Ricardo Benzaquen de Araújo à oralidade característica da obra de Gilberto Freyre: é a partir de uma escrita cujo referencial são os termos da vida cotidiana que Freyre dialoga com o leitor, transformando-o num partícipe do drama nacional; assim, Freyre nos introduz num universo profundamente sensorial, povoado de cheiros, sons, sabores e imagens que, inevitavelmente, evocam a memória do leitor. Memória não da experiência individual, mas aquela que diz respeito ao *mito*, às histórias que escutamos uma e outra vez na infância e adolescência, que não nos levam a um *tempo* preciso, mas a qualquer época da nossa história coletiva e individual.

É o próprio Freyre quem dá, em *Interpretação do Brasil*, um dos sentidos de sua obra: a glorificação de um *povo*, responsável último pela formação de uma *cultura* e de uma *sociedade*. Tal como os muralistas mexicanos, tratava-se não da busca de heróis individuais, mas daqueles representativos dos esforços da coletividade. Nas suas palavras, "gostaria de ver incluído num monumento à plantação a senhora de engenho, o escravo do campo, o moleque, companheiro paciente e às vezes masoquista do senhor-moço, e ainda a mulata que no Brasil ficou sendo chamada de a *mucama*: a companheira da senhora branca".

Ao grande mural da gênese do Brasil, em que cada elemento parece repor a dinâmica do todo que, evidentemente, tende a se reproduzir – daí o criticado funcionalismo característico do autor –, Freyre faz suceder outro grande afresco, que incorpora o *tempo*, a *história*. E, se *Casa-grande* é um grande mural que sintetiza o Brasil na sua totalidade, *Sobrados e mucambos*, publicado poucos anos depois, introduz o movimento, a transformação: a urbanização, que remonta ao ciclo do ouro e às Minas Gerais, ganha uma dinâmica inusitada com a vinda da Corte, prolegômenos de um verdadeiro processo civilizatório entre nós. E, se novas ambiguidades são introduzidas nessa segunda grande obra, novos antagonismos parecem ameaçar o nosso grande mural colonial: afinal, a contrapartida da europeização do branco no sobrado, de seu distanciamento da luxúria e do desenfreio sexual da Colônia, é a reafricanização do negro no mucambo. Mas um elemento dinamizador é mais forte: o mulato, produto mais acabado da nossa história social, é plástico por excelência, se europeíza no sobrado, se africaniza no mucambo, e representa, em última instância, a superação possível dos novos antagonismos criados pela distância entre o salão e o cortiço, o sobrado e o mucambo, repondo, enfim, a harmonia entre os contrários, aquela totalidade tendente ao equilíbrio constituída na nossa gênese colonial. Além do mulato, continuaria desempenhando um papel central a mulher, negras e mulatas, cozinheiras, amas de leite ou mucamas, que trazem para o sobrado concepções e histórias do mucambo, sobretudo por meio de suas relações com as crianças.

Os aspectos fundamentais da obra de Gilberto Freyre estavam, assim, desenhados em suas duas primeiras grandes obras. *Interpretação do Brasil* será concebido quase dez anos após a primeira publicação de *Sobrados e mucambos* (cuja segunda edição seria substancialmente modificada), e, se guarda com suas obras primeiras uma relação de compromisso, anuncia novos movimentos e mesmo uma inflexão que há todo o interesse em investigar.

A antropofagia luso-brasileira

O primeiro ponto a ser salientado é a própria ideia de "interpretação". Às tradicionais questões em torno do "Brasil" – e aqui o diálogo de Freyre é, novamente, com a tradição brasileira: José Bonifácio, von Martius, Sílvio Romero, Joaquim Nabuco, Nina Rodrigues, Euclides da Cunha, Manoel Bomfim, Oliveira Viana –, de sua natureza e "viabilidade", junta-se a originalidade do método, a sustentar uma interpretação geral do país, nos seus poucos séculos de história, da Amazônia ao pampa gaúcho. Haveria algo, além de um território cercado por fronteiras mais ou menos definidas, além das, por vezes ineficazes, estruturas de um moderno Estado nacional, que criaria uma comunhão de espírito entre todos os brasileiros. Elementos associados inicialmente à desordem rapidamente seriam incorporados, *deglutidos*, pelo todo nacional brasileiro. Já em *O mundo que o português criou* (1940), Freyre chamara a atenção para a capacidade da cultura brasileira de, *antropofagicamente*, assimilar os migrantes que predominavam em regiões do Sul do país: numa viagem a cidades habitadas sobretudo por descendentes de alemães, Freyre observa a capacidade *sedutora* da totalidade luso-brasileira, e vê alemães comendo arroz com feijão e farofa, e ruivas rebolando na cadência baiana com sandálias nordestinas. Entretanto, esses mesmos alemães aportariam à cultura nacional produtos culturais de seu país de origem, criando novas realidades sincréticas que guardariam elementos comuns com as demais regiões do país. Enfim, a cultura brasileira não estaria ameaçada: seu poder se expressava na sedução exercida sobre os estrangeiros rapidamente *devorados* por uma nação dinâmica que, no entanto, tendia a reproduzir uma série de constantes. Dentre essas constantes, a mais significativa seria a capacidade de assimilação. Assimilação do índio e do negro, mas não só: também do alemão, de outros colonos europeus e japoneses. Verdadeira política social que prescindiria de uma ação efetiva do Estado.

É a análise do processo de assimilação que permite uma correta *interpretação do Brasil*. Diz respeito aos seus primórdios, que nos lançam às terras da Europa, da África e do Oriente, e, sobretudo, diz respeito a um padrão que tende a se reproduzir no tempo e no espaço. Resistente à história, à transformação, pois se reproduz ao longo do tempo, e, concomitantemente, produtor de história, pois responsável pela formação de uma nova entidade política, social e cultural em território tropical. A descoberta desse padrão levaria, enfim, a vislumbrar o futuro: a assimilação característica da sociedade brasileira tenderia a incorporar os elementos exógenos que, longe de representar possível desordem, acabariam por se adaptar às bases dos valores culturais luso-brasileiros responsáveis pela formação de uma comunidade cristã, de fala portuguesa e sem preconceitos de raça.

O subtítulo "Aspectos da formação social brasileira como processo de amalgamento de raças e culturas" é extremamente significativo: uma correta interpretação do Brasil implica, por um lado, o reconhecimento da diversidade cultural e racial de sua população e, por outro, a análise de processos que levam não à formação de guetos, mas a um *amálgama*, sob a batuta de uma inteligente política (social) de assimilação.

Associar a assimilação à antropofagia obriga a enfrentar um outro traço da obra de Freyre, reproduzida em *Interpretação do Brasil*: a centralidade da vivência sexual para uma correta interpretação da nossa formação. E aqui, novamente, Freyre retoma – sem a mesma riqueza de detalhes que encontramos em *Casa-grande & senzala* – a importância da atração do homem português pela mulher morena, pela negra, pela índia e, por fim, pela mulata. Mote primeiro da assimilação, o processo não se dava no plano jurídico, administrativo ou a partir de instituições escolares (tal como se pretendia nos modernos impérios coloniais português e francês): é no ato sexual que temos um primeiro movimento no sentido de assimilar o outro (ou melhor, a *outra*, quase sempre morena). Qual a origem dessa peculiar atração? É, novamente, na história de Portugal que encontramos as bases da liberdade sexual da Colônia: homens sós, aventureiros, encontraram inicialmente na índia e, posteriormente, na negra o paralelo a um ideal de beleza havia muito presente na cultura lusitana: a moura encantada.

É retomado, assim, em *Interpretação do Brasil* o tema clássico de *Casa-grande* que, entretanto, já havia aparecido em outros autores (de outra perspectiva), como Paulo Prado: a liberdade sexual[7] da Colônia não apenas como estratégia de povoamento de terras pouco densas demograficamente, mas como fundadora de uma sociabilidade específica que, ao somar *amor* com *servidão*, evita conflitos e, sobretudo, acaba por estabelecer uma verdadeira política de assimilação, independente de poderes como o Estado ou a Igreja.

Sabemos os múltiplos significados do verbo *comer* no português popular do Brasil: a assimilação dar-se-ia aqui pela deglutição sexual do *outro*;[8] o fruto dessa antropofagia, o mulato ou o mestiço, seria criado junto à casa-grande e reconhecido como filho do senhor; teria, enfim, um lugar na sociedade brasileira.

Deparamos aqui com um dos elementos que provocará a maior confusão entre os estudos de "colonialismos comparados": a ideia de que a mestiçagem corresponderia a uma peculiaridade luso-brasileira. Hoje sabemos que o mestiço é uma realidade em todos os processos coloniais, do inglês ao belga, ou ao holandês. A questão não é a *existência* do mestiço, mas o *lugar* por ele ocupado na sociedade colonial. Ao contrário do Brasil, onde o mestiço era reconhecido pelo senhor branco e podia mesmo herdar seu nome, ocupando, assim, um lugar na hierarquia funcional do sistema, em outros contextos o mestiço, ao não ser reconhecido pelo pai, que lhe negava o nome ou bem, era assimilado pelo grupo da mãe – situação recorrente em contextos africanos – ou bem passava a ocupar um "não lugar", rejeitado pelos colonizadores e colonizados – fenômeno observado em determinadas colônias do Oriente, como a Indonésia ou Hong Kong.

Raça e cultura em *Interpretação do Brasil*

Em 1944, Gilberto Freyre volta a falar de raça, já no título do seu ensaio. Não teria sido ele um grande crítico de uma noção biológica de raça que por tanto tempo havia caracterizado o pensamento social brasileiro? Não era seu objetivo primeiro a superação da vergonha que, entre fins do século XIX e início do XX, imprimira um caráter postiço a uma elite que procurava reproduzir modos europeus em terras tropicais e se acostumara a olhar com desprezo para a malta a quem resistia denominar "povo"?

É fundamental retomar aqui a ideia de "raça" que irá percorrer toda a obra de Gilberto Freyre, sobretudo porque, ao contrário do que se afirma, o sociólogo não procede a uma simples substituição ou superação da noção de "raça" com base na ideia de "cultura", como fizeram supor muitos dos seus críticos e comentadores.

Não deixa de provocar, por vezes, um certo desconforto quando aqui e acolá, em *Interpretação do Brasil*, uma ideia supostamente superada de "raça", como um conjunto de características inatas transmitidas geneticamente, reaparece com toda a força. E devemos questionar a que classe de assimilação Freyre se refere se estamos lidando com um patrimônio genético preestabelecido. Como *assimilar socialmente* um patrimônio genético?

E a ideia de "raça" que surge em *Interpretação do Brasil* – às vezes par a par com a noção de "etnia" – é a mesma elaborada por Freyre em *Casa-grande & senzala*.[9] Com efeito, não temos um simples fortalecimento da ideia de "cultura" em detrimento da noção de "raça" – como tantas vezes foi alardeado pelo próprio Gilberto Freyre quando tratava de enfatizar sua dívida com o culturalismo norte-americano, em particular com Franz Boas: mais do que responsável por comportamentos e aptidões de um grupo específico, a "raça" é um resultado complexo da *história* desse grupo, em profunda relação com o meio geográfico. Produto de uma relação dinâmica entre meio e história, migrações e contatos interétnicos, teríamos a formação de uma *raça histórica*, que, de sua parte, seria promotora de transformações históricas inerentes ao seu padrão de comportamento.

Assim, não apenas no Brasil haveria a formação de uma nova "raça histórica", produto da especial aclimatabilidade lusitana em sua adaptação às terras e às gentes dos trópicos: o próprio tronco luso seria uma "raça histórica" para a qual concorreu uma variedade imensa de grupos étnicos e culturais, de judeus a mouros, de celtas a africanos, todos conjugados com a particularidade ecológica da península, que obrigava esse povo a se lançar no mar Oceano.

Um país que se considerava *sem história* vê, assim, a sua origem nos anos que antecederam o seu próprio "descobrimento": uma interpretação adequada do Brasil nos obrigaria, segundo Freyre, a uma análise cuidadosa da realidade portuguesa peninsular e das andanças lusitanas pelas ilhas atlânticas, pela costa africana e pelo longínquo Oriente. Pois nessas peculiaridades encontraremos *constantes* que se imporiam na formação do país.

O tema dos antecedentes da formação do Brasil será novamente retomado por Freyre e, em última instância, é a base de uma *interpretação* razoável da "integração, ou equilíbrio, de elementos antagônicos", pois também na península, na Espanha ou em Portugal, o mouro conviveu com o cristão, que conviveu com o judeu. Se houve, afirma Freyre, períodos de intolerância, também houve os de "compreensão e cooperação". E foram esses períodos de tolerância que teriam criado um tipo histórico portador de um padrão de comportamento, de um *éthos* responsável pela construção de uma nova "raça histórica" no Brasil: adaptada ao meio, fruto do próprio ambiente ecológico e do encontro de raças (portugueses, cristãos-novos, bantos, tupis, tapuias etc.), ora violento, ora cooperativo. Antagonismos que tendem ao equilíbrio e à harmonia, tal é a nossa herança ibérica, no texto de Freyre transformada em algo positivo, do qual deveríamos nos orgulhar.

Fronteiras

E uma das bases da realidade peninsular é sua própria condição geográfica, fronteira entre a Europa e o Norte da África, entre Oriente e Ocidente, o que, muitas vezes, fez que Freyre visse nos ibéricos um povo semelhante ao russo, com a mesma riqueza cultural, o mesmo universo de contradições e, sobretudo, com a mesma capacidade de adaptação e assimilação.

Grande impacto deve ter tido nos Estados Unidos a comparação feita entre o Brasil e a então União Soviética! Ainda que longe dos anos da Guerra Fria, e mesmo considerando que nos Estados Unidos houvesse, à época, um grande esforço em tornar a realidade soviética simpática ao norte-americano médio, posto que ambas as potências possuíam, então, um inimigo comum, comparar o Brasil à União Soviética num item dedicado às relações internacionais revela alguns elementos significativos da interpretação de Freyre. Tal como o Brasil, a União Soviética possuía um imenso território ainda por ser explorado e ocupado; o gigante soviético também se caracterizava por uma grande diversidade de povos, raças e culturas, nos termos de Freyre, e, sobretudo, promovia, sem violência (*sic*), a *russificação* de sua periferia e de minorias étnicas e nacionais (assimilação); e, se a península Ibérica, tal como a Rússia, resultava numa fronteira entre Oriente e Ocidente, o Brasil, tal como a União Soviética, não apenas possuía imensas fronteiras a serem ocupadas, mas promoveria o encontro entre povos, raças e culturas, inicialmente antagônicos pela violência da estrutura social reinante, que acabaria por resultar na superação do secular enfrentamento entre Oriente e Ocidente.

Mas há outro ponto a ser destacado nessa comparação entre a União Soviética (a Rússia) e o Brasil: o caráter messiânico que estava na base da interpretação dada por Freyre a ambas as realidades. Se o regime soviético pretendia, ao exportar a revolução, combater o obscurantismo e superar a desigualdade entre as classes sociais prevalecente em grande parte do globo, a missão do Brasil seria a exportação da *nossa* democracia social e étnica, independente do regime político existente no país. Ressalva importante: a realidade social e cultural não necessariamente está atrelada a uma institucionalidade política. A democracia norte-americana não conseguia garantir a igualdade entre as raças; o autoritarismo soviético parecia bem corresponder a uma realidade havia muito presente nesse imenso território, qual seja, aquele produto de relações seculares entre povos, raças e culturas, não desprovidas de conflito, mas tendentes a constituir um todo marcado pela troca, pela diversidade e pela harmonia; no Brasil, sob regime autoritário ou democrático, nossa democracia era garantida pela sociedade, pela cultura. Se por estas terras o "contrato social" se distanciava de uma constituição precisa quanto aos termos da relação entre as partes, era no encontro de *subjetividades* que tínhamos um *outro* contrato social, distinto do norte-americano.

Na segunda edição mexicana de *Interpretação do Brasil*,[10] revista e ampliada, Gilberto Freyre revê algumas de suas afirmações sobre a União Soviética. Sua reflexão se vê, assim, afetada pelo clima da Guerra Fria, e o autor já tinha notícias do antissemitismo, do racismo e da discriminação étnica e nacional promovidos pelos russos na antiga União Soviética. Algo havia mudado nesse imenso país; o Brasil se confirmava, aos olhos de Freyre, como experiência *única* no mundo em termos da criação de uma democracia social e étnica.

O iberismo: nação, diversidade, poder central

Em *Interpretação do Brasil* é evidente o diálogo de Freyre com pensadores espanhóis e portugueses. A denominada "herança ibérica", interpretada por muitos como responsável pelos males do Brasil – com base na eterna comparação da América Latina, católica, agrária, arcaica, com a América anglo-saxônica, protestante, industrializada e moderna –, exigia de Freyre uma resposta contundente. Quando tratava de positivar as heranças africana e indígena, o esforço de compreensão de nossa base lusitana e hispânica era mais do que necessário. Nesse sentido, Freyre *olha* não apenas para Portugal e dialoga com portugueses, mas *olha* também para a Espanha e dialoga com espanhóis e latino-americanos há muito às voltas com a ideia de *hispanidad*. E a Espanha corresponderia, por sua riqueza, diversidade e complexidade política, a uma realidade política e cultural de extremo interesse. Na visão de Freyre, tal como o Brasil, a Espanha possui unidade política combinada com diversidade étnica e cultural; a centralidade madrilena tem como consequência tensões semelhantes àquelas provocadas pelo centro político carioca; os interesses nacionais são continuamente enfrentados pelos de natureza regional, que, entretanto, devem se sacrificar em prol do Estado e da "nação".

E Freyre assume aqui uma postura, novamente, ambígua. De um lado, critica a constituição da República Velha pelo excesso de fragmentação e de poder dado aos estados – numa cópia fadada ao fracasso da constituição norte-americana; de outro, contudo, opõe-se ao centralismo exacerbado – característico do Império e, sobretudo, do Estado Novo –, que compara à supremacia de Castela em relação às regiões ou sub-regiões sob tutela de Madri. Freyre se atém à ideia de uma unidade luso-brasileira, que, contudo, respeitaria a diversidade cultural e regional presente no país como um todo: deve haver unidade e mesmo uma certa uniformidade no que diz respeito aos valores luso-brasileiros, deve existir um mínimo "saudável" de uniformidade cultural, que tenha como base valores culturais lusos ou hispânicos. Quais valores? O mais importante, a língua portuguesa; em seguida, valores *predominantemente*, mas não *exclusivamente*, lusitanos ou hispânicos: a supremacia desses "valores" não deveria se fazer num processo de exclusão daqueles africanos ou ameríndios.

Destaquemos que o hispanismo em Freyre estava em consonância com toda uma corrente de pensamento espanhola e latino-americana que, no limite, se questionava sobre a viabilidade dos respectivos países de origem hispânica. Era viável o Estado espanhol como nação? Como combinar o ressurgimento das pequenas nacionalidades periféricas (geograficamente) – galegos, bascos e catalães – com o projeto centralista de um Estado moderno promovido por Madri pelo menos desde fins do século XVIII? Como garantir uniformidade, diálogo, comunicação diante da afirmação não apenas de interesses regionais, mas de particularidades regionais irredutíveis, na medida em que procuram se afirmar como *nação* ou *etnia* diferenciada?

É evidente que no Brasil o processo era muito diferente. Mas é curioso que mais de uma vez Freyre tenha apelado para o hispanismo, que deveria dar conta dos conflitos peninsulares, e ainda da própria diversidade dos países hispano-americanos. Tratava-se de uma tradição de pensamento que procurava englobar a realidade de países cuja base europeia era, naquele momento, inquestionável, como a Argentina e o Uruguai, e incorporar países com maioria indígena – como Bolívia ou Peru –, marcante presença mestiça – como o México –, ou marcas inquestionáveis de culturas africanas, como os países do Caribe.

É nesse contexto que o hispanismo entra na modernidade, na tentativa de afirmar, concomitantemente, o universal e o particular.

De certa forma, a ideia de um "mundo lusófono" tem uma interface com o universalismo do hispanismo e dele é subsidiário. A equação seria simples se, na realidade peninsular, o hispanismo não representasse uma ameaça constante à própria existência de Portugal, fator para o qual Freyre não parece atentar, embora reconheça os excessos pouco recomendáveis de Madri. Não é casual, assim, que seu diálogo se dê, entre outros, com o pensador e romancista basco Miguel de Unamuno, uma das grandes figuras da passagem do século na Espanha. Como aponta o próprio Freyre, Unamuno revela uma dimensão "europeísta" do pensamento espanhol, aquela que desejava a completa europeização de Portugal e da Espanha. Unamuno representa o que se poderia chamar de dimensão "basco-espanhola" do País Basco contemporâneo, aquela que procura dar a dimensão *universalista* ao particularismo local basco: é no fato preponderante espanhol – e não numa irredutibilidade basca – que encontraríamos a própria possibilidade da sobrevivência da língua e da cultura bascas (estudadas detalhadamente por Unamuno), e também a sua adequada inserção no mundo contemporâneo.

O hispanismo – assim como a ideia de um "mundo português" – deveria ser defendido de investidas particularistas, o que não significa a constituição de um Estado forte, autoritário, repressor, centralizador e uniformizador como, entretanto, aquele em que havia se transformado a Espanha franquista, mas a possibilidade de, concomitantemente, garantir o regional e, portanto, o particular – tão defendido por Freyre – ao tempo em que se afirmam o nacional e o universal, única forma de expressão das particularidades locais. Em consonância com Ortega y Gasset, mas abrindo mão do pessimismo deste, a possível "vertebração" de países marcados por uma diversidade cultural e social tão grande como o Brasil estaria, justamente, na harmonia dos contrários, no diálogo dos diferentes, com base em um denominador comum: aquele *universal* dado, nesse caso, pela cultura, língua e religião portuguesas ou hispânicas, responsáveis pela *deglutição* do outro, incorporando aquilo que, diverso, é responsável pela *riqueza* de uma nação.

A constituição material de "um mundo português"

Na sua síntese interpretativa, e num esforço que procura descortinar o homem em sua relação com o meio e, sobretudo, sua capacidade criadora diante de determinadas condições ecológicas, Freyre retoma em *Interpretação do Brasil* o que seria a "base material" da formação brasileira. Base material que só ganha sentido quando associada à realidade racial e cultural de seus habitantes, índios, brancos e negros. A transformação da terra não se daria apenas pelo trabalho africano: graças ao colonizador português novos produtos seriam introduzidos na nossa geografia, e à identidade histórica e cultural existente entre as diferentes colônias e ex-colônias de Portugal se sobreporia uma identidade na *paisagem* que traria como consequência uma traduzibilidade de cheiros e sabores. Assim, ao universo social criado pela casa-grande e pela senzala se sucederia aquele fruto da intervenção humana em terras tropicais, as plantações de cana-de-açúcar e as espécies exógenas a constituir uma nova paisagem, aqui e alhures.

Ancorar a identidade na paisagem será fundamental para a posterior operação luso-tropical de Freyre. Na viagem à África sob domínio português e a Goa, no início da década de 1950, Freyre evocaria nos *sentidos* sua relação visceral com os espaços visitados: em todos os lugares vê plantas que relembram o Recife antigo, em todos sente cheiros que remontam aos odores brasileiros.[11] Tal realidade só foi possível por obra do colonizador português. E por obra não apenas daquele fundador que Freyre denomina de *vertical* – o senhor de engenho –, mas, sobretudo, do aventureiro *horizontal*, os desbravadores de fronteiras, aqueles que, mais do que ninguém, conseguiam aprender com as populações ameríndias e "eram mais dóceis às leis da natureza tropical do que os plantadores", misturavam-se com as índias e davam origem a novos grupos de gente da terra, bandeirantes, paulistas, cearenses, a criar uma nova raça histórica, formadora e produto desta região da América do Sul.

Nesse processo de ocupação do espaço, a aventura sucede à rotina, almejada por aqueles que saíam de Portugal. E o refinamento dos senhores de engenho, segundo Freyre quase nobres feudais, foi duramente conquistado, pois haviam de ver-se, continuamente, com ataques de indígenas e mesmo com rebeliões de escravos, desmentindo um suposto idílio luso-tropical do nosso período colonial. A violência estaria, assim, sempre presente: na captura dos índios, na escravidão dos africanos, nas sevícias de negras, índias, mulatas e caboclas.

O sociólogo não deixa, porém, de perpetuar certas representações da suposta qualidade de vida dos escravos no Brasil do século XIX, tema amplamente explorado em seu primeiro trabalho escrito nos Estados Unidos, em 1922 – e, curiosamente, não tratado em *Casa-grande & senzala*, cujas páginas sobre as violências cometidas contra os escravos se impõem ao lado da intimidade que se construía. Nos primórdios da colonização, havia rebeliões, que eram, contudo, menos frequentes que em outras paragens, nas palavras de Freyre, "talvez porque o tratamento dado pelos portugueses aos escravos, e, mais tarde, pelos brasileiros, provocasse menos o desejo de rebelião da parte dos oprimidos". Recuperando seu trabalho de juventude, e tendo viajantes como parte fundamental de suas fontes, Freyre volta a afirmar que o escravo negro gozaria no Brasil de condições de vida mais adequadas que os trabalhadores ingleses ou poloneses. Freyre deixa de lado os imperativos presentes no sistema escravocrata, e procura demonstrar a existência de uma certa dose de felicidade nos cativos brasileiros, elemento que passa a ser fundamental para afirmar o universo relacional que se formava.

Tal visão idílica da escravidão no Brasil seria continuamente desmentida nas páginas de *Casa-grande & senzala* e *Sobrados e mucambos*, e mesmo em algumas passagens de *Interpretação do Brasil*, quando lembra as torturas e sevícias a que eram submetidos os escravos. Frisemos ainda que o "erro" de Gilberto Freyre diz respeito, na verdade, aos estudos mais amplos de "escravidão comparada", que incorrem na busca de uma escravidão "melhor" que outra e que tinham como parâmetro determinados elementos empíricos fornecidos pelo Sul dos Estados Unidos. Ora, a pergunta em si não faz sentido: a escravidão é um sistema que encerra uma violência inescapável, ao pesquisador não cabe adjetivá-la, mas descobrir o seu *locus* privilegiado.[12]

De todo modo, pelo menos no caso do Brasil, céu e inferno se misturam na constituição de um novo espaço, então moldado pela mão humana. Ao avançar suas hipóteses para todo o "mundo português", Freyre perderá em sutileza e não perceberá a violência característica do novo sistema colonial.

Literatura e espírito criador

Entre os pontos que sempre chamaram a atenção no trabalho de Freyre, além de sua erudição, deparamos com o ecletismo com que circulava entre fontes de diferentes naturezas, de documentos históricos a sua memória pessoal, de histórias que lhe haviam sido contadas na sua meninice a obras secundárias, diários pessoais ou documentação epistolar, dos registros deixados pela arquitetura às obras de arte e à literatura. Esse ecletismo foi, muitas vezes, interpretado como falta de método rigoroso. O que dizer de tal juízo quando, nas últimas décadas, os historiadores têm se lançado às mais variadas fontes para investigar a intimidade, a capacidade criadora ou o cotidiano dos homens do passado?

Em *Interpretação do Brasil*, encontramos esse Freyre múltiplo, a transformar *tudo* em objeto de reflexão sociológica ou antropológica. E como tudo serve para o propósito do autor, a saber, demonstrar a funcionalidade do complexo formado inicialmente pela casa-grande e pela senzala e que tende a se reproduzir no tempo e no espaço tropical aonde chega o homem português, muitas vezes nos perguntamos o porquê de Gilberto Freyre acabar o seu livro num ponto e não noutro. E, nesta coletânea de conferências, Freyre finaliza tratando da literatura numa chave que interessa recuperar aqui.

De início, alerta para a pertinência da análise da obra de arte e da literatura pelo sociólogo, antropólogo, historiador ou psicólogo social. Não se trata, assim, do trabalho de um crítico, mas de todos aqueles interessados em descobrir o *éthos* de uma determinada coletividade.[13]

É na arte e na literatura que encontraremos, assim, o esforço brasileiro de superar uma situação incômoda: se somos devedores de nosso período colonial, no nosso processo formativo haveríamos de romper as amarras com a pátria-mãe na afirmação de uma produção cultural e artística plenamente nacional. E é no próprio período colonial que temos os primeiros passos na constituição de uma arte brasileira, não por acaso pelas mãos de um artista mulato, filho de pai português e de mãe negra, o Aleijadinho, que, na sua obra, expressa, segundo Freyre, um desejo genuinamente brasileiro.

É ao genuíno brasileiro, o mestiço, mulato ou caboclo, que caberia romper as amarras da escravidão – injusta e violenta – e da situação colonial. Aleijadinho anteciparia a intenção política de certos pintores latino-americanos e, na distorção que nos apresenta da forma humana, seria uma espécie de El Greco brasileiro, um clássico que nada deve aos grandes artistas do barroco metropolitano.

E o escultor mineiro antecipa ainda os romancistas e poetas que, na modernidade, procuram associar a arte e a criação aos problemas sociais de um Brasil que deve ser extraeuropeu e não mera reprodução dos centros metropolitanos. À "imitação" de padrões europeus se impõem as marcas da nacionalidade, o exagero e a caricatura, a paisagem, os materiais e a nossa realidade social.

Nesse último item sobre "A literatura moderna no Brasil", Freyre, recordando Sílvio Romero, discorre sobre artistas consagrados pela história e novos movimentos culturais do Brasil de sua época, mas não só: é também na arte popular, nos ex-votos, nas pinturas ingênuas, que encontrará um espírito criador responsável pela nossa especificidade nacional. *Literatura* aqui configura a criação artística reveladora de um *espírito* genuinamente nacional. É, assim, no diálogo entre o erudito e o popular que está a chave de nossa afirmação no mundo, da afirmação de nossa autenticidade, cuja base se encontra na relação entre grupos antagônicos. O resultado, o Brasil, liberto dos "excessos de subordinação" colonial à Europa e aos Estados Unidos, autoconfiante, teria, enfim, algo a ensinar ao mundo.

Logo na abertura desta introdução a *Interpretação do Brasil*, a epígrafe de Miguel de Unamuno pretendeu não apenas sublinhar a aproximação entre o pensador basco-espanhol e Gilberto Freyre: os dilemas colocados então, ao que tudo indica, permanecem. Daí a leitura renovada de Unamuno por jovens e intelectuais de toda a Europa; daí, provavelmente, o vivo interesse que desperta a obra de Gilberto Freyre nos dias que correm. Num mundo dito "globalizado", a tensão entre o *local* e o *universal* – preocupação de nossos clássicos – se recoloca em termos que anunciam uma nova "dependência", expressa ora no consumo de bens culturais mediados pelos meios de comunicação de massa, ora, sobretudo, no fosso tecnológico que afasta os países ditos "em desenvolvimento" ou "subdesenvolvidos" daqueles centros metropolitanos de outrora. Gilberto Freyre nunca propôs algo semelhante a um "isolacionismo" e, tal como Unamuno, procura uma fórmula em que o "local" seja expressão do "universal". E, se a obra de Freyre permite muitas vezes uma leitura regressiva – na medida em que, inúmeras vezes, constitui um verdadeiro hino àqueles elementos arcaicos da "nacionalidade", tais como a hierarquia ou a afirmação da servidão por via amorosa –, sua busca incessante de compreensão do "local", do "genuíno" e do "nacional" revela – e assim observamos em inúmeras passagens de *Interpretação do Brasil* – um apego à independência que muito tem de emancipatório.

OMAR RIBEIRO THOMAZ

Professor de Antropologia no Instituto de Filosofia e Ciências Humanas da Universidade Estadual de Campinas (Unicamp). Doutor em Antropologia Social pela Universidade de São Paulo (USP), realizou pós-doutorado no Max Planck Institute for Social Anthropology, na Alemanha. Desenvolve pesquisa nas áreas de antropologia da guerra e do conflito e história social da África e do Caribe, tendo realizado pesquisa de campo no sul de Moçambique, em Uganda e no Haiti. É autor de *Ecos do Atlântico Sul*: representações do Terceiro Império Português (Editora da UFRJ, 2002).

Notas

1   Miguel de Unamuno, "Muera Don Quijote!", in: *Vida Nueva*, Madri, 15 de junho de 1898. Obras completas de Miguel de Unamuno.
2   *O mundo que o português criou*, Rio de Janeiro, José Olympio, 1940.
3   "Prefácio à primeira edição em língua portuguesa", in: *Novo mundo nos trópicos*, São Paulo, Cia. Editora Nacional/Editora da Universidade de São Paulo, 1971.
4   Roberto Schwarz, *Ao vencedor as batatas*, São Paulo, Livraria Duas Cidades, 1992.
5   Sobre o projeto de civilização concebido por diferentes grupos de intelectuais, ver Lilia Schwarcz, *O espetáculo das raças*, São Paulo, Companhia das Letras, 1993.

6   Ver Ricardo Benzaquen de Araújo, *Guerra e paz*: Casa-grande & senzala *e a obra de Gilberto Freyre nos anos 30*. Rio de Janeiro, Editora 34, 1994, p. 21.
7   Saliente-se que, para Freyre, a liberdade e o desenfreio sexuais são responsáveis pela proliferação não apenas de mestiços e pela *civilização* de negros e indígenas, mas também da sífilis, que os portugueses introduziram no Oriente e no Brasil.
8   Com Freyre, acabamos por descobrir que, ao lado dos tupinambás (antropófagos responsáveis pela deglutição do bispo Sardinha, fato que os intelectuais do movimento antropofágico associam à gênese do Brasil), os portugueses também seriam afeitos à antropofagia.
9   Sobre a noção de "raça" em *Casa-grande & senzala*, ver Ricardo Benzaquen de Araújo, op. cit., pp. 31ss.
10 *Interpretación del Brasil*, México, Fondo de Cultura Económica, 1964.
11 Essa viagem dará origem a dois livros: *Um brasileiro em terras portuguesas*: introdução a uma possível luso-tropicologia, acompanhada de conferências e discursos proferidos em Portugal e em terras lusitanas e ex-lusitanas da Ásia, da África e do Atlântico (1953), em que expõe o seu programa luso-tropical, e *Aventura e rotina: sugestões de uma viagem à procura das constantes portuguesas de caráter e ação* (1953), o seu diário de viagem.
12 Manuela Carneiro da Cunha, *Negros, estrangeiros*, São Paulo, Brasiliense, 1986.
13 Poderíamos definir *éthos* como um conjunto de disposições culturais gerais, reproduzido no aprendizado social, determinado por regularidades objetivas e que encontra expressão no comportamento dos indivíduos. A passagem da cultura para o indivíduo se produz com base na cristalização de uma psicologia objetiva: o *éthos*.

Para
A. J. Armstrong[1]
e
William McKenna

Prefácio do autor

Estas conferências foram pronunciadas a convite da Fundação Patten na Universidade do Estado de Indiana, durante o outono de 1944.

Como nos meus ensaios e conferências anteriores sobre a história social do Brasil, publicados em português, espanhol e inglês, elas exprimem o ponto de vista de quem tenta sugerir uma filosofia do "fusionismo" ético e social brasileiro; e não o ponto de vista dos historiadores ou sociólogos rigidamente imparciais, se tais historiadores e sociólogos realmente existem.

Como obra de interpretação ou de síntese, preparada especialmente para um público anglo-americano, estas conferências são baseadas em vários trabalhos já publicados por mim sobre o assunto. Nesses trabalhos, particularmente em *Casa-grande & senzala*, editado em português, espanhol e inglês, o leitor encontrará uma apresentação mais detalhada, e acompanhada de bibliografia, de numerosos assuntos aqui tratados.

Às autoridades da Universidade do Estado de Indiana agradeço o convite que me fizeram para ser o conferencista da Fundação Patten em 1944. E não me esquecerei das gentilezas recebidas do presidente Herman B. Wells, dos regentes da universidade, dos professores e estudantes. Especialmente dos professores Cleland, Mueller, Rey, Laurent, Tomasic, Winther e Engel. Apraz-me ainda registrar o muito que devo ao meu amigo professor Laurens J. Mills, do Departamento de Língua Inglesa da universidade, que me auxiliou no preparo da edição original. Também muito tenho a agradecer a Miss Ruth Anderson pelo seu paciente trabalho de datilógrafa do original inglês.

Bloomington
Novembro, 1944.
G.F.

1. Antecedentes europeus da história brasileira

Ao Brasil, país descoberto e colonizado pelos portugueses, dá-se às vezes o nome de América portuguesa. E com esse nome de América portuguesa é geralmente considerado extensão da Europa, tão português permanece ele nos seus principais característicos. Português ou hispânico, para não dizer ibérico. Também católico, e como tal um ramo ou variante da forma latina de cristianismo ou de civilização.

Mas a verdade é que nem essas origens nitidamente portuguesas ou hispânicas, nem as suas raízes católico-latinas fizeram do Brasil simples e pura extensão da Europa como a Nova Inglaterra, da Velha Inglaterra, e ainda como a Nova Inglaterra, do cristianismo evangélico ou protestante que veio a predominar na América do Norte. E isso pelo fato universalmente conhecido de que a Espanha e Portugal, embora convencionalmente Estados europeus, não foram nunca ortodoxos em todas as suas qualidades, experiências e condições de vida europeias ou cristãs – antes, por muitos e importantes aspectos, parecendo um misto de Europa e África, de cristianismo e maometismo.

Daí concordarem os geógrafos em que a península Hispânica é uma zona de transição entre dois continentes; e daí ainda o dito popular de que os nórdicos algumas vezes fazem uso tão sarcástico, isto é, que "a África começa nos Pireneus".

Durante oito séculos a península Hispânica ou Ibérica foi dominada pelos africanos. Árabes e mouros deixaram ali traços de si mesmos. Ainda que alguns autores modernos, espanhóis e portugueses, como Unamuno,[2] por exemplo, desejem a completa europeização da Espanha e Portugal, outros, como Ganivet,[3] sustentam que é procurando o Sul, a África, que Portugal e Espanha encontram a chave do seu futuro e a explicação do seu *éthos*.

Esse conflito de opinião, vamos encontrá-lo entre os autores estrangeiros que se dão ao estudo da história social tanto como dos problemas culturais hispânicos. Enquanto uns, como, por exemplo, o alemão Schulten, acham que uma das tarefas da Europa moderna seria anexar definitivamente a Espanha ao sistema de civilização europeia, outros, à maneira de Maurice Legendre, vão ao ponto de dizer que o elemento africano é um dos melhores e mais originais ingredientes da Espanha, e menos para ser repudiado com vergonha do que para ser reclamado com orgulho.

Legendre é um dos autores que destacam a semelhança entre a península Hispânica e a Rússia como zona de transição, que representam, entre dois continentes: *"Elle* [Espanha ou Ibéria] *est à la rencontre de deux continents comme la Russie"*.* E não somente, poderíamos acrescentar, entre dois continentes: entre dois climas, dois tipos de solo e de vegetação, duas raças, duas culturas, duas concepções de vida, dois complexos ecológicos – enfim, entre a Euro-África e a América Hispânica.

E, como na Rússia, as concepções e condições antagônicas de vida dos espanhóis e portugueses não chegam nunca a um ponto de equilíbrio sem enorme conflito. Mas sempre o processo de fusão, de acomodação, de assimilação, mostrando-se com o poder maior.

---

* Maurice Legendre, *Portrait de l'Espagne*, Paris, 1923, p. 49. A situação da península Hispânica como zona de transição entre a Europa e a África é certamente, sob muitos e importantes aspectos, igual à da Rússia, descrita pelo professor Hans Kohn como "lugar em que o Oriente e o Ocidente se encontram pela sua história e pela sua natureza" (*Orient and Occident*, Nova York, 1934, p. 76).

Donde poder-se dizer que os portugueses da mesma maneira que os espanhóis e os russos, por mais de um aspecto da sua vida social e cultural, revelam-se com a dupla personalidade do dr. Jekyll-Mr. Hyde, que muito psicólogo tem estudado em certos indivíduos e muito sociólogo tem observado em certos grupos.[4]

Isso não impede que, sob outros aspectos, russos e hispanos sejam não somente mais dramáticos, porém psicologicamente mais ricos e culturalmente mais complexos do que os povos sem aquela duplicidade de alma, que lhes desenvolve uma capacidade especial não apenas para suportar contradições mas para harmonizá-las. E essa capacidade é que os russos agora nos revelam de uma maneira impressionante e que é a mesma, diga-se, já revelada pelos portugueses e espanhóis nas fases mais criadoras da sua história; e entre os primeiros como entre os últimos revelada sempre através dos mesmos e clássicos métodos pelos quais indivíduos e grupos acabam resolvendo os seus problemas mais íntimos de personalidade.

De acordo com os modernos sociólogos e psicólogos sociais americanos são fundamentalmente três as soluções conhecidas para esses conflitos: 1) rejeição, usualmente por repressão, de um elemento ou interesse, e a seleção de outro que lhe seja oposto; 2) cisão da personalidade em duas ou mais divisões, cada uma voltada para um interesse ou objeto particularmente seu; 3) integração, ou equilíbrio, de elementos antagônicos.

Ou muito me engano ou cada uma dessas três soluções clássicas é fácil de encontrar em uma ou outra das diversas fases do desenvolvimento social e cultural dos espanhóis e dos portugueses. A fase, porém, entre todas, que mais nos interessa é a que imediatamente precede a descoberta do continente americano e a sua colonização pelos portugueses e espanhóis. É verdade que a preparação social e psicológica – preparação inconsciente – daqueles dois povos para tão enorme tarefa veio a custar-lhes oito séculos – os oito séculos de contato dos cristãos de Portugal e de Espanha com os árabes e os mouros que dominavam a península. Se houve, como diz Fernando de los Ríos, épocas de luta e de intolerância houve também "maravilhosos períodos de compreensão e de cooperação". "Basta recordar", escreve o mesmo autor, "os três cultos do século XIII – o cristão, o mourisco⁵ e o mosaico⁶ – que eram celebrados num mesmo templo: o da mesquita de Santa María la Blanca de Toledo."*

Por outro lado, os períodos da dominação ortodoxamente católica de Castela sobre a chamada "totalidade hispânica" parecem ilustrar a solução – ou tentativa de solução – de coexistência de antagonismos étnicos e culturais pela rejeição ou repressão de vários elementos e seleção de um grupo étnico, ou de uma religião ou de uma cultura tidas como a perfeita ou ortodoxa: a Inquisição teria sido talvez o instrumento mais poderoso usado pela Espanha para chegar a esse resultado. Apenas nem a centralização castelhana nem a Inquisição puderam reprimir certas diferenças ou neutralizar completamente quer o processo de acomodação no campo cultural, quer o de amalgamento no biológico e étnico. Os *mozárabes* (cristãos que vivem sob o domínio muçulmano), os *mudéjares* (mouros que vivem sob o domínio cristão) e os *cristãos-novos* (judeus completamente ou superficialmente convertidos ao cristianismo) tornaram-se na Espanha tanto como em Portugal poderosos demais, e demasiado penetrantes, plásticos e fluidos para deixarem que a vida social e cultural dos espanhóis e dos portugueses fosse dominada por um grupo único, nitidamente definido e que se considerasse a si mesmo biologicamente puro (*sangre limpia*) ou culturalmente perfeito segundo o padrão europeu ou africano.

Bem dramáticas foram as lutas entre os que tinham o cristianismo latino como o seu ideal de perfeição e os adeptos fanáticos de Maomé ou de Moisés. Mas o resultado geral do longo contato dos espanhóis e dos portugueses com os árabes, os mouros e os judeus foi antes uma integração, ou equilíbrio, de elementos antagônicos do que a segregação ou diferenciação ostensiva de qualquer deles ou mesmo choques violentos. Os árabes juntaram à língua portuguesa e espanhola um rico vocabulário de arabismos, fato este que leva a algumas conclusões sociológicas nada desprezíveis. Uma delas é que, em ambos os idiomas, os arabismos parecem dominar o vocabulário latino quando se trata de antigos termos científicos e técnicos de impor-

---

* Fernando de los Ríos, "Spain in the epoch of American civilization", in: *Concerning Latin American culture*, Nova York, 1940, p. 24.

tância, relacionados com a agricultura ou com a indústria extrativa. E certas expressões populares, como "trabalhar como um mouro", parecem explicar por que esta ou aquela parte da península considerada de "solo fértil" pelos autores árabes é considerada árida pelos cristãos. Um detalhe significativo é que na língua portuguesa a palavra para a árvore que dá a azeitona, *oliveira*, é de origem latina, enquanto a palavra *azeite*, óleo, de uso corriqueiro, e que serve para designar um produto comercial extraído daquela planta, é de origem árabe.

Outros exemplos poderíamos destacar de como árabes e latinos, cristãos e judeus, católicos e maometanos fizeram da cultura espanhola e portuguesa (porque se trata realmente de uma só cultura composta de várias subculturas), das línguas e dos tipos étnicos da Espanha e de Portugal, produtos mais ou menos harmônicos, mais ou menos contraditórios, de uma espécie de cooperação competidora entre diferentes capacidades humanas, e talvez étnicas, e, ainda, entre talentos diversos, culturalmente especializados, e até entre disposições antagônicas.

A diversidade regional proveniente das condições peninsulares do solo, da situação geográfica e do clima deve igualmente ser tomada em consideração por quantos se interessam pelos antecedentes do Brasil. Antecedentes europeus que não foram puramente europeus mas também africanos; que não foram puramente cristãos mas também judaicos e maometanos; que não foram somente agrários (como poderia parecer pela importância dos senhores de terra nos primeiros dias de Portugal) mas também militares; que não foram somente industriais (como poderia sugerir o esforço técnico dos árabes e dos mouros) mas marítimos e comerciais, pelo lado dos nórdicos e dos judeus. Antecedentes notáveis não apenas pela capacidade para o trabalho duro, contínuo e monótono de uns e pela sua inclinação para a vida sedentária do campo, como pelo espírito de aventura e de cavalaria romântica de outros.

Na história dos espanhóis e portugueses, a diversidade das condições físicas apenas cede em importância à dramática diversidade dos elementos culturais e étnicos; e por ela é que se explica que forças enormes postas no sentido de uma absoluta uniformidade de cultura, de caráter e de vida – como a violenta centralização do poder político em Lisboa, ou em Madri, a Inquisição, a Companhia de Jesus, e já muito depois da descoberta do Brasil a ditadura eficiente, mas brutal, do marquês de Pombal[7] – não pudessem destruir entre os portugueses as diferenças, a variedade e o espontâneo vigor popular que se notam neles.

Decerto que essas forças uniformizadoras foram necessárias ao desenvolvimento da Espanha e de Portugal como potências colonizadoras, tanto mais que havia bastante vitalidade social em cada uma delas para não se tornarem estritamente ortodoxas ou católicas no sentido religioso ou social que queriam os jesuítas ou que pretendeu a Inquisição; e para não perderem, tampouco, sob a pressão de governos fortemente centralizados, a sua diversidade regional e cultural. E foi ainda boa coisa que nem sempre essas forças uniformizadoras agissem sempre de acordo, e às vezes se mostrassem competitivas ou antagônicas. Bom para a conservação de certas e sadias diferenças ou antagonismos que a Coroa estivesse contra a Igreja, por exemplo; e que a Companhia de Jesus estivesse às vezes contra a Inquisição. Porque houve um período em que os judeus eles mesmos tiveram os jesuítas como protetores contra a poderosa Inquisição. E o fato é que, embora nominalmente expulsos, os judeus não desapareceram da vida portuguesa.

Aubrey F. G. Bell,[8] que tão profundamente estudou a história cultural dos portugueses, é quem nos cita de um viajante polaco, Sobieski, estas palavras, escritas em 1611: "Há em Portugal muitos judeus, em tão grande número que várias são as famílias em Portugal de origem judaica. Embora tantos deles fossem queimados e expulsos, muitos vivem ocultos entre os portugueses".*

Quando nos séculos XVII e XVIII tornou-se moda entre os homens de melhor sociedade usar óculos para se darem assim ares de sábios e de cultos, muito judeu astuto, dos sefárdicos, procurou disfarçar o seu nariz semítico debaixo de tais óculos. E cristãos como igualmente judeus não parecem ter usado em Portugal anéis com pedras preciosas senão para mostrar o seu desprezo pelo trabalho

---

*   Aubrey F. G. Bell, *Portugal of the Portuguese*, Londres, 1915, p. 4.

manual. Esse costume ainda sobrevive no Brasil. A ostentação de nobreza pelos aristocratas portugueses, fossem cristãos ou judeus – porque os judeus de Portugal e de Espanha foram antes uma aristocracia do que uma plutocracia –, algumas vezes exagerou-se em formas grotescas, como, por exemplo, a de se associarem três desses aristocratas para o uso de uma mesma e única roupa de seda, com dois deles tendo de ficar em casa sempre que o terceiro saía na indumentária de luxo.

Certo viajante refere-se a médicos judeus que para se disfarçarem melhor em cristãos, melhor esconderem a condição judaica, prescreviam, na América portuguesa do século XVII, o uso da carne de porco aos seus clientes. E todos eles faziam-se notar pelos seus cuidados com o vestuário, mesmo os que trabalhavam de carreiros, ou faziam outros serviços humildes como os vendedores sefárdicos de *"pan de España"*, na Smirna.

Não raro era o rei de Portugal ele mesmo quem protegia os judeus do seu reino contra a rigorosa observância das leis em vigor, leis inspiradas mais num ideal de pureza religiosa do que de pureza racial. Esse ideal de pureza religiosa veio a ter considerável importância política na fundação e no desenvolvimento do Brasil como colônia politicamente católica ou ortodoxa de Portugal.

Assim é que houve tempo no Brasil em que, à chegada de navios, iam frades ao encontro dos passageiros vindos de fora, para saber não da sua nacionalidade, nem para verificar a ordem dos seus papéis ou examinar a sua saúde física, mas para indagar da sua saúde religiosa. Eram cristãos? De pais cristãos? E até que ponto ortodoxos? Como se fossem autoridades de imigração a serviço ao mesmo tempo do Estado e da Igreja, tais frades defendiam o país não de doenças contagiosas ou de criminosos, mas de infiéis e de hereges. O herege era considerado um inimigo político da América portuguesa: se fosse judeu teria que se disfarçar em cristão-novo embora secretamente continuasse judeu; se protestante teria que se disfarçar em católico. Parece, entretanto, que quando eram ricos os judeus verificava-se considerável contemporização ou acomodação no ajustamento dessas diferenças religiosas. Os judeus foram um elemento de notável influência na vida cultural e social de Portugal, não somente pela sua atividade comercial e pela sua capacidade para alargar os contatos cosmopolitanos dos aventureiros cristãos lusitanos no começo dos seus empreendimentos marítimos, mas por outros motivos ou razões. Não devemos, contudo, esquecer que, para tais empreendimentos, os portugueses foram particularmente favorecidos pela sua situação geográfica, e que desde os primeiros tempos foram grandemente influenciados pelo mar. Alguns autores, referindo-se à porção do oceano Atlântico que fica entre a costa ocidental de Portugal e a linha que vai dos Açores ao Madeira, dão-lhe o nome de "mar lusitano"; e diz Dalgado, especialista em geografia climática, que, tomado como um todo, o "mar lusitano" tem mais correntes do que qualquer outro mar da Europa – fato este, ele acrescenta, que explica "a quantidade e a variedade de peixes que aí se encontram".* Kohl, outro especialista no assunto, há mais de meio século chamava Portugal "a Holanda da península Ibérica", que também foi a comparação feita por Fischer,[9] autor de um mapa que fixa a configuração da península Hispânica.

Dalgado descreve Portugal como "o plano inclinado ocidental da península Ibérica, pois que é a larga porção da sua superfície exposta aos ventos oceânicos do lado ocidental que lhe dá o clima diferente que tem".** Diferente não apenas do ponto de vista da geografia física, mas do ponto de vista cultural e histórico. Porque a história étnica e cultural de Portugal, a composição tão profundamente heterogênea da sua população, o seu cosmopolitismo comercial e urbano em oposição ao seu conservantismo agrário ou rural, tudo condiz com o Portugal "plano inclinado ocidental da península Ibérica", de que fala Dalgado.

Para certos antropologistas, os iberos teriam sido os primitivos habitantes da península Ibérica, havendo quem os descreva como mongoloides. Mas a verdade é que tantos foram os grupos invasores que se estabeleceram em Portugal – os ligúrios, os celtas e os gauleses, os fenícios, os cartagineses, os romanos, os suevos e os godos, os judeus, os mouros, os alemães, os franceses, os ingleses – que seria difícil achar um povo moderno de remoto ou próximo passado

---

*   D. G. Dalgado, *The climate of Portugal*, Lisboa, 1914, p. 33.
** Ibidem, p. 42.

étnico e cultural mais heterogêneo. E deve-se acrescentar que antes mesmo da descoberta e colonização do Brasil já a população de Portugal se havia também mestiçado ao contato de numerosos negros* que ali penetraram como escravos domésticos, e ainda ao contato de índios orientais, que tanto se fizeram notar pela sua habilidade como talhadores e ebanistas.

Não surpreende, pois, a diversidade de tipos antropológicos e culturais que se vê entre os portugueses. Alguns estudiosos do *éthos* português dão os fenícios, os cartagineses e os judeus como os primeiros animadores desse espírito de iniciativa marítima que floresceu em Portugal do século XIV ao século XVII. E admitem que os romanos tenham dado aos portugueses a estrutura fundamental da sua linguagem e de algumas das suas instituições sociais; e, por outro lado, que os mouros tenham deixado muito traço da sua influência, não somente nas instituições sociais, na linguagem, na música e nas danças de Portugal, mas também na sua cultura material – na arquitetura, na técnica industrial, na cozinha, na vestimenta popular.

A presença e a influência em Portugal dos cruzados franceses e ingleses com o seu espírito de aventura e o seu desdém pelo trabalho agrícola; a presença e a influência dos judeus, com o seu espírito comercial, e, como todos os judeus sefárdicos, com o seu desdém por qualquer espécie de trabalho manual, que compensavam com o seu excessivo entusiasmo pelas profissões intelectuais e burocráticas; as vitórias portuguesas sobre os mouros; as conquistas dos portugueses na Ásia e na África e a oportunidade para empregar no serviço da terra ou nas artes manuais a negros, a índios orientais e a mouros – todos esses fatores juntos parecem ter desenvolvido em grande parte da população portuguesa o espírito de aventura e os preconceitos aristocráticos que se descobrem nos primeiros portugueses que emigraram para a América.

Na América portuguesa esses preconceitos manifestaram-se em gosto pela ação militar, em amor ao fausto e à ostentação, e também às ocupações burocráticas ou ao parasitismo, em atividades escravizadoras

---

* L. S. Rebelo da Silva, *Memória sobre a população e a agricultura de Portugal desde a fundação da monarquia até 1865*, Lisboa, 1865, p. 60.

dirigidas no começo contra os índios, mas logo depois concentradas na importação de negros para as plantações quase feudais que alguns portugueses chegaram a fundar no Brasil. Felizmente para Portugal e para o Brasil a aquisição desses novos hábitos não destruiu inteiramente nos portugueses da boa e antiga linhagem rural – nos chamados *portugueses velhos*, que haviam de ser o elemento humano básico da colonização agrária do Brasil – o seu tradicional amor da agricultura. Homens como Duarte Coelho e os Albuquerque[10] trouxeram de Portugal para o Brasil, além do espírito de aventura, um lúcido sentimento de continuidade social e o gosto pelo trabalho longo, paciente e difícil.

Tinham eles o amor das árvores e da vida rural. Eram, por tradição, senhores rurais ou plantadores. Duarte Coelho descendia da nobreza agrária do Norte de Portugal. O mesmo sucedia com sua mulher, dona Brites, que veio a ser a primeira mulher chefe de Governo, na América. Da mesma região vieram para o Brasil numerosas famílias que acompanharam Duarte e dona Brites, algumas de parentes próximos do donatário ou da sua mulher. Os camponeses daquela região – região norte-atlântica – são em geral considerados pouco inteligentes mas religiosos, com gosto pela música, com rompantes de alegria, pacientes e pés de boi no trabalho.

Mas os portugueses do velho tronco rural, que vieram para o Brasil no século XVI, ficariam incompletos ou unilaterais sem os chamados "inimigos da agricultura", cujos traços predominantes foram o espírito de aventura, o amor das novidades, a clarividência, o espírito comercial e urbano, o gênio prático. Os plantadores portugueses, com o seu profundo amor à terra e o seu conhecimento de agricultura, foram mais de uma vez enganados ou explorados no Brasil por aqueles compatriotas que se davam antes à aventura comercial e tinham a paixão da vida urbana – muitos deles, provavelmente, judeus. De certo ponto de vista, porém, esse antagonismo foi benéfico para a América portuguesa. Com o seu espírito de comércio os judeus urbanos tornaram possíveis a industrialização da agricultura da cana-doce no Brasil e o sucesso da comercialização do açúcar brasileiro. Por isso mesmo esse antagonismo não deve ser olhado pelos que estudam a história colonial do Brasil como um mal, unicamente – ainda que fosse um mal –, mas como um estímulo à diferenciação e ao progresso.

Um dos melhores intérpretes da história econômica de Portugal, Antônio Sérgio,[11] deixou bem claro que a classe dos comerciantes portugueses, estabelecida no litoral, teve, com a cooperação do rei, papel mais importante do que os proprietários aristocráticos do interior na formação de uma política nacional, ou, antes, internacional, de animação à aventura marítima, com sacrifício das necessidades ou interesses do interior do país. Esse fenômeno foi também cuidadosamente estudado por J. Lúcio de Azevedo,[12] a maior autoridade no que diz respeito à história econômica de Portugal.* E não faço senão resumir o que sugere Sérgio e o que explica Azevedo quando destaco a importância de precoce ascendência das classes comerciais na economia ou na vida de Portugal. Não é essa precoce ascendência fato para ser desdenhado nunca pelo estudioso dos antecedentes europeus da história social do Brasil.

Como lembra Antônio Sérgio, Lisboa acabou por ser o porto marítimo onde se fazia a junção do comércio do Norte da Europa com o comércio do Sul; e devido àquela tendência para o comércio marítimo e à importância dada pelos portugueses aos portos de mar é que o problema de povoar a parte Sul de Portugal, onde a agricultura sempre dependeu de um serviço caro de irrigação, foi cedo abandonado. Desde que o principal comércio da Europa, a esse tempo, era, como bem sabemos, de produtos orientais, os comerciantes portugueses de Lisboa, alguns deles judeus ou descendentes de judeus, logo tiraram vantagem da situação geográfica da sua cidade, e também do fato de não ser o feudalismo em Portugal tão poderoso como em outros países da Europa, para se tornarem senhores da política nacional. Transformaram essa política em uma corajosa aventura. Aventura cosmopolita, comercial e, ao mesmo tempo, imperial. Aventura realizada através de esforços científicos, ou quase científicos, para descobrir novas rotas de comércio, novas terras e novos mercados para serem explorados. Aventura animada pelo ideal de converter

---

*   J. Lúcio de Azevedo, *Épocas de Portugal econômico*, Lisboa, 1929.

no Portugal cristão – oficialmente cristão – populações pagãs ao cristianismo. Essas populações seriam, ao mesmo tempo, submetidas à condição de súditos, quando não de escravos, portugueses. O próprio rei de Portugal fez-se o "mercador dos mercadores", e os funcionários do Estado outros tantos comerciantes.*

Como é sabido, nos séculos XIV e XV, com a irrupção dos turcos nos portos orientais do Mediterrâneo, para não falar em outras dificuldades, é que mais agudamente se fez sentir a necessidade de uma rota marítima para a Índia. Ora, nenhuma nação europeia estava em posição mais vantajosa para resolver tão grave problema do que o Portugal semieuropeu – nação tão precocemente marítima e comercial no seu programa político que já no século XIV o rei D. Fernando[13] promulgava leis de especial proteção ao comércio marítimo e de encorajamento à construção naval. O que veio servir mais à causa dos comerciantes do que aos nobres proprietários de latifúndios, especialmente os de terras ganhas aos mouros – terras necessitadas de irrigação, que, por exceder a capacidade econômica dos que não fossem muito ricos, não se fazia sem a ajuda real. Essa ajuda, parece que nunca se verificou. É que, negando assistência aos nobres, proprietários de latifúndios, os reis de Portugal talvez tivessem em vista o eficiente e definitivo desenvolvimento do poder real: sua centralização. E esse desenvolvimento não seria possível ao lado de uma forte aristocracia rural.

Semelhante política, de indiferença, se não hostil, aos interesses do interior de Portugal, foi a política seguida por alguns dos seus reis de maior influência, como dom Fernando. Ela explica por que tantos nobres começaram a vir para Lisboa como candidatos a empregos oficiais. E que, uma vez funcionários da Coroa, se convertessem em partidários entusiastas da aventura marítima, do comércio, das construções navais, chegando alguns a ser cooperadores, e de modo algum inimigos, dos príncipes mercadores quando foi aberta a rota marítima para a Índia, e quando, no Oriente, se criaram as colônias ou semicolônias de Portugal.[14]

---

* Antônio Sérgio, *A sketch of the history of Portugal,* tradução do português por Constantino José dos Santos, Lisboa, 1928, p. 88.

Alguns desses aristocratas, nomeados pela Coroa portuguesa para funções públicas nas colônias, vieram para o Brasil a fim de ocupar altas posições burocráticas ou altos postos militares. Outros, em missões especiais, e que exigiam deles o melhor da sua experiência militar e da sua capacidade como chefes. No Brasil, eles se viram entre forças mutuamente antagônicas, mas também cooperadoras, como o rei, a Igreja, os judeus, o homem do povo, os hereges e os criminosos políticos ou comuns que eram forçados a deixar Portugal.

Parece-me que alguns historiadores – entre eles, Sombart[15] – exageram a importância dos judeus nos empreendimentos marítimos e coloniais dos portugueses, inclusive no desenvolvimento do Brasil como colônia produtora de açúcar. Apesar disso não devemos cair no extremo oposto: o de desdenhar o papel dos israelitas no desenvolvimento cultural de Portugal e na forma francamente cosmopolita que tomou a sua política econômica desde o tempo de dom Fernando.

Porque os reis portugueses e os príncipes judeus das finanças[16] se entendiam tão bem que, desde os primeiros dias da monarquia portuguesa, viam-se judeus como arrecadadores reais de impostos; e, sob alguns dos melhores reis, judeus sefárdicos foram ministros da Fazenda, médicos e astrólogos da Casa Real. Sob a real proteção portuguesa diz-se que muito comerciante judeu encheu-se de orgulho e de vaidade: punha borlas de seda nos seus cavalos, em tudo o mais deixando-se dominar pela mesma exibição de luxo.

É fácil é imaginar que rivais poderosos não haviam de ser dos capelães, dos confessores, dos conselheiros e dos educadores católicos do rei e dos nobres esses judeus feitos médicos, astrólogos ou arrecadadores da Casa Real. Tanto mais que nessa época o corpo do homem ia adquirindo de novo quase tanta importância como a sua alma; e astrólogos astutos mostravam-se hábeis em guiar um rei ou uma rainha, um príncipe ou um capitão por misteriosas regiões deste mundo e não apenas do outro – regiões algumas delas inteiramente desconhecidas dos mestres católicos de teologia e divindade.

Para os que estudam a história de Portugal do ponto de vista brasileiro é importante acompanhar as atividades dos judeus relacionadas com aquelas empresas marítimas e comerciais que tinham no açúcar do Brasil o seu subproduto, se não o seu principal produto. Desde o tempo do rei Sancho II,¹⁷ que tanto se interessara pelo desenvolvimento da marinha portuguesa, que os judeus eram obrigados a pagar uma taxa, que tanto podia consistir em "uma âncora e um cabo de âncora com sessenta varas de comprimento, ou em dinheiro, isto é, sessenta libras", para cada navio que pelo rei fosse lançado ao mar.

Os judeus controlavam ainda, entre outros ramos de comércio, a provisão de alimentos, e mais de uma vez, segundo confessam os que melhor estudaram as atividades dos judeus em Portugal, inclusive J. Lúcio de Azevedo, foram eles acusados – não se sabe se com ou sem fundamento – de reterem essas provisões para valorizá-las em preço. Uma prática que não pode ser considerada peculiar aos portugueses dos séculos XIV e XV.

Segundo alguns autores, pela mistura da gente de Portugal com o povo semítico é que se há de explicar a capacidade que parecem ter os portugueses, mais do que qualquer povo da Europa, de se aclimatarem nas mais diversas regiões do mundo; e, ao lado dos judeus, os mouros, que igualmente teriam contribuído para essa plasticidade do colonizador português.

Mas, contra essa generalização pode-se citar um fato de considerável importância: é que a Nova Lusitânia – o Nordeste do Brasil – foi colonizada muito mais por homens e mulheres vindos do Norte de Portugal, o que é dizer, vindos de uma população que se faz ainda hoje notar pelo seu sangue visigodo-romano e os seus característicos nórdicos. Tais homens e mulheres, alguns deles pertencentes à pequena nobreza agrária, adaptaram-se perfeitamente ao clima tropical da região brasileira onde a cana-de-açúcar veio servir de base para uma revivescência de organização social feudal, com os escravos africanos fazendo o papel de servos.

Talvez o clima português ele mesmo – um clima mais africano do que europeu – explique melhor por que os portugueses, mais do que outros europeus, se adaptam facilmente às regiões tropicais. E também não devemos nos esquecer de que, durante as primeiras gerações de colonizadores das zonas tropicais do Brasil, essa adaptação se fez sobre a fase do trabalho escravo: os portugueses não realizaram eles mesmos os trabalhos mais duros de campo, deixados sempre primeiro aos índios, e depois aos negros escravos.

Deve-se, contudo, dizer que não foi o Brasil que fez os portugueses mestres na arte de viver e, muitas vezes, de enriquecer à sombra da escravatura: quando começou a colonização do Brasil já Portugal estava cheio de escravos africanos – embora mesmo assim fosse tão só uma miniatura do que sobre uma larga, monumental escala viria depois a se desenvolver no Brasil. Mas o fato é que, quando chegaram os portugueses ao Brasil, muitos deles já se mostravam uns voluptuosos, com uma aversão ao trabalho manual que, em grande parte, se explica somente pelo seguinte: terem eles durante um século quase todo o seu trabalho doméstico feito por escravos, e a parte mais difícil do seu trabalho agrícola feita durante não um, mas vários séculos, pelos mouros.

Para os portugueses os mouros foram não somente trabalhadores agrícolas eficientes, sabendo transformar como por encanto terras áridas em verdadeiros jardins, mas um povo de cor escura, conhecido pelos cristãos e brancos nem sempre como servo, às vezes como senhor de larga parte da península Ibérica. Portugueses do mais puro sangue nórdico acharam nas mulheres mouras, de cor parda, algumas delas princesas, a suprema revelação da beleza feminina. Mais de um historiador – e particularmente Roy Nash,[18] cujo livro *The conquest of Brazil* é um dos melhores que já se escreveram sobre o Brasil, do ponto de vista sociológico – apresenta o primeiro contato dos portugueses ou dos espanhóis com os mouros como "tendo sido o contato de um povo vencido com os seus conquistadores de pele escura". E "o homem mais escuro era o mais lido, o mais culto e de gosto mais artístico. Vivia em castelos e ocupava cidades. Era o rico; e daí os portugueses viverem como servos nas terras desses mouros. Em tais condições uma honra devia ser para o branco casar ou misturar-se com a classe governante do homem pardo".*

Pela interpretação sociológica da famosa lenda portuguesa da "moura encantada", já havia eu chegado à mesma conclusão de Roy Nash: que a idealização pelo povo português da mulher morena, ou da moça ou mulher moura feita o tipo supremo da beleza humana,

---

*   Roy Nash, *The conquest of Brazil*, Nova York, 1926, p. 37.

teve certamente grande efeito sobre as relações do colonizador lusitano com as índias, ou ameríndias, do Brasil.

Místicos e poéticos, cheios de idealizações em torno do seu passado, gostando das belas plantas tanto como das plantas comerciais e úteis, os portugueses romantizaram alguns dos seus bosques e das suas fontes envolvendo-os em fascinantes lendas de princesas mouras. Assim o jovem que tem a sorte de descobrir e tratar bem o animal ou a planta em que se disfarça alguma bela princesa mourisca do passado com ela se casará para ser rico e feliz a vida inteira. E em todas essas histórias e lendas sempre a moça morena, moura ou mourisca, é olhada como o supremo tipo de beleza e de atração sexual; e os mouros considerados superiores e não inferiores aos portugueses puramente brancos.

Tais lendas ainda subsistem entre a gente rústica de Portugal, que, em sua maioria, não sabe ler. As crianças portuguesas de todas as classes em geral crescem sob a fascinação dessas lendas e desses mitos não europeus ou não arianos. Daí poder-se bem imaginar a influência que não haviam de ter essas lendas mouras sobre os portugueses do século XVI: os que entraram em contato com os índios da América, outra gente de pele escura. A sua experiência histórica, o seu folclore, a sua literatura popular em prosa e verso – todas as vozes do seu passado já falavam aos portugueses dos povos pardos ou morenos como nem sempre inferiores aos brancos.

As lendas significam uma força viva entre camponeses sem instrução como os de Portugal. São eles capazes de exprimir uma verdade mais efetiva e duradoura do que algumas das inconstantes meias verdades com que se regalam os pedantes quando se fazem de sábios. Entre camponeses com um rico folclore ou uma rica herança popular, à maneira do que acontece com a Espanha e Portugal, a falta de instrução não quer necessariamente dizer ignorância: há, para compensá-la, um fundo de natural sabedoria, de imaginação e de humor que não deve ser desdenhado nunca.

Pelas suas lendas, a maioria dos portugueses que descobriram e colonizaram o Brasil ficou sabendo que um povo de cor pode ser superior ao branco, como tinham sido os mouros em Portugal e na Espanha; e do seu longo contato com os mouros considerados naquela parte da Europa não uma raça inferior, mas uma gente superior em civilização ou em arte e ciência, muito haviam os portugueses de assimilar o que era mais dominante neles em usos e em ideias.

É possível que, através dos mouros, chegasse aos portugueses o gosto pela concubinagem ou poligamia, assim como a preferência pela mulher não só morena como gorda, eleita como o tipo ideal de beleza feminina. E mais: a tolerância e a consideração pelos mestiços. E, ainda: a tendência para tratarem os senhores os escravos domésticos mais como se fossem agregados ou pessoas da família do que escravos. Enfim, os portugueses do Brasil conservaram muitos traços da influência moura na sua conduta ou no seu comportamento, que nunca foi estritamente europeu nem estritamente cristão. Influência fácil de se notar sobretudo no homem do povo, mas que, de modo geral, se observa nos portugueses de todas as classes.[19]

Resta-me ainda muita coisa a dizer quanto ao que deve o Brasil em relação aos homens do campo rústicos ou analfabetos de Portugal. Desde os primeiros dias do século XVI foram eles o elemento básico para o desenvolvimento na América portuguesa de uma nova e vigorosa cultura, não meramente subeuropeia ou colonial. Daí vários observadores estrangeiros da vida de Portugal encontrarem-se de acordo com a opinião de James Murphy,*[20] que há dezenas de anos já considerava os camponeses analfabetos a flor ou a nata da nação portuguesa. E esses rústicos – poderíamos salientar –, e não os nobres, os burgueses, os finamente educados, é que, através de séculos, vêm sendo a flor ou a nata da colonização portuguesa do Brasil.

Existe um grande número de anedotas e gracejos brasileiros a propósito dos portugueses do campo – do ar simplório ou rústico que eles têm, do seu atraso no que diz respeito ao progresso técnico, da lentidão e estupidez de muitos deles em contraste com outros europeus ou com os indígenas e os mestiços do Brasil – o *carioca*, o *caboclo*, o *amarelinho*. Nessas anedotas o camponês português não é necessariamente o vilão. Ou, antes: nunca é ele realmente o vilão de nenhuma anedota tipicamente brasileira. Em regra, à força de representar

---

*   *Travels in Portugal*, Londres, 1795.

o português do campo sob a forma de homem ingênuo, se não infantil, e também potentemente sexual (como a imaginação popular supõe serem os rústicos primitivos em contraste com os indivíduos verdadeiramente civilizados), a lenda brasileira acabou fazendo dele uma espécie de ridículo mas amável Falstaff.[21] A caricatura simplesmente exagera a sua ignorância em face do progresso urbano e técnico a que, de fato, são naturalmente estranhos homens que sempre viveram em um país quase todo pastoril e agrícola como Portugal.

Desde o século XVI que os camponeses de Portugal vêm trazendo para o Brasil uma riqueza de lendas, de encantações, de cantigas, de literatura popular em verso e prosa, de artes populares; e através deles – desses camponeses e trabalhadores rústicos –, mais do que através dos eruditos ou dos homens de educação muito fina, é que os valores míticos ou populares dos índios e dos negros foram assimilados pelos portugueses da América, e tornaram-se, afinal, fonte para uma nova cultura: a cultura brasileira de origem principalmente lusitana, com fortes elementos ameríndios e africanos.

Certos autores, dos que se ocupam superficialmente dos problemas de cultura, mostram especial tendência para exagerar a importância da alfabetização, como sinal de superioridade absoluta dos povos considerados civilizados sobre os rústicos.

Na verdade, ler e escrever são meios de comunicação muito úteis para as civilizações industriais e para formas políticas de organização democrática. Mesmo nesses planos, estão esses meios ao que parece sendo substituídos pelo telefone, pelo rádio e pela televisão. Em países como a China, Índia, México e o Brasil, as massas não têm hoje, provavelmente, a mesma necessidade de saber ler e escrever como meio de se modernizarem que tiveram as massas na Europa ocidental e nos Estados Unidos durante o século XIX e mesmo as da Rússia soviética no começo deste século.

Aubrey Bell, que conhece intimamente Portugal, escreve que "três vezes afortunados" são os que "podem se misturar e conversar com os camponeses de Portugal durante alguma romaria ou por ocasião de alguma festa de aldeia, ou sentar-se com eles, tempo de inverno, em redor da lareira, ou quando se juntam para alguma grande tarefa comum, como seja uma tosquia ou uma *esfolhada* (separar a palha do milho da espiga), porque, com toda certeza, hão de recolher uma bem rica provisão de folclore, provérbios e filologia". E mais adiante acrescenta: "Pode-se dizer sem exagero que o povo português, com toda a sua colossal ignorância e ausência de instrução, é um dos mais civilizados e inteligentes da Europa".* Com essas palavras rende aquele historiador o maior tributo que o filho de uma civilização altamente mecânica e industrial como a da Inglaterra poderia render a um povo tantas vezes ridicularizado pelo seu atraso técnico e industrial como o português. Que esse atraso porém não é sinal de curta inteligência nem de raça inferior se prova com a opinião dos que longamente estudaram o que é mais íntimo na vida e na história do povo português.

Nobres, reis, príncipes mercadores, doutores em filosofia, advogados, médicos, padres, judeus sefárdicos, cientistas, todos contribuíram brilhantemente para a colonização portuguesa do Brasil. Mas, tornamos a dizer: nessa colonização a força criadora mais constante parece vir sendo a formada pelos camponeses analfabetos, alguns deles com sangue de africano do Norte: árabes, mouros, e mesmo negros. E o resultado da sua obra, na América tropical, pode-se apresentar hoje ao mundo como um dos mais felizes esforços de colonização realizada não tanto por europeus, como por semieuropeus.

Logo no início da colonização portuguesa do Brasil fez-se sentir a presença do português de classe humilde nesse grande esforço colonizador. Documentos desse período, que já foram cuidadosamente estudados por pesquisadores idôneos, revelam que um bom número de portugueses fundadores de famílias paulistas – famílias que acabaram famosas pela sua obra de pioneiros nas regiões do Nordeste, do Centro e das partes extremas do Sul do Brasil – eram artesãos e camponeses. Artesãos portugueses parecem ter vindo em número considerável no século XVI, indo se estabelecer na Bahia, a primeira cidade de importância que surgiu no Brasil. Alguns deles recebiam altos salários. Logo depois, e não só como artesãos mas como pequenos comerciantes, grande foi o número de portugueses

---

* Op. cit., p. 15.

do povo que afluíram a Pernambuco, onde se tornaram rivais da segunda e terceira geração dos descendentes dos nobres de terra, descendentes dos lavradores vindos do Norte de Portugal, e a quem se deve – como já foi salientado – a fundação da indústria do açúcar no Brasil, com o apoio e a assistência dos judeus ricos.

Mais tarde, em 1620, duzentas famílias portuguesas chegaram ao Maranhão vindas dos Açores. Em 1626 outras chegaram ao Pará, e no século XVIII grande número delas é no Rio Grande do Sul que se estabelecem. Não eram pessoas nobres, mas camponeses e artesãos, homens de origem humilde cujo sucesso medíocre na colonização agrícola se explica pelo fato de ter prevalecido desde o século XVI o sistema feudal de agricultura latifundiária e escravocrata em largas áreas da América portuguesa, tornando-se possível para eles, homens do povo que eram, sem outras rendas, prosperarem como pequenos lavradores.

Mas, se os portugueses agricultores que se estabeleceram em Nossa Senhora do Ó e em outras partes do Pará, e os que ficaram na Bahia – nas plantações de Sinimbu, Engenho Novo, Rio Pardo – e ainda os do Rio de Janeiro, não obtiveram nenhum notável sucesso na agricultura, também não devemos esquecer que ainda menos êxito tiveram, em zonas semelhantes, imigrantes irlandeses que, da mesma forma, se estabeleceram no interior da Bahia, assim como as famílias alemãs que no começo do século XIX vieram se fixar no interior de Pernambuco. Foram todas estas um imenso fracasso.

A verdade, porém, é que logo que puderam se libertar do sistema feudal do domínio de terra em que dificilmente havia lugar para um verdadeiro agricultor, ou para um pequeno lavrador independente, muitos daqueles portugueses tendo fracassado por culpa do sistema econômico dominante em grande parte do Brasil rural progrediram como artesãos ou comerciantes nas cidades do litoral. Outros chegaram a completo triunfo através não só do comércio mas de novas indústrias que criavam.

No seu interessante *New viewpoints on the Spanish colonization of America*, o professor Silvio Zavala[22] diz-nos que Filipe II[23] deu licença aos agricultores portugueses para emigrarem para a América espanhola* talvez – pode ser aqui sugerido – pelas condições mais favoráveis à pequena agricultura, em certas regiões da América espanhola em comparação com as principais da América portuguesa. Na opinião do professor Zavala, a colonização de caráter militar foi a que se estendeu pela América espanhola. Mas deve-se notar que parte considerável da América portuguesa foi dominada do século XVI ao XIX por um tipo de colonização feudal que era mais hostil ao agricultor pequeno de tipo europeu do que o sistema puramente militar dominante em grande parte da América espanhola. E nas duas Américas hispânicas, a portuguesa e a espanhola, desenvolveu-se outro tipo de colonização exclusivista cujos interesses não coincidiam com os do colono comum – o dos jesuítas, com a sua política de segregar os índios e mesmo de competir, na agricultura e no comércio, com os demais colonos, utilizando-se para isso do trabalho servil dos índios, que os simples colonos não podiam obter tão fácil ou livremente como eles, jesuítas, ainda que esses mesmos colonos contribuíssem para a manutenção dos missionários. Nessa situação de privilégio em que estiveram, contando com o apoio da maioria dos reis de Portugal e da Espanha durante a fase mais decisiva da colonização da América, os jesuítas realizaram uma obra valiosíssima no Brasil como missionários e educadores; mas o seu sistema excessivamente paternalista e mesmo autocrático de educar os índios desenvolveu-se às vezes em oposição às primeiras tendências esboçadas no Brasil no sentido de uma democracia étnica e social.

Esse fato – do ponto de vista democrático do hispano-americano – foi claramente entrevisto por Las Casas[24] quando pretendeu estimular a colonização por agricultores "que deviam viver cultivando as ricas terras das Índias, terras que os seus donos índios queriam voluntariamente lhes dar", terras onde "os espanhóis se entrelaçariam com os indígenas, tornando-se os dois povos pela sua união uma das melhores comunidades do mundo, e talvez uma das mais pacíficas e cristãs".** Foi também, de ponto de vista brasileiro, claramente percebido por José Bonifácio,[25] líder do movimento pela independência da América

---

*   *New viewpoints on the Spanish colonization of America,* Filadélfia, 1943, p. 110.
**   Ibidem, pp. 110-111.

portuguesa. Ele notou o perigo de uma política indígena isolacionista como durante certo tempo tinha sido a dos jesuítas no Brasil – perigo para o desenvolvimento dos brasileiros numa comunidade democrática –, aconselhando, por isso, a prática do cruzamento ou do mesticamento e do que hoje poderia ser denominado interpenetração cultural. Sob a inspiração dessas ideias de José Bonifácio é que um plano compreensivo de tratamento dos índios pelo governo brasileiro foi adotado pelo imperador do Brasil em 1845.

Seguindo uma tradição que tem as suas raízes em ideias sustentadas por alguns reis e por vários estadistas portugueses, algumas vezes em oposição aos jesuítas, aquele plano não somente estimulava o casamento entre portugueses e índios, mas previa, ainda, as necessidades de instrução e de assistência: fornecimento de casa, instrumentos, roupas, remédios. Incluía também o direito dos indígenas de adquirir terras fora das reservas.

Se os tipos privilegiados de colonização impediram a maioria dos portugueses, homens comuns ou do povo, que haviam emigrado para a América, de se tornarem conquistadores e donos das boas terras agrícolas situadas em áreas virgens, nem por isso ficaram sem meios de afirmar sua energia criadora ou seus "instintos" de aquisição. Afirmaram aquela energia e esses "instintos" através de sua atividade extraordinariamente procriadora, de bons machos e bons polígamos que foram muitos deles. Alguns tornaram-se famosos pelos muitos filhos que tiveram de mulheres índias, como no século XVI João Ramalho.[26] Nesse ponto acabaram rivais, e, às vezes, triunfantes competidores, daqueles fidalgos portugueses ou daqueles nobres como Jerônimo de Albuquerque,[27] dos quais o gosto pela poligamia parece ter feito antes herdeiros das tradições mouras do que das tradições cristãs e europeias de moralidade sexual.

Tais excessos, de excelente proveito para o Brasil quando considerado do ponto de vista de uma colonização puramente quantitativa, nem sempre favoreceram o desenvolvimento de uma vida de família cristã na América portuguesa. Contra eles levantaram-se mais de uma vez as vozes não somente dos jesuítas mas ainda das autoridades da Igreja.

Todos os que se dão ao estudo da história social do Brasil sabem que, nesse estudo, como no das origens e do desenvolvimento social das demais nações modernas, muito falta para um completo conhecimento dessa história. Ainda é um trabalho para se fazer o que diz respeito à colheita de informações completas sobre a vida e as atividades da gente do povo e a influência que têm exercido sobre a economia ou a cultura humana. Igualmente incompletos continuam os elementos de informação sobre os contatos sociais e culturais básicos entre os grupos humanos que produziram as civilizações modernas.

Como foi observado por um ilustre estudioso de história social, o professor Dwight Sanderson, as fontes de que se pode dispor dão quase sempre maior relevo às estruturas políticas e a quanto historicamente depende da prova documentária, quando não se cai no outro extremo, que é o caso dos que se dão ao estudo da mitologia e do folclore, dele fazendo a medida única para a avaliação das sobrevivências culturais e das vastas contribuições do povo no desenvolvimento da cultura ou da civilização moderna. Por isso mesmo é evidente a necessidade de se refazer sob um ponto de vista sociológico o estudo de alguns problemas da história tanto da América como da Europa.

Portugal e a colonização portuguesa do Brasil precisam de um estudo sobre esta base: estudo que parta de uma nova avaliação da contribuição portuguesa à civilização moderna. Contribuição esta, na sua maior parte, parece que devida mais ao comerciante, ao missionário, ao homem do povo, ao intelectual, ao cientista, às mulheres que acompanharam os maridos nas suas aventuras de mar afora, do que mesmo ao conquistador, ao chefe militar, aos estadistas, aos bispos e aos reis, ainda que, não o neguemos, Portugal na sua fase mais criadora (isto é, durante os séculos XV e XVI) tenha se mostrado notável pela previsão, energia e capacidade de ação dos seus reis, dos seus príncipes e dos seus estadistas.

Durante os séculos XV e XVI, os portugueses – muitos deles empenhados no comércio – enriqueceram a civilização europeia com um grande número não só de plantas, mas de valores culturais e técnicos assimilados da Ásia e da África. A América portuguesa foi também beneficiada por eles. Pois tendo sido portugueses os negociantes que introduziram na Europa – ou os primeiros europeus que reintroduziram na Europa, depois que o Mediterrâneo perdeu a hegemonia no comércio intercontinental – o gosto pelo açúcar, pelo chá, pelo pudim de arroz, pela pimenta, pela canela, e também pela galinha-da-guiné, pela sombrinha, pelo chapéu de sol e pelo palanquim, pela porcelana e pelo azulejo árabe, pela varanda à moda das Índias Orientais, pelas telhas convexas, pelas cornijas arredondadas, pelas casas de verão em forma de pagodes, pelos jardins e leques chineses, pelos tapetes e os perfumes orientais, desde o começo do século XVI esses mesmos comerciantes principiaram a pôr o Brasil em contato com algumas das novidades e dos luxos orientais já referidos e também com sedas e joias. Esses portugueses é que foram os pioneiros do comércio internacional moderno entre o Velho e o Novo Mundo.

Os europeus do Norte, para quem o banho diário é hoje rito indispensável de higiene pessoal, troçam os campônios portugueses por não tomarem tanto banho quanto eles. Mas se esquecem de que foram os navegadores e os comerciantes portugueses os primeiros europeus a trazerem do Oriente o hábito quase anticristão e antieuropeu do banho diário e que na Europa, a princípio, e de uma certa maneira ainda hoje, tornou-se luxo só reservado, como no Oriente, às damas e aos cavalheiros mais finos.

Ainda que os portugueses sejam ridicularizados por usar palitos de dentes na mesa de jantar, foi entretanto o português que trouxe da China para a Europa a primeira porcelana para o chá elegante dos mundanos. E foram ainda os portugueses, provavelmente, os primeiros europeus a trazerem do Oriente para a Europa os tecidos de algodão das Índias Orientais, especialmente o madapolão,[28] revolucionando dessa maneira os hábitos sociais e o comportamento cultural dos povos cristãos da Europa. Pois, como não ignoram os estudiosos da moderna civilização europeia, com a introdução do pano barato de algodão das Índias Orientais propagou-se na Europa o uso das roupas internas, assim "melhorando a saúde e o asseio" das populações europeias.*

---

* Shepard Bancroft Clough e Charles Woolsey Cole, *Economic history of Europe*, Boston, 1941, p. 263. Veja-se também Adolphe Reischwein, *China and Europe*, Londres, 1915, pp: 61-67; James Edward Gillespie, *The influence of overseas expansion on England 1500-1700,* Nova York, 1920; Ramalho Ortigão,

Dos portugueses partiu outra revolução social e cultural, esta no próprio Oriente. Foram eles que introduziram no Japão os jesuítas (inclusive o grande santo, Francisco Xavier), os mosquetes europeus e possivelmente a sífilis.[29] Também mapas, relógios, pinturas a óleo, lentes, a Bíblia.

Na Europa, os portugueses tornaram conhecida a sua nova Colônia americana por meio de belas plantas como a primavera-noturna, e de madeiras úteis como o pau-brasil e o jacarandá; e ainda por frutos deliciosos como o ananás, sem falar no excelente fumo da Bahia, nas nozes do Pará, na borracha do Amazonas, nas redes feitas pelos índios e nas plantas de propriedade medicinal como a ipecacuanha.

Logo depois da descoberta do Brasil, os portugueses começaram a estudar as plantas e os animais brasileiros, e especialmente costumes e alimentos ameríndios ou índios, com uma exatidão que os cientistas modernos muito têm louvado. E foram eles também que começaram a construir na América tropical casas de um novo tipo e com características extraeuropeias. Casas cuja arquitetura é uma combinação das modas asiáticas e africanas com tradicionais estilos europeus. Ainda eles é que começaram a desenvolver uma cozinha luso--brasileira baseada em tradições europeias adaptadas às condições e aos recursos americanos e baseada também no conhecimento de plantas e processos culinários da Ásia e da África.

Os portugueses contribuíram também para a introdução ou a vulgarização do açúcar do Brasil na Europa – o açúcar que tomou o nome de *mascavado* ou *muscavado*. Foram grandes disseminadores na Europa do uso do fumo ou do tabaco, que se fez hábito aristocrático entre os europeus. Como resultado do uso do fumo – do fumo do Brasil e de outras partes da América – parece que os europeus, em geral, e os portugueses, em particular, começaram a cuspir mais do que faziam antes; e bem significativo é o fato de a palavra inglesa

---

O culto da arte em Portugal, Lisboa, 1896; Edgar Prestage, *The Portuguese pioneers*, Londres, 1934; e Gilberto Freyre, *O mundo que o português criou*, Rio de Janeiro, 1940, também estuda o assunto e indica aspectos da influência portuguesa na vida social e cultural da Europa em consequência dos contatos com a África, o Oriente e a América.

cuspidor vir do verbo português *cuspir*. Mas não foi esta a única palavra de origem portuguesa a propagar-se noutra língua moderna. Através da língua portuguesa, vindas da Índia, da África, da Ásia ou colhidas na América, ingressaram no inglês e em outras línguas europeias várias palavras sociológica ou culturalmente significativas. Um grande número de palavras de origem portuguesa, ou asiáticas, africanas ou americanas mas colhidas pelo português antes de qualquer outro europeu, indica o papel importante que tocou a Portugal nos primeiros tempos do moderno comércio internacional: *bambu, varanda, caravela, tapioca, mandioca, pagode, craal* ou *curral, muscavado* ou *mascavado, molasse* ou *melaço, cobra, cobra-de-capelo, jararaca, jacarandá, casta, palanquim, caju, jaguar, samba, manga, porto* e *madeira* (tipos de vinho), *canja*,*[30] *cruzado* (moeda portuguesa mencionada por Shakespeare) – são algumas dessas palavras de que existem formas inglesas, francesas etc. São nessas línguas portuguesismos ou brasileirismos. Este é também o caso de *valorização*. Esse recente "portuguesismo" ou "brasileirismo" na língua inglesa designa, como sabem os estudiosos de economia, uma técnica para a proteção comercial de produto ou artigo. Técnica que foi primeiro usada pelos brasileiros em relação ao café e daí em diante por outros povos em relação a vários outros produtos.

E quer me parecer que *pickanniny* vem não do espanhol, como geralmente está nos dicionários, e como o menciona H. L. Mencken[31] no seu *American language*, mas da palavra portuguesa *pequenino*. *Formosa* (o nome da importante ilha oriental) é também uma palavra portuguesa e não espanhola. Essas palavras de certo modo demonstram a ubiquidade portuguesa antes da colonização do Brasil e ao tempo da mesma colonização; outras indicam a influência recente do Brasil no comércio, na economia ou na cultura internacional.

Tratando dos antecedentes europeus da história do Brasil sob um ponto de vista sociológico, somos levados a uma conclusão o seu tanto paradoxal – isto é, que esses antecedentes não foram pura-

---

* *Through the Brazilian wilderness*, Nova York, 1914, p. 165. Theodore Roosevelt introduz também na língua inglesa muitos nomes português-ameríndios de animais, como "tamanduá-bandeira" e "piranha".

mente europeus: foram também asiáticos e africanos. É outro aspecto de história social sugerido por algumas das palavras citadas.

Notas do organizador

1   A. Joseph Armstrong, da Universidade de Baylor, foi professor de literatura inglesa de Gilberto Freyre.
2   Miguel de Unamuno (1864-1936), pensador e romancista basco-espanhol, nasceu em Bilbao. Trata-se de um dos grandes pensadores a refletir sobre o dilema do País Basco no interior do Estado espanhol e até hoje é reivindicado quer por aqueles que defendem a irredutibilidade dessa nação no complexo cultural ibérico, quer pelos que advogam sua realização plena e universal apenas no interior da Espanha. Personalidade original, polêmica e, por vezes, contraditória, não apresenta um pensamento sistemático, estando suas ideias distribuídas entre ensaios, poemas, romances e dramas.
3   Ángel Ganivet (1865-1898) nasceu em Granada. Trata-se de um dos autores mais enigmáticos e inspirados do *fin de siècle* espanhol. Sua obra mais reeditada, *Idearium español* (1897), acabou por fornecer uma das mais fortes interpretações do conflito que assolaria a Espanha quarenta anos após sua publicação. Sua morte prematura – Ganivet suicidou-se – fez que muitos estudiosos o considerassem um "precursor" da *generación del 98*. É recorrente a contraposição de sua obra à de Miguel de Unamuno. A originalidade de seu pensamento está no rechaço contundente a uma série de ideologias e correntes de pensamento de sua época, tais como o nacionalismo centralizador e imperialista, o socialismo, a democracia, o liberalismo, o cientificismo ou o industrialismo. Foi ainda contra o ensino geral e obrigatório. Ao longo de sua curta vida, afirmou de forma crescente sua fidelidade à *"patria chica"*, Granada.
4   Desde a década de 1920, em particular nos Estados Unidos, desenvolveu-se uma corrente de pensamento que procurava uma aproximação entre a antropologia, a sociologia e a psicologia, que teve um profundo impacto na obra de Gilberto Freyre. Tratava-se do estudo das formas homogêneas de comportamento dos membros de uma determinada sociedade, de suas manifestações nos estados psíquicos dos indivíduos e da constituição de estilos de vida, padrões culturais e orientações sociais. O estudo da *cultura* e sua interface com a *personalidade* terá um efeito marcante na obra de Freyre, em especial em *Interpretação do Brasil*.
5   "Mourisco" refere-se ao culto dos "mouros", termo que designa genericamente os muçulmanos.
6   "Mosaico" faz referência ao culto que segue a "lei de Moisés", portanto, ao judaísmo.
7   O marquês de Pombal (1699-1782) é uma figura marcante no século XVIII luso-brasileiro. Governa *de fato* Portugal e seu Império entre 1750 e 1777, sendo conhecido na posteridade pela sua ação decisiva nos rumos da reconstrução de Lisboa, após o terremoto de 1755, nas reformas que empreendeu junto às instituições educacionais e religiosas que atuavam em Portugal e nas colônias e

por seu esforço "civilizatório", informado pelo Iluminismo. Seus projetos e sua ação vêm associados à figura de um "déspota esclarecido" empenhado na autonomia de Portugal ante a Grã-Bretanha, na modernização do país e na centralização e controle do Império.

8 Aubrey Fitz Gerald Bell (1881-1950) nasceu na Inglaterra. Desde cedo se interessou pela língua e cultura hispânicas. Foi redator correspondente do *The Morning Post* em Portugal e na Espanha. Escreveu sobre literatura portuguesa em geral, tendo livros publicados sobre Camões, Gil Vicente e outros personagens da literatura portuguesa.

9 Gilberto Freyre refere-se ao geógrafo alemão Theobald Fischer (1846-1910), que trouxe à geografia o conceito de "região mediterrânica". Fischer estudou nas universidades de Heidelberg e Halle, e dedicou-se especialmente aos estudos das terras mediterrânicas, àquelas do Norte da África mas, sobretudo, as penínsulas europeias; seus estudos tiveram profundo impacto em trabalhos ulteriores. Sua publicação mais importante foi a coleção *Mittelmeebilder* de 1906.

10 Duarte Coelho (?-1554), nascido em Miragaia, Portugal, tornou-se, a partir da carreira militar, administrador colonial, passando pela China, Índia e por outros territórios asiáticos. Quando da divisão da Colônia brasileira em capitanias, recebeu a de Pernambuco, onde deixou marcas de sua administração empreendedora, instalando os primeiros engenhos de açúcar e fundando, entre outras, a vila de Olinda. No caso dos Albuquerque, Freyre provavelmente está tratando da descendência deixada no Brasil pelo militar português Matias de Albuquerque (1596-1647), herói nos contra-ataques lusos às diversas incursões holandesas.

11 Antônio Sérgio de Sousa (1883-1969) nasceu em Damão, no então Estado da Índia Portuguesa, e ficou conhecido como um dos mais notáveis pensadores portugueses do século XX e por sua sistemática oposição democrática ao salazarismo. Além de sua obra ensaística e historiográfica, dedicou-se a dirigir a *Grande enciclopédia portuguesa e brasileira*, mantendo uma intensa relação com intelectuais brasileiros, entre eles Gilberto Freyre, e prefaciando um dos seus livros, *O mundo que o português criou* (1940). No livro *Aventura e rotina* (1954) – diário da viagem que realizou a Portugal e às então colônias portuguesas na África e ao Estado da Índia Portuguesa, Gilberto Freyre escreveu: "Encontro em Portugal dois Antônios eminentes: um é o professor Oliveira Salazar, e o outro é Antônio Sérgio. Se fosse português, estaria sem dúvida com Antônio Sérgio e não com Oliveira Salazar". Antônio Sérgio veio a falecer em Portugal em 1969, e seu funeral foi ocasião de grandes manifestações públicas da oposição, violentamente reprimidas pelo regime.

12 João Lúcio de Azevedo (1855-1933) foi um historiador português cuja obra se centra, sobretudo, em aspectos econômicos. Passou parte de sua mocidade no Brasil.

13 Dom Fernando (1345-1383), o Formoso ou o Inconstante, foi o nono rei de Portugal e último da primeira dinastia. Seu reinado deu-se em meio a violentas lutas dinásticas envolvendo Castela, França e dissidências da corte lusa, culminando inclusive com uma invasão de Lisboa. Para fortalecer a si e a seu reino, implantou medidas austeras na agricultura, como a lei de sesmarias. Foi um grande incentivador do comércio marítimo, concedendo uma série de isenções

14 fiscais para embarcações e criando a Companhia das Naus, uma espécie de cooperativa entre embarcações particulares e estatais, responsável pela arrecadação de taxas entre todos os membros para cobrir possíveis prejuízos com naufrágios e embarcações.

14 É interessante notar a noção de "semicolônia" anunciada por Freyre, pois, desde 1930, a tendência em Portugal e alhures era homogeneizar as realidades ultramarinas sob o mesmo conceito de "colônia". Definir determinados enclaves como "semicolônia" indica a perfeita consciência de Gilberto Freyre quanto ao fato de cidades como Macau ou Goa terem levado, ao longo dos séculos, uma vida praticamente autônoma, diante de uma metrópole distante.

15 Freyre refere-se ao historiador alemão Werner Sombart (1863-1941), que alcançou sua maturidade intelectual num momento em que na Alemanha o marxismo, o socialismo e a economia histórica dominavam o panorama intelectual do país. Ao lado de Max Weber, dedicou-se à história da gênese do capitalismo, e também com Weber estabeleceu um importante debate em função de seu desacordo quanto ao lugar preciso do protestantismo na história do capitalismo moderno. Sombart, sobretudo em seu controverso livro *Der juden und das wirtschaftsleben* (1911), discute o papel dos judeus na formação histórica do sistema, para chegar à polêmica conclusão de que "puritanismo é judaísmo".

16 Muitos judeus, conhecidos como "judeus da corte", foram responsáveis pelo financiamento das monarquias modernas europeias. A eles, em momentos de crise política internacional, coube também um papel de destaque em negociações diplomáticas.

17 O rei Sancho II (1209-1248), quarto rei de Portugal, foi considerado um grande líder guerreiro, mas um mau administrador. Apesar de diversas vitórias nas campanhas contra os mouros, não conseguiu controlar tensões internas entre Igreja e Estado, fazendo que o próprio papa apoiasse sua destituição do trono. Houve guerra civil e, em 1246, Dom Afonso (depois Dom Afonso III), apoiado pelo papa, foi declarado rei.

18 Roy Nash (1885-?) nasceu no estado de Wisconsin, nos Estados Unidos. Sua formação, em grande medida na área de ciências sociais, passou pelas universidades de Wisconsin, Califórnia e Columbia (Nova York), onde se formou, em 1908. De 1913 até a Primeira Guerra Mundial foi secretário executivo da National Association for the Advancement of Colored People, principal organismo norte-americano de combate à discriminação racial. A partir de 1919, empreende cinco viagens ao Brasil, visitando quase todos os estados da federação. *The conquest of Brazil* foi publicado em 1926, e a tradução portuguesa, na coleção Brasiliana, é de 1939: trata-se de seu único – e decisivo – livro. Ocupou cargos na diplomacia norte-americana no Brasil a partir dos anos 1940.

19 A comparação entre os portugueses e os árabes no que tange à poligamia e ao trato com os escravos foi realçada por Freyre com veemência na sua introdução a *O mundo que o português criou* (1940).

20 James Murphy realizou sua viagem a Portugal entre 1789 e 1790, e sua obra *Voyage en Portugal à travers les provinces d'Entre-Douro et Minho, de Beira, d'Estramadure et d'Alenteju* (1797) procurava, com base em uma minuciosa descrição dos "usos e costumes", do comércio, da arquitetura, das artes e da

história de Portugal, contrapor-se à opinião corrente na época de que tal reino seria árido a qualquer forma de ilustração.
21 Personagem burlesco dos dramas de Shakespeare.
22 Silvio Arturo Zavala (1909-2014) nasceu em Mérida, Yucatán, México. Grande parte dos seus estudos tiveram como objeto a história jurídica da colonização espanhola na América.
23 Filipe II (1527-1598) foi rei de Espanha entre 1556 e 1598, quando governou um dos maiores impérios do mundo, que cobria grandes territórios europeus, americanos e asiáticos. Durante cerca de cinquenta anos, converteu Madri num centro de referência mundial, do ponto de vista político, econômico e artístico. Profundamente preocupado com os assuntos da Europa e do resto do mundo, passou para a história como promotor do controle de Madri sobre o Império, da força da Igreja católica diante do avanço da Reforma e do fortalecimento da Espanha na geopolítica moderna.
24 Frei Bartolomé de Las Casas (1474-?) nasceu em Sevilha. Partiu para a ilha de Hispaniola em 1502 e, desde aquele momento, seu nome e sua obra estiveram ligados à conquista e colonização da América espanhola. Foi o primeiro sacerdote ordenado na América, em 1510; ao longo de sua vida, passou por Cuba, Venezuela, São Domingos, Guatemala, Nicarágua e México, realizando uma profunda reflexão sobre os efeitos da colonização junto às populações indígenas, em especial no México e no Peru. Essa reflexão teve como resultado uma obra de profundo impacto na Espanha e na Europa em geral, *Brevísima relación de destrucción de las Indias*, publicada inicialmente em 1552 e que viria a conhecer inúmeras edições em diferentes línguas ao longo do século XVII. Suas teorias sobre a colonização da América, sua ação em diferentes territórios americanos e na península e, sobretudo, sua pressão junto à Casa Real espanhola tiveram profundo impacto nas sucessivas leis promulgadas sobre a colonização e o trato dos indígenas sob tutela hispânica.
25 José Antônio Bonifácio de Andrada e Silva (1763-1838) nasceu em Santos. Seus escritos e sua ação política voltaram-se, inicialmente, para a possibilidade de manutenção de um império luso-brasileiro; após 1822, suas preocupações centraram--se na viabilidade de um Estado nacional de matriz lusitana a ser criado no Brasil.
26 João Ramalho (1493-1580?) foi um dos primeiros colonizadores portugueses no Brasil, tendo se estabelecido na região de São Vicente. Casou-se com a índia Bartira (depois batizada Isabel), filha do cacique Tibiriçá, e teve inúmeros filhos, usando seu enorme prestígio entre os índios para controlar o comércio local. Sua situação com Bartira não agradava aos jesuítas, pois se sabia que havia deixado mulher viva na Metrópole. Graças ao seu prestígio junto à Coroa, resolveu a situação e casou-se oficialmente com Bartira, tornando-se figura lendária da colonização.
27 Jerônimo de Albuquerque (1548-1618) nasceu em Olinda e seguiu carreira de engenheiro militar. Participou da expedição ao Rio Grande do Norte, onde fundou Natal. Comandou também a expedição que expulsou os franceses do Maranhão, onde fundou e edificou São Luís.
28 Tecido de lã branco e consistente, cuja origem está associada a Madapolão, importante centro de tecelagem na Índia.

29   A origem da sífilis – se europeia, africana ou americana – mobilizou médicos e pensadores brasileiros entre finais do século XIX e a década de 1940. Gilberto Freyre não apenas incorporou parte da discussão como teve papel crucial na sua popularização, ao introduzi-la no debate sobre as possíveis contribuições – positivas e negativas – de diferentes grupos culturais ao processo colonizador.

30   Nas edições em espanhol: "[...] *canja* (uma sopa espessa de frango e arroz, muito apreciada por Theodore Roosevelt" (tradução do organizador).

31   Henry Louis Mencken (1880-1956), polêmico escritor norte-americano, foi, ao longo de mais de duas décadas, um grande crítico da vida americana, da sua burguesia, do mundo dos negócios etc. Em 1919 publicou *The American language*, no qual procurou reunir expressões próprias do inglês falado nos Estados Unidos. Esse volume sofreria intervenções do próprio autor na década de 1940. Mencken destacou-se, também, como comentarista em uma série de jornais, sobretudo em Baltimore, sua terra natal.

2. Fronteiras e plantações

A história do Brasil, desde o começo, deixou-se marcar por duas tendências que, embora aparentemente contraditórias, na verdade, se completavam uma a outra. Refiro-me à mobilidade daqueles grupos que estenderam as fronteiras da América portuguesa para o norte, o sul e o oeste, em contraste com outros tipos sociais, e talvez biológicos, de homens que por gosto de sedentariedade se estabeleceram próximos à costa do Atlântico, na parte que vai de São Vicente ao Maranhão. Estes já vieram de Portugal com recursos bastantes para se estabelecerem como plantadores de cana e donos de escravos, alguns passando a viver nas suas fazendas quase à maneira de senhores feudais.

Deles pode-se dizer que, mais do que os exploradores de ouro, foram esses senhores de engenhos e fazendas os fundadores *verticais* do Brasil. Foram os que mais profundamente se arraigaram à terra, construindo para eles mesmos, para suas famílias, e algumas vezes para os próprios escravos, não cabanas ou casebres de palha, mas sólidas casas de pedra e de tijolo. As mais importantes delas é que logo tomaram o nome de *casas--grandes*. E às casas dos escravos deu-se o nome de *senzalas*.

Construíram ainda esses grandes plantadores, com o mesmo nobre e resistente material das suas próprias casas, as suas igrejas ou capelas e os edifícios dos seus engenhos ou fábricas de açúcar, cercando-os por vezes de imponentes árvores de vida secular, trazidas da Ásia, da África, da Europa: palmeiras, mangueiras, jaqueiras; e, também, de animais nobres e úteis, importados de civilizações mais antigas: cavalos, vacas, bois, gatos.

Os fundadores *horizontais* eram homens móveis, migratórios. Ainda que heterogêneos, dominavam na maioria deles um espírito de aventura e um amor à liberdade individual fortes demais para que se contentassem em ficar no litoral e viver confortavelmente perto das igrejas e dos edifícios públicos, pagando os impostos que eram logo cobrados dos colonos estáveis e prósperos pelos representantes da Coroa portuguesa. Nem tampouco lhes agradava viver à sombra de escolas mantidas por padres puritanos ou à sombra dos tribunais eclesiásticos – sempre ansiosos por descobrir heresia religiosa ou irregularidade sexual na vida dos colonos; e por puni-las imediatamente.

Penetrando até o extremo sul ou o extremo norte, indo até o oeste, ou pelos sertões, em busca de ouro e de índios para vender aos plantadores como escravos, esses novos nômades escaparam à influência da organização social feudal tal como foi estabelecida na costa pelos colonos sedentários. Estes últimos não somente conservaram no Brasil a posição social que desfrutavam em Portugal, mas a tornaram mais elevada ainda, graças à rápida prosperidade da agricultura da cana e da indústria do açúcar nessa parte da América.

Enquanto a maioria dos homens nômades, ou "homens de fronteira", bandeirantes ou sertanistas, eram simples e até rústicos nos seus gostos e hábitos sociais e não tinham forma estável de arquitetura doméstica – apenas cabanas quase tão primitivas como as dos índios, cuja dieta e métodos de agricultura também copiaram –, alguns dos plantadores de cana, ou senhores de engenho, pelo contrário, não somente conservaram mas até refinaram no Brasil os seus hábitos senhoriais, com os recursos de que dispunham para manter casas aristocráticas e um regime de alimentação à europeia. Porque o fato é que muitos desses colonos, durante anos, de Portugal é que importavam os seus vinhos e a maior parte dos seus alimentos, e também as roupas de moda para ambos os sexos.

Embora os outros, os que viviam à maneira de ousados pioneiros, gozassem na selva, ou nos sertões, uma independência de ação que lhes dava maior liberdade, mesmo a liberdade pouco cristã de possuir muitas mulheres ou *cunhãs*,[1] os senhores de engenho nada lhes ficavam a dever nesse particular, desde que, sem deixar suas próprias terras, podiam ter tantas mulheres de cor quantas desejassem, além das legítimas trazidas de Portugal ou com quem se tivessem legalmente unido no Brasil. É verdade que os padres ortodoxos, principalmente os jesuítas, denunciavam todos esses abusos ou irregularidades, e, do púlpito, pregavam contra eles.

Mas não se deve esquecer que uma das características do sistema feudal ou aristocrático de plantação na forma em que se desenvolveu no Brasil foi o quase absoluto poder dos plantadores de cana-de-açúcar. Com os privilégios concedidos pelo rei, acabaram verdadeiros senhores feudais e desse modo incumbidos de defender as causas e os interesses de Portugal contra, de um lado, os índios e, de outro, as potências europeias rivais dos portugueses. Toda vez que um plantador agia *pro domo sua* ele estava agindo também em favor do poderio português na América. É o que explica que as casas-grandes se tornassem, mais mesmo do que os edifícios públicos, símbolos da estabilidade portuguesa na costa do Brasil. Tornaram-se também a expressão física de um novo tipo de poder feudal ou patriarcal, chegando, pela sua situação de isolamento e a sua autossuficiência, a ostentar um forte espírito de independência e até de rebelião contra a Coroa. Um espírito como que de republicanismo.

Os privilégios concedidos pela Coroa aos senhores de engenho explicam por que as casas-grandes acabaram não só mais importantes do que a maioria dos edifícios públicos, mais importantes mesmo do que as catedrais, do que as igrejas particulares e do que os mosteiros puramente religiosos. Digo igrejas particulares porque toda casa-grande ou mansão tinha a sua igreja ou capela como parte do seu complexo arquitetural e social, com um capelão que dependia mais do dono da mansão ou senhor do engenho do que do bispo; e digo "mosteiros puramente religiosos" porque alguns mosteiros dos tempos coloniais rivalizavam, no Brasil, com as casas-grandes, parecendo existir menos para fins religiosos do que para exploração econômica da terra através da cultura da cana-de-açúcar feita por numerosos escravos que os monges ou as ordens religiosas possuíam. Por que a verdade é que algumas das poderosas ordens religiosas, entre as que tiveram parte ativa na colonização do Brasil, em vez de condenar o regime feudal, ou quase feudal, de agricultura, pelos seus abusos anticristãos, aceitaram-no, vendo nele a força que haveria de dominar a vida colonial brasileira e a sua estrutura econômica e adaptando-se passivamente a ele.

Outra prova da adaptação de frades e padres àquele regime, ou mais mesmo do que de adaptação, de reconhecimento do seu poder superior – materialmente superior –, está no fato de que, ao contrário da América espanhola, a América portuguesa nunca se fez notar por catedrais que fossem suntuosas ou dominadoras. Elas teriam simbolizado bispos poderosos, uma poderosa Igreja, um clero forte. Mas é que nunca existiu no Brasil colonial uma Igreja realmente poderosa, ou um clero forte; nem houve bispos dominadores, desde que todo plantador mais importante de cana-de-açúcar, ainda que católico piedoso, era em relação à Igreja uma espécie de Filipe II: tinha-se na conta de mais poderoso que os bispos ou os abades.

Daí o sistema de plantação e o sistema jesuítico quase sempre andarem em conflito. Os jesuítas não admitiram tão facilmente quanto os outros a supremacia do sistema dos grandes plantadores sobre o sistema católico ou jesuítico. O grande sonho dos jesuítas no Brasil parece ter sido o de um regime ou sistema rigidamente teocrático, como a "república" que fundaram no Paraguai. E em um tal sistema a casa-grande, com o seu harém e os seus outros abusos não menos ímpios, seria como uma mancha negra num vale todo verde.

Desde, porém, que se reconheceram sem força para destruir ou desgastar tão poderoso sistema, como era o dos senhores de engenho, concentraram-se os jesuítas em desenvolver um sistema de educação que trouxesse sob a sua influência os filhos dos colonos ricos e também as crianças indígenas. E o fato é que nas suas escolas, escolas que logo se fizeram famosas, o latim e a retórica que nelas se ensinavam tanto eram obrigatórios para os filhos de branco como para os filhos de índio.

Negros e mulatos não eram, entretanto, geralmente aceitos nessas escolas, razão por que não se deve contar o jesuíta entre as influências que favoreceram, no Brasil, o amalgamento das raças e a democratização social e étnica da Colônia. Esse tipo de democracia foi um produto direto da vida dos bandeirantes nas fronteiras e um resultado indireto do sistema aristocrático de plantação, pela forma em que ele veio favorecer o livre desenvolvimento da miscigenação à sombra das casas-grandes e dos engenhos e, depois, das cidades da região açucareira.

Por tudo o que se conhece hoje do sistema de cultura da cana-de-açúcar no Brasil, tão em contraste com as atividades dos homens de fronteira, qualquer estudioso da história social anglo-americana pode concluir que o desenvolvimento da América portuguesa não se fez por um processo muito diferente do que se verificou no desenvolvimento da economia ou da sociedade colonial dos Estados Unidos. E tanto assim que numerosas tendências e não menos numerosas formas de expressão do desenvolvimento da economia ou da sociedade brasileira nos fazem pensar nos dois mais importantes sistemas de que se desenvolveu a sociedade industrial anglo-americana e aos quais o professor Ulrich B. Phillips atribui papel importante ou decisivo na formação do passado americano. Passado de que haveria de resultar o presente com os seus recursos, a sua economia industrial, a sua organização social, todos os seus problemas, enfim.

O que esse historiador americano escreve a respeito do sistema de plantação dos Estados Unidos é como se escrevesse sobre as condições de economia e de vida no Brasil colonial: "O sistema de plantação", diz ele, "desenvolveu-se graças à necessidade específica de satisfazer a procura mundial de certos produtos básicos difíceis de ser supridos sob o regime de trabalho livre. Proporcionando, o sistema de plantação, controle e direção eficazes para a mão de obra importada dos escravos, logo se fortaleceu, não somente amoldando a si o regime industrial e colocando-o a serviço das suas necessidades, mas como dando forma ao sistema social e comercial, e também ao político, de vasta região do país."* No Brasil foi essa região mais vasta que nos Estados Unidos: durante algum tempo foi quase todo o Brasil economicamente significativo e politicamente articulado.

---

*   *Plantation and frontier, 1649-1863*, Cleveland, 1909; *Documentary history of American industrial society*, Cleveland, 1910, I, pp. 71-72.

Se no Velho Sul dos Estados Unidos foram o algodão e o fumo que juntamente cresceram ao lado da escravidão negra, no Brasil, com a escravidão negra progrediu a cana-de-açúcar em primeiro lugar, e depois o café: progrediram juntos em toda a vasta extensão do Brasil onde os plantadores – senhores de engenho ou fazendeiros – se tornaram também senhores políticos. E aqui, da mesma maneira que nos Estados Unidos, o sistema de monocultura não ganhou o oeste senão para estender-se em novas terras e levar, por onde se foi estendendo, a escravidão e outras instituições até chegar a regiões como a de Mato Grosso, Pará, Rio Grande do Sul, onde plantadores e homens de fronteira se encontraram e se confundiram, desenvolvendo-se daí formas híbridas de economia e de organização social.

Ainda como nos Estados Unidos, nas zonas de plantação de cana do Brasil – nas mais ortodoxas em seus característicos feudais – a monocultura acabaria empobrecendo a terra e privando a população de produtos de alimentação. O que haveria de forçá-la a uma dieta terrivelmente deficiente, por mal equilibrada.

Os que viviam pelas fronteiras, ou pelos sertões, eram mais dóceis às leis da natureza tropical do que os plantadores. Não havia, é certo, nas fronteiras ou nos sertões, os refinamentos da zona agrícola, mas ali a vida, nômade como fosse, parecia mais saudável do que a sedentária dos senhores de engenho. Mesmo quanto à alimentação: entre certos senhores de engenho, por exemplo, era comum se alimentarem do que importavam de Portugal, mas o alimento que vinha da Europa àquele tempo raramente deixava de chegar deteriorado. Ao contrário das primeiras gerações de plantadores, muitos dos quais trouxeram as suas mulheres de Portugal, e cujos descendentes casavam-se entre eles mesmos, a maioria dos homens que se tornaram tipos característicos de moradores dos sertões e das fronteiras do Brasil não eram portugueses puros, mas mestiços de português e índio: bandeirantes, paulistas, cearenses – todos descendentes de portugueses, de espanhóis, de franceses que fizeram de mulheres indígenas suas companheiras, tornando-se um tipo de pioneiro que dificilmente se encontra igual na América do Norte, salvo o mestiço do Canadá.[2]

Em virtude da predominância desse tipo na exploração de novas áreas, a colonização do Brasil logo deixou de ser estritamente europeia para vir a ser um processo de autocolonização: um processo que haveria de tomar, depois da Independência, caráter nacional. Nas palavras do professor Normano,³ esse processo quer dizer "o ajustamento dos territórios existentes à vida econômica da nação, a colonização nacional interna". O que parece certo se considerarmos essa nova fase de colonização brasileira um aspecto do fenômeno descrito por Turner⁴ como o de "fronteira móvel".*

Julgando-se os paulistas, os bandeirantes e os cearenses pelo que foram capazes de realizar num meio difícil como o tropical, eles surgem como a mais brilhante expressão de vigor híbrido que já se viu em qualquer povo da América. O professor Hooton,⁵ antropologista norte-americano, escreveu-me há tempo de Harvard, para dizer-me que, como estudioso dos problemas de hibridização, muito se interessava pela história dos paulistas. O professor Hooton, que é dos mais notáveis antropologistas contemporâneos, não acredita que a tese da inferioridade física e constitucional dos mestiços possa ser levada a sério. Ele mostra, nas suas conferências e nos seus ensaios, que os cruzamentos entre raças perfeitamente diversas, em alguns casos, produz híbridos semelhantes a um ou a outro dos seus ancestrais, mas, na maioria dos casos, apresentam-se os mestiços com uma combinação de traços derivados das raças envolvidas no cruzamento.

Às vezes, segundo o professor Hooton, acontece saírem da teia dessas combinações tipos novos e aparentemente estáveis. O exemplo dos paulistas parece comprová-lo: os paulistas considerados como resultado do cruzamento de espanhóis, portugueses, e em pequena extensão, de negros, com ameríndios. Dão eles a impressão de se terem desenvolvido em um novo e estável tipo de homem ou de "raça" notável pelo seu vigor, a sua resistência, a sua capacidade de luta e pelas suas qualidades ou suas virtudes de pioneiro. O que também pode se estender aos cearenses e a outros tipos regionais do Brasil.

Os paulistas fizeram-se notar primeiramente pelas suas expedições à caça de escravos, conhecidas pelo nome de "entradas", e das

---

* J. F. Normano, *Brazil: a study of economic types*, Chapel Hill, 1935, p. 2.

quais voltavam trazendo índios puros que iam servir como escravos nas plantações. Chegaram a atravessar o Chaco através do rio Paraguai, indo até a Bolívia. Muitos deles atingiram mesmo as vizinhanças de Quito, no planalto do Equador, e dizem que uma pequena expedição chegou a cruzar os Andes.

É fácil adivinhar por que os paulistas entraram em luta com os jesuítas, cuja política no Brasil, tanto como no Canadá, era no sentido de segregar os índios por um sistema todo artificial de perpétua tutela paternal; e impedir ou desencorajar o cruzamento de brancos com os nativos, sob o pressuposto de que "a inteligência do índio é incapaz de alto desenvolvimento". Aliás, com esse ponto de vista dos jesuítas alguns antropologistas modernos se acham de acordo; mas são raros. Entre esses raros estão os Whethams, por exemplo (William Cecil Dampier e Catherine Durning). Em *The family and the nation*, elogiam eles os jesuítas pela "sua considerável visão científica e pela sua sabedoria", como campeões da política de pureza racial no continente americano.

Outros antropologistas, porém, os que mais profundamente têm estudado o problema do índio americano e do mestiço, à maneira de Boas,[6] Dixon,[7] Hooton, Gamio,[8] Mendieta, Nuñez e, entre nós, Roquette-Pinto,[9] se fossem interrogados a respeito, decerto que não achariam nem de uma grande visão nem de uma grande sabedoria a política dos jesuítas de rígida segregação dos ameríndios em oposição à coeducação de meninos brancos e indígenas tal como foi praticada pela Coroa portuguesa no Brasil e pelos próprios jesuítas, nos primeiros anos de vida colonial ou sob a pressão de reis e estadistas portugueses.

As primeiras gerações de paulistas não foram o resultado de nenhuma deliberada política mas a consequência da escassez de mulheres brancas ou europeias, escassez esta fácil de notar, no século XVI, por toda parte do Brasil descoberto ou colonizado pelos portugueses. O velho espírito lusitano exaltado por Camões no seu famoso poema arrastou, como era natural que arrastasse, muito português ambicioso e de coragem às matas e aos sertões da América tropical, onde eram fáceis as mulheres índias. A poligamia acabou por se tornar uma compensação à dura vida que levavam esses intrépidos pioneiros.

A primeira virtude, posta aliás em forte relevo por vários historiadores, do paulista ou do bandeirante típico foi uma resignação que se poderia dizer quase fatalista. Muitos paulistas ou bandeirantes nunca voltaram do sertão: lá permaneceram, multiplicando-se em filhos mestiços e fundando cidades que haviam de acabar cidades importantes das futuras províncias de Minas Gerais, Mato Grosso, Goiás e Bahia. Santo Amaro, por exemplo, foi fundada por um João Amaro, muito tempo conhecido como o homem mais valente dessa região baiana.

Os paulistas passaram, depois de algum tempo, da simples captura dos índios que escravizavam para uma conquista maior – a dos sertões; para o estabelecimento de colônias e cidades, para a descoberta de minas de ouro e pedras preciosas, e, ainda, para a repressão das investidas dos espanhóis, que ameaçaram invadir pelo sul e pelo Peru o território tornado brasileiro pela ocupação de pioneiros. Uma atividade complexa já estudada por numerosos historiadores e geógrafos brasileiros, preocupados com o fascinante problema de como a América portuguesa veio a tomar um tão largo espaço no continente americano: Teodoro Sampaio,[10] João Ribeiro,[11] Alcântara Machado,[12] Afonso d'E. Taunay,[13] Basílio de Magalhães,[14] Paulo Prado,[15] Cassiano Ricardo.[16]

Um geógrafo norte-americano, L. E. Elliott, escreve que cada bandeira, nas suas maiores fases, era uma cidade nômade, "uma comuna ligada por interesses comuns";* e o sr. Cassiano Ricardo em ensaio sobre as bandeiras – páginas exageradas no seu entusiasmo mas nem por isso menos interessantes e menos penetrantes, no seu estudo do assunto – observa, com muita razão, que as bandeiras, mais do que qualquer outra instituição, é que promoveram a democracia social e étnica tão característica do Brasil. Ao passo que o sistema de cultura da cana foi aristocrático na sua estrutura – ainda que, considerado pelo lado da descendência mestiça dos senhores ligados a escravos, democrático –, a bandeira é exaltada pelo sr. Cassiano Ricardo e outros admiradores dos bandeirantes como tendo sido um movimento de caráter totalmente democrático. O sr.

---

* L. E. Elliott, *Brazil: today and tomorrow*, Nova York, 1917, p. 28.

Roy Nash – agudo observador – procura explicar o sucesso dessas democráticas "cidades móveis", ou "comunas", dizendo que os bandeirantes, "como os bolchevistas", formavam uma minoria militante a que não faltava coesão ou solidariedade social para um grande esforço de cooperação.*

A obra realizada pelos paulistas e pelos brasileiros de outras regiões que se destacaram na história da "fronteira móvel" do Brasil permanece um impressionante exemplo da capacidade híbrida que eles têm não somente para a ação independente como para a cooperação. No Brasil a "fronteira móvel" quis sempre dizer a criação de novos estilos de vida e de novas combinações de cultura – uma capacidade, esta, que alguns nórdicos mais entusiastas dos tipos nórdicos e mais eloquentes na expressão do seu arianismo gostam de associar exclusivamente à história e à personalidade dos seus heróis brancos ou louros.[17]

Mas, por mais fascinantes que sejam as figuras desses primeiros "homens de fronteira" no Brasil, isto é, os bandeirantes, não devemos nos esquecer de que, enquanto eles aumentavam o território da Colônia, não levavam as primeiras gerações dos plantadores de cana uma vida toda fácil. Os ataques dos ameríndios, dos piratas ingleses e franceses, e especialmente dos holandeses, muito prejudicaram a rotina da vida agrária no Brasil dos primeiros séculos coloniais. E não era tudo: tinham às vezes os senhores de sufocar rebeliões de escravos negros, ainda que essas rebeliões não tenham sido em nenhum tempo tão numerosas ou violentas no Brasil como em outras regiões da América, talvez porque o tratamento dado pelos portugueses aos escravos, e, mais tarde, pelos brasileiros, provocasse menos o desejo de rebelião da parte dos oprimidos.

E outra não é a conclusão dos historiadores e sociólogos brasileiros que melhor têm estudado a história social da região, agrária e escravocrata, pelos meios mais objetivos e imparciais de estudo. É a opinião, também, dos estrangeiros que melhores evidências têm dado do seu conhecimento das condições da escravatura nas diversas regiões

---

* *The conquest of Brazil*, p. 104.

da América."¹⁸ Um deles é o reverendo Creary, missionário norte-americano, cujas notas sobre o sistema agrário do Brasil nunca foram totalmente publicadas, continuando em manuscrito na Biblioteca do Congresso em Washington. Trata-se de uma opinião particularmente valiosa por ser de alguém conhecido pela sua atitude nada simpática aos costumes do Brasil dos dias patriarcais. Entretanto não esconde que os escravos brasileiros da parte do sul do Império – a região que conheceu – "eram tratados razoavelmente bem ["fairly treated"], e gozavam, em regra, de mais liberdade do que era compatível com um serviço eficiente".**

Quanto aos escravos do nordeste do Império, A. R. Wallace,¹⁹ o famoso cientista e abolicionista inglês do século XIX, achou-os geralmente bem tratados "e tão felizes como crianças".*** E Mme. Ida Pfeiffer,²⁰ que visitou o Brasil por volta de 1840, e escreveu páginas notáveis pela sua agudeza de observação, deixou-nos este depoimento sobre o Império, em geral: "Estou quase convencida de que, vista em conjunto, a sorte desses escravos é menos miserável do que a dos camponeses da Rússia, da Polônia, do Egito e que não são chamados escravos".**** Mas é um sacerdote inglês, o reverendo Hamlet Clark, que, a esse respeito, exprime-se com acento mais radical: "Não é preciso", diz ele, "ir-se muito longe para encontrar na livre Inglaterra a verdadeira imagem da escravidão: *London labour and the London poor*, de Manighew, *Oliver Twist*, de Dickens, *Song of the shirt*, de Hood,²¹ e outras muitas obras, refletem um despotismo sórdido de corações de pedra que em nada dão a lembrar o bem mais humano coração dos proprietários de escravos brasileiros."***** E outro viajante que conheceu o Brasil durante a maturidade mesma do seu sistema de escravidão, isto é, na primeira metade do século XIX, W. H. Webster, achou os

---

*   Gilberto Freyre, "Social life in Brazil in the middle of the 19th century", *The Hispanic American historical review*, 1922, V, nº 4, pp. 597-628.
**   R. Creary, "Brazil under the monarchy" e "Crônicas lageanas", 1886 (ms. na Biblioteca do Congresso de Washington, D. C.).
***   *A narrative of travels on the Amazon and Rio Negro*, Londres, 1852, p.120.
**** *Voyage autour du monde*, Paris, 1868, p. 18.
***** *Letters home from Spain, Algeria and Brazil*, Londres, 1867, p. 160.

escravos do Brasil mais felizes do que poderia representar a imaginação de muito filantropo.*

Uma investigação ou inquérito sobre as condições de trabalho nas plantações do Brasil realizado por uma comissão parlamentar britânica[22] – uma comissão ansiosa por descobrir abusos – apurou, entre 1847-1848, que as leis que no Brasil regulavam o tratamento de escravos eram benignas: previam férias para os negros – férias que iam até trinta dias no ano; dava-se-lhes também o direito de realizar as suas festas e ganhar dinheiro para se libertarem eles mesmos, ou conseguirem a sua alforria (manumissão). Tudo isso contrastava com as condições que reinavam nas plantações das Índias Ocidentais, onde os escravos eram comprados ou arrendados para deles se extrair rapidamente todo o lucro possível, onde nada lembrava o sentimento dominante dos legítimos plantadores do Brasil em relação aos escravos; e que era o sentimento patriarcal. José Cliff, que compareceu perante aquela comissão parlamentar para estudar a situação dos trabalhadores, nas plantações de café e açúcar, disse que no Brasil – região que ele conhecia bem – a natureza humana rebelava-se contra a separação dos filhos pequeninos das mães escravas.**

Por outro lado, Koster,[23] negociante inglês que viveu muitos anos no norte do Brasil no começo do século XIX, escreveu que o plantador europeu costumava adquirir a crédito os seus escravos, enquanto o brasileiro os herdava, nada o levando portanto a explorá-los para maiores benefícios.*** Também Robert Southey[24] na sua *History of Brazil* refere-se a leis brasileiras que muito favoreciam a situação dos escravos.****

À vista de todas essas opiniões não há como duvidar de quanto o escravo nos engenhos do Brasil era, de modo geral, bem tratado; e sua sorte realmente menos miserável do que a dos trabalhadores europeus, que não tinham o nome de escravos. Como costumava recor-

---

*   *Narrative of a voyage to the South Atlantic Ocean*, Londres, 1834, p.43.
**   *British foreign and state papers*, LXII, p. 622; XXXII, p. 126; *Reports from committees* (House of Commons), *Session of 1847-1848*, p. 201.
*** Henry Koster, *Travels in Brazil*, Londres, 1817, II, p. 183.
**** *History of Brazil*, Londres, 1822, p. 674.

dar aos seus alunos o meu velho professor da Universidade de Colúmbia, Carlton Hayes, chorava-se na Inglaterra só com se ouvir falar da crueldade com que os escravos na Jamaica eram surrados; porém na própria Inglaterra maltratavam-se os pequenos ingleses e as pequenas inglesas de dez anos de idade, até em fábricas que pertenciam a oradores antiescravagistas.

Não ponho em dúvida que alguns dos oradores antiescravagistas do Brasil, quando já na velhice, chegaram a ver, em algumas das usinas modernas do país, condições de trabalho piores do que as por eles conhecidas no tempo da mocidade, nos engenhos de senhores de escravos. E, vivessem eles ainda, certamente concordariam com os estudiosos da história social do Brasil sobre este ponto: que, visto em conjunto, o regime de escravidão nos engenhos e nas fazendas brasileiras no século XIX parece ter sido bem menos despótico do que a escravidão em outras regiões da América; e menos cruel – se se pode admitir grau na crueldade – do que o regime de trabalho na Europa industrial durante os terríveis cinquenta primeiros anos do *laissez-faire* econômico que veio logo depois da Revolução Industrial. Menos cruel também do que o regime de trabalho que hoje se conhece em certas regiões do Brasil, onde as condições do trabalhador de campo constituem ainda um problema sem solução.

Naturalmente que há uma tendência para nos tornarmos sentimentais sempre que nos voltamos para os velhos tempos: essa tendência aparece nitidamente na atitude de alguns brasileiros em relação ao sistema de plantação tanto como ao sistema monárquico de governo, que manteve o Brasil como nação independente durante quase um século, sem afastar-se da mesma tradição política em que tinha vivido a Colônia, do século XVI ao começo do século XIX. No Brasil, da mesma maneira que nos Estados Unidos, não querem certos historiadores, e até sociólogos, pintar a antiga vida rural do país senão idealmente cor-de-rosa; e ainda com essa mesma cor pretendem representar as condições políticas do Brasil durante a Monarquia ou o Império.

Os fatos, porém, mostram que havia muito sofrimento naquele tempo; e que bem longe estavam as condições de vida do tipo ideal que alguns imaginam. O que se chama higiene ou saúde pública, por exemplo, era um mito.

Mas apesar disso não é fácil ao historiador desfazer as lendas criadas em torno da vida dos antigos engenhos e da antiga monarquia, ainda quando não exprimam senão pura fantasia literária ou devaneio sentimental. É que os dois sistemas – o da plantação e o da monarquia – tornaram possível o desenvolvimento dos valores culturais e humanos que permanecem característicos do Brasil.

Seria absurdo, nos brasileiros de hoje, o desejo de voltar aos dias em que aqueles valores se impunham como os mais poderosos ou exclusivos. Porém igualmente absurdo seria negar que através deles não tivessem os brasileiros adquirido qualidades que nobremente os distinguem. Não constituem eles apenas um complexo feudal – complexo social e psicológico – que parece fazer de alguns brasileiros descendentes da antiga aristocracia de donos de terras e escravos uns arrogantes e uns sádicos, e de muitos dos descendentes de escravos, indivíduos desambiciosos e servis, com alguma coisa de infantil e mesmo de masoquista em sua conduta e em algumas das suas atitudes.

Não se deve esquecer contudo que nem o sistema de plantação nem o sistema monárquico implicaram jamais, no Brasil, rígidas gradações sociais; e sempre foi possível a homem de excepcional talento, por inferior que fosse a sua origem social, erguer-se às mais altas posições no sistema monárquico e aristocrático brasileiro. E era comum, entre os senhores de engenho, educar os filhos mulatos, ou ilegítimos, dando-lhes a mesma instrução que aos legítimos desde que mostrassem talento ou gosto para as letras. Webster observou que no século XIX alguns dos negros mais inteligentes, pertencentes a senhores bons, recebiam a mesma educação que esses senhores davam aos próprios filhos, alguns deles fazendo carreira brilhante, depois de libertos.[*] Isso quer dizer que no Brasil nem o sistema de plantação nem o sistema monárquico se fecharam duramente à democracia social ou à igualdade política. A atual tendência antidemocrática na política brasileira significa, como sistematização de ideias fascistas ou quase fascistas, fato novo e contrário não somente aos

---

[*] Op. cit., p. 43.

pendores republicanos mas às próprias tradições desenvolvidas à sombra da monarquia e do velho sistema rural do Brasil.[25]

Cada uma dessas tradições, tomada como um todo, era uma combinação de tendências democráticas e aristocráticas mais do que uma pura expressão de tendências ostensivamente despóticas, autocráticas, ditatoriais. Tais tendências foram talvez mais características de algumas das Repúblicas da América espanhola nas suas fases de caudilhismo do que do Brasil monárquico e aristocrático, onde o sistema de plantação parece ter atuado sempre como poderosa oposição republicana a todo excesso autocrático da Coroa e onde a Coroa parece ter sempre servido de freio aos excessos autocráticos dos grandes proprietários de terras e escravos.

O resultado é que se criou para o Brasil, com essa rivalidade entre forças que quase se equiparavam em autoridade – cada qual neutralizada, se não respeitada pela outra –, um clima democrático mais saudável do que o das Repúblicas das Américas espanhola e francesa, nas quais, sob o nome de presidentes, caudilhos e ditadores, generais e aventureiros puderam às vezes exercer durante anos e anos o mando absoluto. Mando por alguns exercido sadicamente.

Decerto não é minha intenção diminuir as Repúblicas da América espanhola que tiveram os seus caudilhos, para exaltar o Brasil, cujo sistema monárquico do seu governo, combinado com o seu sistema aristocraticamente agrário, excluiu, ao meu ver, o caudilhismo da América portuguesa. Mesmo porque teriam então algumas daquelas Repúblicas espanholas da América direito de rir-se do Brasil – um Brasil que não conheceu caudilhos reais durante o século XIX, mas que viria a conhecer o caudilhismo depois da República de 1889: Pinheiro Machado,[26] por exemplo, foi um caudilho e em tempos bem recentes. Mesmo durante a monarquia do Brasil – é verdade que excepcionalmente – houve um caudilho de luxo como primeiro-ministro; embora ele usasse fraque, e não uniforme militar, e não tivesse tentado fechar o Parlamento imperial, mostrou-se intolerante com divergências políticas e reduziu os partidos a grupos insignificantes. Quero me referir ao marquês do Paraná,[27] que foi mais imperial na sua ação do que o imperador ele mesmo. Mas constituiu exceção. E, embora autocrata, era um autocrata que tinha a sua elegância; não era um caudilho vulgar.

Quase sempre os chefes do governo brasileiro durante a monarquia saíram das mais antigas regiões de plantação do Brasil – Bahia, Pernambuco, São Paulo, Rio de Janeiro – e foram, alguns deles, verdadeiros estadistas e não simples políticos. Houve os que se tornaram campeões de grandes reformas democráticas, como Joaquim Nabuco.[28] Pela voz desses estadistas é que muitas vezes se exprimiu a opinião popular. Donde ousarmos dizer, embora a muitos venha a parecer um paradoxo, que o regime monárquico e aristocrático do Brasil, tal como ele se constituiu durante a época áurea dos senhores de engenho, foi mais favorável a um estado de vida pré-democrático do que os regimes ostensivamente liberais de algumas das Repúblicas hispano-americanas do século XIX, dominadas por caudilhos e atormentadas por frequentes revoluções.

Quem quer que estude o sistema social brasileiro baseado na monocultura latifundiária e escravocrata é tentado a compará-lo com sistemas semelhantes de outras regiões da América; e mais particularmente com o Sul dos Estados Unidos. Esse sistema na América anglo-saxônica teve provavelmente uma estrutura aristocrática mais rígida, do ponto de vista da "superioridade" e "inferioridade" de raça, do que no Brasil, onde tais preconceitos nunca foram tão fortes.

É possível que houvesse preconceitos de raça nas áreas de monocultura latifundiária do Brasil; ou, o que é natural, distância social entre o senhor e o escravo, entre o branco e o preto, mas como existe entre o velho e o moço, o homem e a mulher. Poucos aristocratas brasileiros foram jamais tão rigorosos em matéria de pureza racial como a maioria dos aristocratas do Velho Sul dos Estados Unidos.

O orgulho de família foi neles mais forte do que o orgulho de raça. E no sistema brasileiro as mulheres foram provavelmente mais oprimidas pelos homens do que no Velho Sul. Houve, contudo, exceções: casos de mulheres que tiveram, em vez dos maridos ou na falta deles, a direção da casa ou do engenho ou da fazenda. O meu avô, quando rapaz, conheceu uma dessas. Chamava-se dona Felícia – e os escravos, os filhos e também o marido eram conhecidos como escravos, filhos e marido de dona Felícia. Ela trazia sempre consigo um chicote para castigar não só os filhos e os escravos mas até – sussurrava-se – o próprio marido. Casos como esse, porém, devem ser considerados excepcionais.

Os elementos que compunham o conjunto dos engenhos ou das fazendas patriarcais no Brasil foram, praticamente, os mesmos que caracterizaram o conjunto das plantações dos Estados Unidos. A boa cozinha foi, naturalmente, um deles.

A "trindade de figuras", por exemplo, sugerida por Taylor, antigo governador de Tennessee, para um monumento em memória do Velho Sul dos Estados Unidos, poderia um escultor brasileiro utilizá-la igualmente para um monumento semelhante dedicado ao Velho Norte do Brasil. E poderia ainda essa ideia estender-se mesmo a uma glorificação não simplesmente regional, mas da "Velha Plantação" do continente americano; e que abraçasse não somente o Norte do Brasil, mas todas as outras zonas ou regiões das Américas hispânica, anglo-saxônica, francesa e holandesa onde floresceu o sistema que os europeus chamam de "grande plantação". Porque a "trindade de figuras", como a sugeriu o governador Taylor – representada pelo "velho e cortês plantador, bem-nascido e elegante no porte e nas maneiras"; assim como pelo "*tio* da plantação, a contraparte em ébano do senhor a quem tão lealmente servia"; e pela "mãe negra de vastos peitos, com o seu turbante de cores vivas, o seu avental limpo e a sua face alegre, amiga de quantos viviam na casa-grande ou nas choupanas" –, corresponde a uma tradição comum a todas as áreas de plantação aristocráticas da América.

Decerto que ao lado de excessiva idealização do passado nota-se excesso de simplificação na ideia do governador Taylor para um monumento desses, como se o sistema de plantação da América não tivesse sido alguma coisa mais complexa, com os seus lados agradáveis mas também com outros bem ásperos. Mas, a "trindade de figuras", esta existiu, no Brasil tanto como no Velho Sul dos Estados Unidos.

O professor Francis Pendleton Gaines, no seu livro *The southern plantation*, publicado em Nova York em 1935 – três anos depois da minha primeira tentativa para caracterizar o regime de plantação do Brasil –, refere-se a outros tipos igualmente importantes ligados ao sistema ou ao conjunto do Sul: "a sinhá-moça de Dixie"; "o senhor-moço"; "o protótipo do menestrel negro".* O professor Thompson

---

* P. 15.

menciona o "cocheiro";* o professor Cotteril refere-se ao "feitor, universalmente detestado pelos escravos".** Do ponto de vista brasileiro gostaria de ver incluídos num monumento à plantação a senhora de engenho, o escravo do campo, o moleque, companheiro paciente e às vezes masoquista do senhor-moço, e ainda a mulata, que no Brasil ficou sendo chamada a *mucama*: a companheira da senhora branca. Um tal monumento talvez viesse a ficar muito sobrecarregado para constituir uma verdadeira glorificação de heróis do passado – embora de acordo com alguns arquitetos e filósofos sociais modernos assim devam ser todos os monumentos: a glorificação de grupos e não de heróis individuais.

Como no Sul dos Estados Unidos, também no Brasil nem todos os senhores de terra eram "corteses", "bem-nascidos", ou "elegantes no porte e nas maneiras". A diferença que o professor Gaines, no erudito ensaio já mencionado, faz entre a vida agrária do Sul dos Estados Unidos, vista através da lenda e vista na sua realidade, é igual à que deve se fazer em relação às zonas de plantação do Brasil, onde não faltam da mesma maneira os apologetas literários para pintar o passado regional em cores sempre muito róseas. Conforme já uma vez sugeri em ensaio sobre a vida rural do Brasil, nem todas as casas dos donos de fazendas, e somente uma minoria delas, eram, do ponto de vista arquitetônico, verdadeiras mansões ou casas onde o alimento abundante e do melhor fosse a regra em vez da exceção.

Por outro lado, nem todos os plantadores de cana-de-açúcar eram honestos e nobres. Alguns misturavam terra no açúcar. Outros eram grandes bebedores, e não de finos e velhos vinhos, mas de rum ordinário ou de cachaça. Havia os que eram jogadores, como também os que viviam sempre endividados e quase tudo ignorando dos seus negócios, das suas rendas exatas, do seu número de escravos – tudo à semelhança do coronel Dangerfield, o herói do *Westward Ho!*, de James K. Paulding.[29] Quanto aos filhos das grandes famílias nem todos chegaram a estadistas, oradores, bispos, generais, ou almiran-

---

* Edgar T. Thompson, "The plantation: the physical basis of traditional race relations", in: *Race relations and the race problem,* Durham, 1939, p. 214.
** R. S. Cotteril, *The old south*, Glendale, 1939, p. 268.

tes; muitos deles atingiram a velhice sem outro maior interesse do que a paixão pelos cavalos, pelas negras e pela briga de galo. Na região de engenhos do Brasil, como na do Sul dos Estados Unidos, a paixão pelo cavalo, embora não houvesse hipódromo, não era mero esporte: constituía quase uma instituição sagrada. A caça era outra.

E, à maneira dos Estados Unidos, na região do Sul, tal como a descrevem Phillips, Gaines e Thompson, também nas zonas de plantação do Brasil a base econômica da vida social feudal era precária e incerta. Tanto aqui como lá o estado econômico que prevaleceu, em primeiro lugar, entre os plantadores de cana-de-açúcar, depois entre os de café, nos tempos da escravidão, se caracterizou sempre por extrema prodigalidade, grande desaproveitamento da fertilidade do solo e ignorância de métodos agrícolas científicos, ao lado de trabalho pouco eficiente. Estado econômico que tanto aqui como no Velho Sul culminou frequentemente no que o professor Gaines chama "bancarrota, com o fracionamento da fazenda e algumas vezes emigrações para o Oeste". No Brasil, quando o plantador perdia as suas safras, empobrecendo-se, era ele que ordinariamente emigrava para uma das cidades do litoral, onde passava a ter vida anônima numa qualquer função pública secundária. Os filhos daqueles plantadores ou senhores de engenho que empobreciam mais lentamente foram se tornando advogados, juízes e médicos em cidades remotas.

Nos engenhos muitas eram as festas que davam motivo à reunião de numerosas famílias rurais. O dia de São João era certamente o maior dia do ano entre os brasileiros da zona de açúcar, pelo menos os mais antigos e os mais típicos dentre eles. Havia danças à moda europeia no interior das casas-grandes, e o que existia de prata – que era um luxo comum – e de cristais aparecia então em todo o seu brilho ou esplendor; enquanto fora corriam animadas as danças dos negros, principalmente o samba, que se faziam à roda de vastas fogueiras – as fogueiras que se queimavam em honra a São João e para afugentar Satanás da casa. Eram festas em que muito se notava a fartura de alimentos, especialmente de bolos, sobretudo os de milho. A noite de São João era para os engenhos brasileiros como a noite de Natal para as plantações do Sul dos Estados Unidos.

Uma das tradições portuguesas da noite de São João como ela se celebrava antigamente no Brasil era a de a pessoa banhar-se e lavar-se: havia um banho especial – o banho de São João. Especial porque os brasileiros sempre foram amigos do banho; às vezes de mais de um banho por dia, coisa que os viajantes estrangeiros do século XIX logo vieram a notar nas zonas de engenho. Warren, americano que esteve no Brasil pelo meado do último século, confessa que, ao desembarcar, o primeiro espetáculo que lhe chamou a atenção foi o do grande número de pessoas de ambos os sexos e de todas as idades – gente do povo – que ele viu tomando banho de rio. E refere ter visto "várias índias bem-feitas de corpo e de notável beleza que mergulhavam na água como um bando de nereides felizes".* Os aristocratas é que não se mostravam assim pagãos; tinham os seus banheiros reservados, cobertos de palha, em rios que eram quase como rios seus – um apêndice das suas plantações. E aí somente é que as sinhás e sinhás-moças banhavam-se diariamente e nadavam, parecendo também outras nereides felizes. Porque a natação foi outro esporte característico das zonas de plantação.

Ainda entre as grandes festas da vida de engenho do Brasil estavam as festas de casamento, mesmo como no Velho Sul dos Estados Unidos. Poderiam ser acrescentadas às festas de casamento e às de batizado as do dia em que o engenho começava a moer. A botada.

O dia da botada celebrava-se sempre com uma cerimônia religiosa. Depois festa, dança, comida, bebida, saúdes cantadas. O capelão do engenho ou mesmo um padre de fora ou um frade ungia com água benta as primeiras canas a serem moídas.

Notável ainda da vida desses engenhos era a hospitalidade que neles comumente se via. É provável que no Brasil, como no Sul dos Estados Unidos, o orgulho dos grandes plantadores – isto é, dos mais ricos – em manter uma mesa bem provida, onde os hóspedes fossem fartamente servidos, não queria significar simplesmente "uma dissipação ostensiva" do tipo tão bem descrito pelo professor Veblen,[30] mas

---

* John Esaias Warren, *Pará; or, Scenes and adventures on the banks of the Amazon*, Nova York, 1851, p. 9. Veja-se também Gilberto Freyre, "Social life in Brazil in the middle of the 19th century", p. 626.

também manifestação do chamado instinto gregário, intensificado neles pelo isolamento. Visitantes de todas as categorias podiam sentar-se à mesa de um senhor de engenho, barão que fosse, e ter uma cama num dos seus quartos de hóspedes.

Aliás, à sombra de tão generoso acolhimento é que veio a se desenvolver no Brasil um tipo particular de parasita – o *papa-pirão* – isto é, gente que andava de um a outro engenho, regalando-se com o que lhe ofereciam, e para não fazerem nada senão conversar, fumar e jogar cartas. Houve parasitas desse tipo que acabaram não sendo mais parasitas: os que faziam, em ponto pequeno, o papel de bobo de corte ou de rei ou os que se tornavam famosos pelo seu humor, pelos seus ditos, pelas suas anedotas. Porque alguns plantadores brasileiros é como se imitassem os reis de outro tempo: tinham os seus bufões particulares, os seus jograis; às vezes mantinham mesmo palhaços e acrobatas, além de uma banda de música do engenho composta de negros.

Uma instituição do sistema brasileiro de grande plantação, ao meu ver sem equivalente no Sul dos Estados Unidos, foi a do capelão particular. O capelão do engenho era como um membro da família patriarcal, na mesma posição de um tio solteirão ou de um velho avô viúvo. Ou era mais essa que a de um padre rigidamente sob o controle de seu bispo. Estava antes sob o controle do senhor de engenho que, algumas vezes, pagava generosamente o capelão pelos seus bons serviços. Não cuidava este somente das atividades religiosas ou devotas de brancos e escravos, mas era também o mestre particular dos meninos da casa-grande, quem lhes ensinava a gramática, o latim, a história sagrada, quem os instruía para a escola militar ou naval, para o estudo do direito, para o seminário ou para a escola de medicina.

Sob o sistema patriarcal brasileiro estas eram as carreiras nobres: o exército ou a marinha, o governo, a diplomacia, a administração pública ou a advocacia, a Igreja ou o sacerdócio, e, para os mais progressistas, a medicina. Graças aos estímulos do imperador, a Imperial Academia de Medicina[31] chegou a dar aos que se titulavam por ela tanto prestígio social como as duas tradicionais escolas de direito do Recife e de São Paulo.

Toda família em cada geração tinha que dar um padre; a falta de um padre na família era, do ponto de vista social, quase uma desgraça. As famílias eram então numerosas – dez, doze e até quinze filhos, às vezes de uma só mãe; ou doze, quinze e vinte, se não até mais, quando os senhores aristocratas casavam-se mais de uma vez, o que não era raro. Daí não ser difícil haver pelo menos um entre tantos filhos com real inclinação para padre ou para frade. Mas, quando acontecia não existir essa inclinação, o caçula era às vezes destinado a ser padre ou monge, mesmo contra a sua vontade. Isso explica o grande número de padres e frades do Brasil patriarcal sem que na realidade mostrassem todos eles vocação para essa carreira. Trata-se aí de uma situação pela qual não seria justo responsabilizar principalmente a Igreja, que aceitaria tais sacerdotes involuntários para conservar um clero formado de filhos da aristocracia territorial ou escravocrata. O sistema de monocultura latifundiária e patriarcal que dominou o Brasil até quase nossos dias é que parece ter sido o responsável principal por essa aliança entre as grandes famílias patriarcais e o altar.

Embora as famílias descendentes da velha aristocracia rural do Brasil não sejam hoje tão numerosas como no tempo da escravidão, continuam, entretanto, nas áreas de maior apego à tradição, grandes famílias. Um sociólogo americano em recente estudo baseado em pesquisa estatística chega à seguinte conclusão: que a tendência quanto ao tamanho da família brasileira é "inteiramente diversa da que em regra, neste particular, se nota, quanto aos Estados Unidos e à Europa ocidental. As famílias em situação de bem-estar e de melhor educação são substancialmente mais numerosas do que as das classes baixas".* Segundo o mesmo investigador, não só o número de filhos vivos do agricultor típico do estado de Minas Gerais é quase o dobro do que tem o trabalhador comum (a principal causa dessa superioridade estando na maior mortalidade infantil das classes pobres), mas o coeficiente de fecundidade das mães brasileiras é ordinariamente muito alto.

---

* John B. Griffing, "A comparison of the effects of certain socioeconomic factors upon size of family in China, Southern California, and Brazil" (tese); "Natural eugenics in Brazil", *Journal of Heredity*, XXXI, 1940, pp. 13-16.

Por outro lado, deve-se deixar bem claro que, se foi grande o número de padres e frades brasileiros procedentes de famílias opulentas ou remediadas das áreas de plantação, tal fato nem sempre significa que esses padres e frades não tivessem filhos. Alguns os tiveram. E mais de um brasileiro notável nas letras, na política, na medicina, nas artes, tem sido filho ou neto de padre ou de monge – em geral dos tais sacerdotes involuntários.

Só no fim do século XIX é que houve diminuição no sacrifício da juventude ao sacerdócio – sacrifício, repita-se, que menos se deve à religião organizada do que ao regime patriarcal na forma em que ele predominou até então no Brasil, tendo a mocidade e a Igreja sob o seu controle. Só a partir daí é que começou a haver relativa liberdade na escolha de profissões pelos brasileiros bem-nascidos. Ainda hoje, porém, a inclinação dos brasileiros por aquelas carreiras durante tanto tempo consideradas como as únicas dignas da gente bem-nascida – a política, a diplomacia, a advocacia, a administração pública, a medicina, o sacerdócio, o exército, a marinha – explica-se como uma sobrevivência do sistema de plantação ou de monocultura latifundiária, escravocrata e patriarcal. Não somente aristocratas decadentes ou descendentes de aristocratas da mesma maneira decadentes, mas adventícios ou arrivistas ávidos de imitar essa aristocracia arruinada, deram para cultivar, e cultivaram até há pouco tempo, se é que não cultivam ainda, a mesma tradição. E a reação contra semelhante tendência, forte como possa parecer nos nossos dias, não quer dizer ainda completa vitória contra tão profundos preconceitos.

Não há dúvida nenhuma de que o sistema de plantação do Brasil, com a sua estrutura baseada no trabalho escravo, criou em muita gente do Brasil certa reserva aristocrática não apenas em relação ao trabalho manual, mas também em relação a outras atividades mecânicas e industriais. É fato que até certo ponto explica, a quem estuda a formação social brasileira na fase de transição marcada pela mania das profissões intelectuais, por que o campônio português chega rapidamente no Brasil patriarcal e semipatriarcal até quase nossos dias a uma situação próspera como negociante; o francês aos primeiros lugares no comércio de artigos de moda; e o inglês, e mais tarde o alemão e o norte-americano, às melhores situações, como grandes importadores, engenheiros, técnicos em obras industriais e mecânicas, em construção de estradas de ferro e de rodagem; e também o italiano, o alemão, outros europeus e os próprios portugueses, como fundadores de granjas. Isso enquanto os brasileiros de velha linhagem e os que, sem serem de velha linhagem, foram achando elegante ou conveniente imitá-los, se conservam bacharéis ou doutores em direito, em medicina ou em filosofia: uma espécie de casta burocrática ou intelectual cujas mãos, de dedos alongados em unhas de mandarins chineses e cheios de anéis, fossem delicadas demais para trabalhos grosseiros e, ao mesmo tempo, fossem eles superiores demais para competir com estrangeiros materialões. Tais foram os brasileiros da fase em que os filhos dos grandes senhores de terras e de negros foram se tornando uma como aristocracia burocrática baseada no horror ao trabalho manual, ao comércio e às atividades mecânicas e técnicas.

Esse complexo de refinamento é tido por vários observadores como uma das mais perniciosas sobrevivências do antigo regime de plantação. Sentindo-se acima de todas as canseiras da vida, muitos são os brasileiros que, ainda hoje, procuram na loteria, no jogo do bicho, no jogo de cartas ou em outras aventuras desse gênero meio de não trabalharem. O jogo de cartas esteve intimamente ligado ao sistema antigo da vida rural do Brasil – e, através de leituras a respeito do sistema de plantação dos Estados Unidos, pude concluir que aí se verificou o mesmo. Não faz muito tempo encontrei num dos arquivos do Brasil curioso documento: parece esse documento indicar que a primeira coisa impressa no nosso país, nos seus dias coloniais, não foi nem jornal nem livro, mas um baralho de cartas de jogo.

Houve no Brasil colonial corridas de cavalo e touradas mas nunca com a importância que elas chegaram a alcançar no México ou no Equador. Provavelmente pelo muito que os plantadores cuidavam dos seus cavalos ou do seu gado para deixá-los morrer em divertimentos dessa espécie. Porque os grandes plantadores ou senhores de terra brasileiros, da mesma forma que os plantadores do Sul dos Estados Unidos, gostavam particularmente de seus cavalos. A bem dizer eram quase tão orgulhosos do número de finos cavalos que possuíssem como do número de filhos, legítimos ou não, e do número de escravos – escravos do eito ou domésticos – que podiam ostentar. Alguns deles gostavam tanto de montar a cavalo que chegavam a se exercitar em acrobacias. Outros não: eram muito preguiçosos ou muito delicados para esses exercícios; e quando viajavam eram levados pelos seus negros em redes ou palanquins como se fossem uns príncipes hindus.

Há ainda um outro ponto de semelhança entre o regime agrário-patriarcal do Brasil e o do Velho Sul dos Estados Unidos – o hábito de blasfemar que tinham os senhores, e o seu excessivo individualismo. O que o coronel Allston disse dos plantadores do Sul – que "eles não eram nada dados a esforços em combinação" – pode-se dizer dos senhores de engenho do Brasil e mesmo dos plantadores de café, ainda que estes últimos eventualmente se dessem a um esforço de cooperação em torno do famoso plano de "valorização" ou "defesa do café" brasileiro ou, antes, paulista.

Quanto ao efeito da plantação sobre a vida intelectual parece que o sistema brasileiro, talvez porque mais poderoso, levasse vantagem sobre o do Velho Sul dos Estados Unidos na produção de escritores, professores e intelectuais de talento, como também de estadistas, oradores e diplomatas. O melhor dicionário que se escreveu no Brasil deve-se a um senhor de engenho. E antes, no século XVI, um outro senhor de engenho escreveu excelente livro sobre a região: sobre a natureza, a vida, os indígenas da região. A mãe de Thomas Mann, que era brasileira, foi de onde veio: do velho Brasil agrário-patriarcal. E ainda a essa região pertence grande número de poetas, ensaístas e artistas brasileiros. Como no Velho Sul, não faltavam em muita casa-grande de senhor de engenho bibliotecas importantes. E vários deles mandaram os filhos estudar na Europa.

Não faltam críticos que procuram dar maior relevo aos maus efeitos do contato, nos antigos engenhos patriarcais do Brasil, de brancos com negros, achando que a escravidão deve ter estimulado, menos nos brancos que mais diretamente se aproveitavam dela, um individualismo despótico; e também indolência e aversão ao trabalho manual. E até certo ponto é uma crítica justa que aqui também foi esboçada.

Mas o que não se pode negar é que a cultura brasileira muito se enriqueceu com a vida o tanto em comum dos meninos brancos com negros e pretas velhas de quem ouviam histórias cheias de uma humanidade e uma doçura superior a tudo que se poderia encontrar nas histórias dos livros escolares à europeia, quase sempre convencionais. A escravidão facilitou, por outro lado, às classes dirigentes um ócio que os de mais talento aproveitavam para melhor estudar os métodos de destruir o próprio feudalismo a cuja sombra haviam nascido e desenvolver a democracia no Brasil – uma democracia baseada sobre um tal conhecimento e uma tão profunda experiência das chamadas superioridades e inferioridades biológicas de raça ou de classe que estas passaram a ser tidas pelo que realmente são: artifícios, preconceitos, invenções.

Vários dos homens que se tornaram expressões de força democrática, na vida brasileira – homens como foram Joaquim Nabuco e Sílvio Romero,[32] no século passado, ou como hoje José Lins do Rego[33] e Cícero Dias[34] –, foram produtos do velho sistema agrário-patriarcal do Brasil. Todos é como se confirmassem as observações de Phillips sobre o sistema de plantação que estudou na América: sistema no qual "nota-se menos desse egoísmo e dessa indiferença que hoje em dia ordinariamente prevalece nas fábricas, onde as máquinas poderosas marcam o compasso à vida; onde os empregadores não têm relações com os empregados a não ser nas horas de trabalho".*

Estranho como pareça, muitos dos déspotas ou caudilhos que têm aparecido no Brasil não foram homens das zonas de plantação. Surgiram de outras zonas.

Notas do organizador

1   Palavra tupi que significa mulher jovem, adolescente.
2   Freyre refere-se aos *métis*, grupo formado, em sua maioria, pela miscigenação do colonizador francês com diferentes grupos indígenas, no Canadá, ao longo do século XVII. Hoje em dia, esse grupo é considerado uma etnia à parte no Canadá e possui como língua principal uma variante do francês (com significativas contribuições de línguas indígenas).

---

*   U. B. Phillips, *American negro slavery*, Nova York/Londres, 1918, p. 307.

3   João Federico Normano (1890-1945) foi professor de economia na Universidade de Harvard e diretor do centro de Harvard para pesquisas econômicas da América Latina, membro da Sociedade Real Econômica de Londres e professor de história comparada da Escola de Estudos Asiáticos. Entre suas obras encontramos: *The British offensive in South America, Joint stock companies and foreign capital in Rio Grande do Sul, The spirit of American economics, Saint-Simon and America* e *Asia between two world wars*.

4   Frederick Jackson Turner (1861-1932) foi um dos grandes historiadores da formação das fronteiras nos Estados Unidos, fazendo parte de uma geração que revolucionou a história norte-americana tradicional. Sua noção de "fronteira" e seu método de trabalho tiveram profundo impacto em diversos países da América e, especialmente, na história australiana.

5   Earnest Albert Hooton (1887-1954), antropólogo norte-americano especializado em antropologia física, estudou e trabalhou em universidades como Oxford e Harvard, entre outras. Teve grande influência nos estudos antropométricos do período, sobretudo no que diz respeito aos índios norte-americanos. Criou uma verdadeira tipologia para lidar com as diferentes "raças", e a miscigenação fazia parte de suas preocupações. Entre suas obras destaca-se *Up from the ape* (1931).

6   Franz Boas (1858-1942) foi, sem dúvida, um dos mais influentes antropólogos norte-americanos. Sua primeira formação deu-se na Alemanha, seu país de origem, onde estudou em Heidelberg e Bonn; o interesse pelas então chamadas "sociedades primitivas" o levou à América do Norte e, a partir de 1887, passou a residir permanentemente nos Estados Unidos. Seus trabalhos se caracterizaram pelo interesse nos mais diferentes aspectos da vida de uma determinada sociedade: da cultura material à língua, da vida social às artes e à religião. Foi responsável pelo treinamento de inúmeros etnólogos e linguistas, trabalhou em museus e universidades; dava profunda importância ao trabalho de campo e, ao longo de sua vida, coletou um número imenso de informações sobre as mais diferentes sociedades da América do Norte. Gilberto Freyre desde muito cedo reivindicou uma certa herança "boasiana" em sua obra, sobretudo no que diz respeito à proeminência que, progressivamente, a noção de "cultura" vai ganhando diante da ideia de "raça".

7   Roland Burrage Dixon (1875-1934), antropólogo cultural norte-americano, desenvolveu grande parte de sua carreira em Harvard, que transformou num centro de referência de sua disciplina. Dixon dava grande importância ao trabalho de campo e a ele devemos importantes informações etnográficas sobre os índios da Califórnia. Dixon realizou também trabalhos na Sibéria, Mongólia, Himalaia e Oceania, e seus interesses se dividiam entre a cultura material, a mitologia, a linguística e as religiões primitivas. Deu grande importância à ideia de "difusão cultural", sobretudo àquela que é resultado de migrações. Entre seus livros mais importantes temos *The racial history of man* (1923), *The building of cultures* (1928) e *Oceanic mythology* (1916), entre outros.

8   Manuel Gamio (1883-1960), arqueólogo e antropólogo mexicano, centrou sua intensa produção bibliográfica em populações pré-colombianas, povos indígenas e processos de miscigenação cultural e biológica. Seu trabalho com relação à política indigenista influenciou todos os países americanos.

9 Edgard Roquette-Pinto (1884-1954) nasceu na cidade do Rio de Janeiro. Iniciou seu trabalho no Museu Nacional em 1905, quando foi nomeado assistente da Seção de Antropologia e Etnografia. Permaneceu nessa instituição por três décadas, durante as quais realizou trabalhos sobretudo nas áreas de etnografia e etnologia indígenas e antropologia física.

10 Teodoro Fernandes Sampaio (1885-1937) nasceu em Santo Amaro, Bahia. Foi geógrafo e historiador, e ajudou na exploração do vale do rio São Francisco, o que resultou na publicação de *O rio São Francisco e a Chapada Diamantina* (1906). Publicou *O tupi na geografia nacional* (1901) e *Atlas dos Estados Unidos do Brasil* (1908). Em 1922, escreveu a introdução geral do primeiro volume do *Dicionário histórico, geográfico e etnográfico do Brasil*.

11 João Batista Ribeiro de Andrade Fernandes (1860-1934) nasceu em Laranjeiras, Sergipe, e foi escritor, poeta, folclorista e linguista. Sua produção literária foi intensa e trabalhou ao lado de Sílvio Romero na *Revista Sul-Americana* e no *Compêndio de história da literatura brasileira*, de 1906. Entre suas obras sobre língua e folclore no Brasil, destaca-se *A língua nacional* (1933).

12 Antônio Castilho de Alcântara Machado de Oliveira (1901-1935) nasceu na capital paulista e, em 1923, formou-se pela Faculdade de Direito de São Paulo. Foi escritor e historiador, além de cronista, crítico teatral e folhetinista do *Jornal do Comércio*, de São Paulo, do qual foi diretor e redator-chefe. Entusiasta do movimento modernista, publicou, em 1927, *Brás, Bexiga e Barra Funda*. Como historiador publicou *Anchieta na capitania de São Vicente*, em 1929, e *Sermões do padre Joseph de Anchieta*, em 1933.

13 Afonso d'Escragnolle-Taunay (1843-1899) nasceu na cidade do Rio de Janeiro. Em 1859, matriculou-se em ciências físicas e matemáticas na Escola Militar, para cursar posteriormente engenharia militar na Praia Vermelha. No ano de 1864, teve início a Guerra do Paraguai, e em 1865 Taunay se incorporou ao corpo do Exército como engenheiro militar. Tal experiência seria descrita no seu clássico *A retirada da Laguna*, cuja versão integral em francês foi publicada em 1871 (a versão definitiva é de 1879). A primeira tradução para o português apareceu em 1874.

14 Basílio de Magalhães (1874-1957) nasceu em São João del Rei, Minas Gerais. Historiador, foi deputado federal entre os anos 1924 e 1929. A partir de 1930 passou a dedicar-se com exclusividade ao ensino e à pesquisa histórica. Escreveu livros didáticos de história e geografia, e suas obras de maior importância são *Expansão geográfica do Brasil até os fins do século XVII* (1915) e *O café na história, no folclore e nas belas-artes* (1937).

15 Paulo Prado (1869-1943) nasceu em São Paulo. Entre 1884 e 1889, após os estudos secundários na cidade do Rio de Janeiro, cursou direito na Academia do Largo de São Francisco. Após 1892, iniciou seu trabalho na imprensa brasileira e uma importante trajetória no meio editorial e intelectual paulistano. Em 1928, publicou *Retrato do Brasil*, livro que se tornaria clássico e impressionaria toda uma geração de brasileiros, inclusive Gilberto Freyre.

16 Cassiano Ricardo Leite (1895-1974) nasceu em São José dos Campos, São Paulo. Foi poeta, crítico, ensaísta, historiador e jornalista. Ajudou a formar o grupo Anta, com Plínio Salgado, Cândido Motta Filho e outros, que se opunha à Antropofagia, de Mário de Andrade. De 1931 até 1943, dedicou-se a atividades

políticas e escreveu ensaios de sociologia histórica: *O Brasil no original* (1936), *O negro na bandeira* (1938) e *O homem cordial* (1959).

17 Trata-se de uma evidente referência ao pensamento de Oliveira Viana, que associava o vigor dos paulistas sobretudo à sua matriz ariana. Ver, de Oliveira Viana, *Populações meridionais do Brasil*.

18 A edição mexicana de 1964 traz: "Esta foi a conclusão a que chegaram os brasileiros que estudaram a história social do país por meio dos elementos mais objetivos e imparciais: a opinião daqueles estrangeiros que conheceram as condições da escravidão nas diversas áreas ou regiões da América". (Os trechos citados dessa edição foram traduzidos pelo organizador.)

19 Alfred Russel Wallace (1823-1913) foi um importante naturalista britânico. Sua *A narrative of travels on the Amazon and Rio Negro* foi publicada originalmente em 1853 e, além de sua importante contribuição no campo da história natural – em consonância com as reflexões de Charles Darwin –, foi um arguto comentador da vida social brasileira.

20 Ida Laura Pfeiffer (1797-1858), viajante austríaca, ficou mais conhecida por suas narrativas sobre Madagascar.

21 Thomas Hood (1799-1845), nascido em Londres, notabilizou-se por seu trabalho na imprensa e como humorista e poeta. Seus poemas "The song of the shirt", "Bridge of sighs" e "The song of the labourer" correspondem a um verdadeiro painel das condições do trabalhador industrial de seu tempo.

22 Gilberto Freyre refere-se a *Parliamentary papers – four reports from the select committee on the slave trade*, de 1847-1848, citado por Manuela Carneiro da Cunha em *Negros, estrangeiros: os escravos libertos e sua volta à África*, São Paulo, Brasiliense, 1985. Ao que tudo indica, os relatórios organizados pela comissão britânica são ricos quer na descrição de aspectos supostamente "benevolentes" da escravidão no Brasil, quer na revelação de casos de barbárie e abusos.

23 Filho de ingleses, Henry Koster nasceu em Portugal. Foi um dos primeiros, ainda no início do século XIX, a escrever sobre a psicologia e a etnografia tradicional das populações do norte do Brasil, suas festas e seus costumes. Suas viagens e aventuras tiveram como resultado *Viagens ao Nordeste do Brasil*, traduzido por Luís da Câmara Cascudo em 1941. Morreu, provavelmente em 1820, na cidade do Recife.

24 Robert Southey (1774-1843) nasceu em Bristol, na Inglaterra. Inicialmente interessado na história de Portugal, país que visitou no início do século XIX, entre 1810 e 1819 publicou sua *História do Brasil*, com base em documentos portugueses, espanhóis e brasileiros.

25 Gilberto Freyre escreveu este texto no início da década de 1940, portanto, em pleno Estado Novo, capitaneado por Getúlio Vargas.

26 José Gomes Pinheiro Machado (1851-1915) nasceu em Cruz Alta, no Rio Grande do Sul. Foi político; estudou na Escola Militar e lutou na Guerra do Paraguai. Ao retornar, antes do término da guerra, matriculou-se na Faculdade de Direito do Largo São Francisco. Criou com outros colegas, o Clube Radical Republicano. De volta ao seu estado natal, fundou o Partido Republicano Rio-grandense. Eleito senador no advento da República, participou do Congresso Constituinte em 1890-1891. Morreu assassinado no Rio de Janeiro, em 1915.

27 Honório Hermeto Carneiro Leão, marquês do Paraná, foi identificado por Sílvio Romero, na sua *História da literatura brasileira*, como parte da "plêiade da fase média do Segundo Reinado" (1848-1868), e era conhecido por sua grande eloquência como orador.

28 Joaquim Nabuco (1849-1910) nasceu na cidade do Recife. Em 1857, mudou-se para a Corte. Em 1866, iniciou seus estudos de direito na Faculdade de São Paulo e, em 1869, transferiu-se para a Faculdade de Direito do Recife, quando escreveu *A escravidão* (inédito até 1988). A partir de 1879, participou da vida pública e iniciou sua campanha contra a escravidão; opôs-se radicalmente à possibilidade de vinda de mão de obra chinesa para o país. Em 1880, Nabuco instalou em sua residência a Sociedade Brasileira contra a Escravidão, e em 1884 publicou seu clássico *O abolicionismo*.

29 James Kirke Paulding (1778-1860), oficial norte-americano cuja produção literária é lembrada pelas referências ao universo nativo dos Estados Unidos, por seu nacionalismo e pelo uso da sátira. Seu romance *Westward Ho!* é de 1832.

30 Gilberto Freyre refere-se ao economista norte-americano Thorstein Veblen (1857--1929), que, incorporando elementos das diferentes ciências sociais, se dedicou à análise do desenvolvimento e do funcionamento da vida econômica moderna.

31 Fundada em 1829, por iniciativa privada, como Sociedade de Medicina do Rio de Janeiro, a Academia Imperial de Medicina surgiu, por decreto oficial, em 1835. No primeiro período teve importância capital, pois a Sociedade foi responsável pelos estatutos das primeiras faculdades de medicina da Bahia e do Rio de Janeiro.

32 Sílvio Romero (1851-1914) nasceu em Lagarto, Sergipe. Foi crítico literário, ensaísta, folclorista, polemista e historiador da literatura brasileira. Participou ativamente da vida pública do país, em debates candentes como o da abolição da escravatura.

33 José Lins do Rego (1901-1957) nasceu em Pilar, na Paraíba. Ao longo de sua vida, destacou-se como jornalista, romancista, cronista e memorialista.

34 Cícero Dias (1907-2003) nasceu em Jundiá, Pernambuco. Em 1925 aportou no Rio de Janeiro com a intenção de estudar arquitetura. Em 1927, realizou sua primeira exposição individual, e rapidamente foi reconhecido como um dos grandes valores da arte de vanguarda no país. A partir de 1937, após várias exposições e depois de participar do Congresso Afro-Brasileiro do Recife, em 1929, passou a viver na Europa, em especial em Paris. Gilberto Freyre foi, desde o início, um grande entusiasta de sua carreira e comentador de sua obra.

3. Unidade e diversidade, nação e região

O professor Glenn R. Morrow, da Universidade da Pensilvânia, observou há pouco tempo que o primeiro congresso de regionalismo no Brasil – talvez o primeiro da América – reuniu-se no Recife em 1925.[1] Ultimamente, na Universidade de Yale, por ocasião da Conferência Interamericana de Filosofia, foi discutido esse problema do regionalismo brasileiro, mas receio que não tivesse sido bem compreendido por alguns dos seus membros, embora todos os comentários fossem simpáticos ao movimento e até generosos. O regionalismo, na forma em que o compreendem e descrevem regionalistas brasileiros, é uma filosofia social; mas uma das objeções ouvidas na conferência foi que a filosofia, sendo *a work of reason*, não poderia "admitir fatos regionais, formas de pensamento e de sentimento de conteúdo local, a menos que se corrompesse e se destruísse a si mesma". E um dos críticos do regionalismo brasileiro chegou a adiantar que os meus amigos regionalistas do Brasil e eu tratamos com excessiva ênfase o aspecto regional da cultura brasileira.*

---

* Afrânio Coutinho, "Some considerations on the problem of philosophy in Brazil", *Philosophy and phenomenological research*, 1943, IV, p. 191.

Antes de tentar discutir os dois antagonismos da vida e da cultura brasileira – unidade e diversidade regional, ou unitarismo e regionalismo – vale a pena esclarecer o mais possível a ideia de regionalismo tal como a concebem os modernos regionalistas brasileiros. Eles distinguem regionalismo de nacionalismo e também do mero seccionalismo – para usar a palavra com que o professor Turner designa o regionalismo estéril ou autossuficiente. Uma região pode ser politicamente menos do que uma nação. Mas vitalmente e culturalmente é mais do que uma nação; é mais fundamental que a nação como condição de vida e como meio de expressão ou de criação humana.

Um filósofo, no legítimo sentido, tem que ser super ou supranacional; mas dificilmente ele pode ser suprarregional no sentido de ignorar as condições regionais da vida, da experiência, da cultura, da arte e do pensamento que lhe cabe julgar ou analisar. Como Joseph E. Baker escreve, tratando de regionalismo:

> O regionalismo que ignore o universal comete um erro, naturalmente; a vida da região é para ele o seu meio de expressão, não a sua mensagem, e não deve voltar o seu espírito meramente para o curioso, o singular, o pitoresco – que é onde está o erro dos coloristas locais. Mas os internacionalistas (os que se deixam marcar pelos mesmos exclusivismos do nosso atual nacionalismo) recomendam-nos uma literatura que nem dá o melhor do ideal universal de humanidade, nem a essência sutil de uma cultura local: tudo o que exprime são aqueles elementares interesses físicos e econômicos comuns ao homem de um tipo material de vida, seja de Atlanta, Manchester ou Hamburgo – o mais baixo denominador comum do homem, e não o que se entende como as suas melhores virtualidades. Chegamos muito mais facilmente a uma concepção do homem verdadeiramente humano considerando as suas realizações como elas se mostram em diferentes regiões da América e da Europa.*

O ponto de vista regional, considerado como preliminar para o estudo de história ou de sociologia, parece-nos, aos que somos regionalistas brasileiros, tão filosófico como qualquer outro. Esta é igualmente a conclusão a que chegou um estudioso do regionalismo na

---

* "Regionalism: pro and on. Four arguments for regionalism", *Saturday Review of Literature*, XV, 1936, p. 14.

África do Sul, o professor Berry. Ele define o regionalismo – sob o nome de "ecologia humana" – como "um meio especial de considerar a realidade última da vida"; como "uma filosofia de vida",* e não simplesmente como uma ciência ou uma técnica.

Poderá se objetar ao regionalismo filosófico de Berry dizendo que a "filosofia da vida" estritamente regional tende a não se completar nunca. Mas ainda assim não permaneceria menos uma atitude filosófica ou um ponto de vista. Atitude incompleta, talvez, sem o seu ponto de vista antagônico: universalismo ou cosmopolitismo. Estou antes de acordo com os que pensam que essas duas correntes de pensamento – por alguns chamadas localismo e internacionalismo – se enriquecem mutuamente. Concordo com os que estendem até a esfera cultural a bem conhecida ideia do professor Bonn relativa à vida econômica – a ideia de que existe um processo de contracolonização oposto ao de colonização.

E é como uma contracolonização que o regionalismo nos parece uma tendência sadia na vida brasileira tanto como na vida continental americana. Uma tendência que se opõe às que levam ao excessivo nacionalismo ou ao exagerado internacionalismo ou cosmopolitismo.

Mas os três tipos de influência cultural – o indígena ou regional, o nacional (este provavelmente o mais transitório e artificial de todos) e o supranacional ou cosmopolita – enriquecem uns aos outros. E o ideal parece que está em assegurar-se por uma combinação dos três, a constante e estimuladora interação de todos esses antagonismos.

Escreveu há pouco um jurista ilustre: "A tarefa principal de quem estuda a organização internacional não é gastar tempo em discutir regionalismo *versus* universalismo mas, sobre casos concretos, é estudar os vários meios por que aqueles dois elementos podem ser utilizados em combinação e os padrões que se devem aplicar na parte que de cada um se aceita".**

Alguns estudiosos da situação internacional social como ela se tem desenvolvido no mundo desde a Revolução Industrial da Europa –

---

*   J. W. Berry, *Human ecology*, Londres, 1935, p. 284.
** Pitman B. Potter, "Universalism *versus* regionalism in internacional reorganization", *The American Political Science Review*, XXXVI, 1943, p. 862.

a conquista industrial do mundo baseada em ideais de estandardização de todos os países de acordo com os padrões dos Estados capitalistas mais poderosos – reconhecem a necessidade de um regionalismo criador em oposição aos muitos excessos da centralização e da unificação política e da cultura humana, estimuladas não só politicamente mas economicamente por forças e interesses imperialistas. Os que assim pensam têm como fundamental que um crescente número de unidades culturais diversas contribuiria para a estabilidade do mundo, prevenindo a formação e a expansão de imperialismos e de impérios.*

O movimento regionalista que um grupo de escritores, artistas e cientistas iniciou há 22 anos no Brasil, e que representa, talvez, o primeiro movimento sistemático dessa espécie na América, foi e continua a ser um esforço para encorajar no Brasil uma vida cultural mais espontânea através de mais livre expressão de cultura por parte da gente das suas várias regiões. O Nordeste, donde partiu o movimento, é dessas regiões com uma história particularmente rica, e notável pelo seu potencial humano. Essa região vai perdendo a consciência dos valores da sua história, tanto como das suas possibilidades; perda esta que se está produzindo não somente por causa das influências gerais de uniformização oriundas da conquista industrial do mundo, mas também pelo efeito de influências semelhantes no continente americano e dentro do próprio Brasil.

O perigo da monotonia cultural ou da excessiva unificação de cultura no continente americano provém da influência do industrialismo capitalista norte-americano, largamente dominado pela ideia de que o que é bom para o norte-americano deve ser bom para todos os outros povos da América. Alguns dos industriais norte-americanos, cujo ideal se inclina para a uniformidade do mundo, parecem querer repetir, naturalmente com as melhores intenções, os mesmos excessos praticados há mais de um século pelos industriais ingleses, que foram os primeiros a ter o controle do mercado colonial ou semicolonial brasileiro, no começo do século XIX.

---

*   Quincy Wright, *A study of war*, Chicago, 1942, II, pp. 1334-1335.

Já foi dito, e por um inglês,*² que tão ávida era naquele tempo a exploração pela Inglaterra dos mercados sul-americanos que tudo mandavam para o Brasil, pouco importando que fossem ou não produtos adaptáveis ao clima ou próprios para as necessidades da gente brasileira. Coisas úteis somente para os europeus, utilidades e confortos bons somente para os ingleses, escandinavos, russos, alemães e para os habitantes dos Alpes, eram mandados em abundância para o Brasil tropical – agasalhos de inverno, aquecedores, patins para gelo. É verdade que muitos desses artigos de inverno foram adaptados pelos brasileiros para a lavagem do ouro nos rios de Minas Gerais, muitos dos aquecedores, aproveitados nos engenhos de açúcar do Nordeste, e mesmo para os patins se encontrava no Brasil uma aplicação nova: sendo então escasso o ferro para ferradura de mulas e de cavalos, os brasileiros mais inteligentes modificaram os patins ingleses e com eles guarneceram as patas dos seus cavalos.

É provável, porém, que alguns brasileiros de espírito mais colonial procurassem usar as baetas, os aquecedores, os patins vindos da Inglaterra para bem se parecerem europeus, nórdicos ou civilizados. Houve tempo em que elegantes senhoras brasileiras deram-se ao luxo incômodo de usar no Brasil as mesmas peles que eram da moda nos dias de inverno em Paris, Londres e Nova York; e não são poucos os brasileiros ricos que ainda hoje constroem as suas casas adaptando-as menos às condições tropicais ou quase tropicais do país do que ao mais rígido estilo escandinavo, holandês ou normando. É o que se dá com as suas constituições políticas: mais de uma vez o Brasil tem feito as suas constituições tão sobre o modelo de constituições europeias, e uma vez da dos Estados Unidos, que não admira apresentar a situação política brasileira aspectos tão ridículos e absurdos como havia sido o uso por um povo tropical de patins de gelo a fim de se dar ares de tão civilizado como o suíço, o escandinavo ou o inglês. Puro furor imitativo levando um povo tropical a exageros grotescos de artificialismo.

A remessa de patins de gelo ou de peles grossas para o Brasil, feita por fabricantes europeus ou americanos – para quem o mundo

---

*   R. Walsh, *Notices of Brazil in 1828 and 1829*, Boston, 1831, I, pp. 245-248.

ideal seria aquele em que todo povo tivesse um inverno polar, se não quase polar, com bastante gelo para o uso universal de patins e peles grossas, em benefício da produção industrial em larga escala –, ilustra o ideal dos fabricantes quer de coisas, quer de ideias, que pensam em termos imperialistas. Para eles o mundo divide-se em duas partes: uma, a imperial, onde tais artigos e ideias são fabricados de acordo com os padrões regionais de cultura e as necessidades dos fabricantes; outra, a colonial, cujos habitantes devem viver, não de acordo com as suas condições regionais e com as suas necessidades particulares, mas de acordo com os padrões que lhes são impostos por aqueles fabricantes.[3]

Contra esse tipo de estandardização cosmopolita baseada sobre um direito quase divino de colonização de áreas tecnicamente menos avançadas por povos que, do ponto de vista técnico e militar, se apresentam mais poderosos é que um movimento no sentido da contracolonização se tem desenvolvido entre nações, regiões, ou populações de culturas mais diversas – entre mexicanos, árabes, indianos e brasileiros, para mencionar apenas alguns – mas cuja "consciência de espécie" (para usar a expressão de Giddings) é a mesma. Pois todos eles sentem que o seu estado colonial ou semicolonial prejudica a sua capacidade criadora e a sua potencialidade humana. Imitadores puros é o que necessariamente vêm a ser sob aquela forma de opressão econômica ou cultural; e não criadores de cultura. Mas a verdade está com o velho pensador John Dewey,[4] quando diz: "Desde que não podemos aceitar de esmola nem tomar emprestada uma cultura sem trair ao mesmo tempo a essa cultura e a nós mesmos, nada resta a um povo senão produzir a cultura que lhe convém".

O problema do Brasil, como nação culturalmente criadora, não tem sido apenas o de resistir às tendências imperialistas exteriores para reduzir ao estado de colônias culturais regiões como as da América Latina – isso sob vários pretextos, entre eles as tão faladas razões ou necessidades de estrita unidade ou unificação continental ou étnico-cultural: a unidade, por exemplo, pan-americana, usada algumas vezes no benefício exclusivo dos Estados Unidos, ou a unidade hispânica, que significasse, na realidade, um instrumento de dominação pela Espanha das suas antigas colônias da América. Em oposição a esse ideal de falsa unidade o problema continua a ser o de combinar diversidade sub-regional com unidade nacional e esta com a continental ou a étnico-cultural.

Ecologicamente, o Brasil é uma região; em grande parte uma região natural – e tão claramente assim que alguns geógrafos a têm considerado uma "ilha continental". É também, dentro da técnica e da terminologia sociológicas, uma região cultural: uma população cujos valores e padrões de vida predominantes são de origem portuguesa, em contraste com os valores e padrões espanhóis, holandeses, ingleses e franceses dos seus vizinhos americanos.

Mas o Brasil não é simplesmente uma região natural e cultural; dentro da imensidade quase continental dessa parte da América, natureza e cultura têm as suas próprias subdivisões. Por isso mesmo precisa o Brasil defender-se permanentemente dos próprios inimigos internos do regionalismo orgânico que lhe convém ou é essencial ao seu desenvolvimento ou à sua criatividade.

Mais de uma vez, na sua história, contou o Brasil com líderes cujo ideal ou cuja concepção mística de poder ou império ou nação brasileira não foi diferente do que teve Filipe II em relação à Espanha: a absoluta supremacia de alguma Castela – uso aqui o nome Castela como um símbolo da tendência para exagerar a unidade em detrimento da diversidade – sobre as demais regiões do país. Regiões ou áreas, se considerarmos o todo uma vasta região de cultura dividida em sub-regiões ou áreas.

Castelhanismo no Brasil, como eu o vejo, não significaria somente uma região ou sub-região, lutando, através de algum Filipe II, para dominar outras regiões ou sub-regiões. Não significaria somente um Estado – teoricamente um Estado federal com direitos iguais aos de qualquer outro, mas praticamente um poder imperial – querendo dominar todos os demais Estados. Isso aconteceu durante o primeiro período republicano do Brasil; mais de uma vez um estado – um Estado político quase inteiramente artificial e não propriamente uma região ou sub-região – dominou os outros estados da União brasileira por meio de superioridades puramente mecânicas ou quantitativas, como as que dizem respeito à maior população, ao maior número de leitores, e também ao grande número de bancos, fábricas e manufaturas existentes no mesmo estado.

Castelhanismo no Brasil – repito – pode significar e tem significado mais do que isto: mais do que esse estadualismo. Tem significado outras formas de dominação por maiorias brutalmente poderosas sobre minorias, cujos direitos deveriam ser respeitados dentro de um regime de diversidade cultural realmente criadora. E pode significar e tem significado outras formas de dominação de minorias tecnicamente poderosas sobre maiorias que elas enganam ou exploram. Um exemplo do primeiro tipo seria o excessivo zelo de certos membros da vasta maioria portuguesa ou luso-brasileira pela uniformidade cultural ou pela unidade do Brasil em tudo o que diz respeito aos valores portugueses ou luso-brasileiros; consideram tais místicos do lusismo ou do luso--brasileirismo uma ameaça para a unidade brasileira qualquer oportunidade de expressão criadora que se der a grupos europeus de outra origem que não seja a portuguesa ou a populações mestiças cuja cultura não seja predominantemente a lusitana.

Naturalmente, o que aqui nos interessa não são os antagonismos inter-regionais que se agitam dentro de uma configuração estritamente geográfica, mas os antagonismos ou os conflitos inter-regionais que se verifiquem mais no espaço social e cultural do que no espaço físico. Muitas das sub-regiões culturais do Brasil têm, entretanto, sub--regiões naturais ou físicas como sua base ou condição ou motivo de vida: a minoria puramente branca do Brasil, por exemplo, é localizada mais no sul do que no norte. O que também acontece com os brasileiros de outra origem europeia que não a portuguesa: suas sub--regiões ficam mais na parte do extremo sul do Brasil do que em qualquer parte do norte.

Evidentemente é necessário um mínimo saudável de uniformidade cultural básica para que o Brasil permaneça uma confederação em vez de se tornar uma vasta hospedaria ou casa de pensão – a "hospedaria" ou "casa de pensão poliglota" da famosa expressão de Theodore Roosevelt[5] em relação aos Estados Unidos. E esse mínimo, no Brasil, é tradicionalmente composto de valores básicos lusos ou hispânicos e de meios culturais de comunicação inter-regional e inter-humana igualmente hispânicos ou lusitanos. O mais importante desses meios de comunicação é a língua portuguesa. Isso para não falarmos de outros valores de ordem técnica, predominantemente hispânicos ou lusitanos, quando europeus; e predominantemente europeus, e não ameríndios, ou africanos. Predominantemente europeus, mas não exclusivamente europeus. Predominantemente hispânicos ou lusitanos, mas não exclusivamente hispânicos ou lusitanos.

A inteira subordinação de diferenças históricas e geográficas a um rígido ideal de uniformidade levaria a uma forma de unidade estreita demais para um "continente" cultural tão complexo como o Brasil. A excessiva simplificação do problema da complexidade brasileira feita através da sua subordinação a conveniências puramente políticas foi uma das fraquezas do Império do Brasil, notável e lamentável, algumas vezes, pelo seu excesso de centralização. Alguns estudiosos do problema brasileiro acham que este é um dos defeitos do atual regime político, isto é, o chamado "Estado Forte" de 1937: regime que tem ido longe demais na sua reação contra o excesso, não do regionalismo criador, mas dos "direitos do estado" como eles se desenvolveram na América portuguesa durante a chamada "Primeira República". Os "direitos do estado" foram uma das teorias políticas anglo-americanas importadas pelos republicanos brasileiros sem um prévio e cuidadoso estudo das condições históricas e geográficas do Brasil. O resultado foi que os partidos nacionais quase deixaram de existir no Brasil republicano: estados rivais e poderosos como São Paulo, Minas Gerais e Rio Grande do Sul desenvolveram-se em alguma coisa semelhante a partidos políticos com prejuízo para a unidade e para o desenvolvimento harmônico do Brasil.

Cada um desses estados tinha como seu mais legítimo programa político não tanto a solução dos problemas nacionais, ou brasileiros, de interesse social e humano, como o desenvolvimento de interesses industriais, comerciais e agrícolas estritamente estaduais ou seccionais. Construiu-se uma estrada de ferro em um desses estados poderosos com dinheiro nacional, que foi uma empresa quase de luxo – a maior parte dela com linha dupla –, enquanto existiam outras regiões em que as necessidades de transporte eram inteiramente esquecidas.

Também a descendentes de alemães deram-se em alguns estados do Sul liberdades ou privilégios de todo incompatíveis com a unidade básica cultural brasileira: mesmo o privilégio de ter escolas sem que nelas se ensinasse o português. Essas facilidades constituíam um meio de os políticos estaduais obterem os votos dos alemães, e poderem assim dominar ou controlar o seu respectivo estado. Outros políticos foram mais longe: procuraram fazer do seu estado a Castela econômica ou a Prússia política, se não militar, do Brasil – isto é, desenvolver a política da força estadual dentro do âmbito nacional. Houve tempo em que a força da polícia de São Paulo era quase tão poderosa quanto o exército nacional. Tinha os seus próprios instrutores militares franceses e outras modalidades características de um verdadeiro exército nacional. A mesma, ou quase a mesma coisa aconteceu no Rio Grande do Sul e em Minas Gerais. De certa vez que estive em Minas Gerais voltei com a impressão de ter estado numa Prússia brasileira. Uma vasta soma devia sair portanto dos cofres do estado que não era aplicada em serviços públicos ou para permanente benefício do povo, mas para manter uma força policial quase tão numerosa e poderosa como o exército nacional. Com que fim? Aparentemente para a defesa dos "direitos do estado". Realmente, porém, para a defesa do grupo político que estivesse no poder. Quase sempre este foi o verdadeiro fim; e aquela mística, apenas uma justificativa ou o que alguns psicólogos chamaram uma "racionalização".

Qualquer, porém, que tenha sido o motivo desse estadualismo prussiano, trata-se de um fato que não exprime nenhum regionalismo sadio ou criador, mas uma horrível caricatura desse regionalismo. Os norte-americanos que estudam os problemas do regionalismo têm razão quando estabelecem, com Turner, distinção fundamental entre *regionalismo* e *seccionalismo*. Algumas das páginas escritas por Turner sobre seccionalismo nos Estados Unidos poderiam ter sido escritas a propósito do Brasil.

Presentemente, sob um regime que alguns descrevem como uma "democracia autoritária", a mística que domina no Brasil – isto é, a mística que a propaganda oficial defende pelos seus rádios e pelos seus jornais como a única base de patriotismo ortodoxo – é o extremo oposto da doutrina dos "direitos do estado", como essa doutrina foi conhecida entre nós, brasileiros, de 1891 a 1930. É a perigosa mística da unidade castelhana ou da uniformidade castelhana. "Castelhanismo", nesse caso, não quer dizer, como na velha Espanha, a supremacia de uma região brasileira sobre as outras. Quer dizer centralização: centralização política. Quer dizer a excessiva subordinação de um país tão vasto como o Brasil à sua simples capital política: ao Rio de Janeiro.

Ninguém pode negar que o sr. Getúlio Vargas e outros "unionistas" ou "centralistas" de hoje vêm acabando com os excessos ou abusos dos "direitos de estado" no Brasil. Pois o fato é que a República de 1889 assinalou-se por uma verdadeira guerra de tarifas entre os estados e "entre eles e a União".* Mas alguns unionistas vêm atingindo um tal extremo no seu ideal ou na sua política de centralização e de uniformidade nacional que a cura pode fazer maior mal à nação politicamente enferma do que a própria enfermidade. Esta foi um excesso de "direitos de estado", ou de autonomismo: o autonomismo que tanto prejudicou o Brasil de antes de 1930. A cura é o atual excesso de uniformidade, com o poder central dirigindo tudo no Brasil.[6] Tudo, não digo bem, porque há exceções: estados como Pernambuco têm, desde 1937, se tornado quase independentes do Rio, com as características semifascistas ou parafascistas que lhe são próprias e não comuns ao Brasil inteiro. Tais exceções mostram que o regime atual precisa de modificações profundas, não somente no sentido de uma vida local mais criadoramente livre, mas não contrária aos interesses gerais, como no de um mais eficiente controle dos negócios públicos por uma opinião pública e uma imprensa vigilantes, independentes e críticas que não permitam a sobrevivência do mais pernicioso autonomismo ao lado de abusos de centralismo.

"Unionismo" ou "centralismo" não é inovação no Brasil. O Império brasileiro, como disse, assinalou-se pela centralização, que foi um dos seus defeitos. Mas provavelmente fazendo menos mal à diversidade cultural e regional brasileira do que o atual sistema, isto é, o "estado-fortismo". Porque no Império o poder centralizado estava nas mãos não somente de um imperador constitucional, cujos abusos ou tentativas de abusos eram agudamente criticados pelo Parlamento e pela imprensa livre, mas nas mãos também daqueles homens públicos do Brasil mais proeminentes do ponto de vista intelectual e moral. Bem diferente, nisso, do atual "Estado Forte".

---

*   J. F. Normano, op. cit., p. 123.

Muitos daqueles estadistas do tempo do Império chegaram ao supremo poder depois de terem dado, nas suas próprias províncias, provas públicas de capacidade e honestidade, e não como hoje acontece comumente, por escolha toda pessoal ou arbitrária do "chefe nacional" ou ditador. Alguns deles chegaram ao poder puramente pelo esforço ou valor próprio, sendo homens de origem humilde e obscura.

Pelo menos dois deles – Rebouças e Saldanha Marinho[7] – foram quase pretos, descendentes de africanos, de escravos; e vários foram mulatos, e como aqueles, também descendentes de escravos. Porque o Império no Brasil foi notável por uma combinação muito sua de métodos politicamente aristocráticos com maneiras e costumes tão democráticos como os de qualquer República adiantada que tivesse então o continente. Foi notável o Império brasileiro por sua tendência para uma verdadeira democracia social e étnica: não somente uma remota tradição brasileira mas também uma tradição portuguesa. E essa tradição, nunca será excessivo dizer-se que tem sido uma das características principais do desenvolvimento social e cultural brasileiro.

Os homens que fundaram a República que em 1889 substituiu o Império tinham se deixado impressionar pelos excessos do poder centralizado como ele existia no Brasil monárquico. Foi quando adotaram uma constituição que refletia a dos Estados Unidos, imitada da dos Estados Unidos. Em vez de procurar combinar unidade com diversidade regional tomaram emprestado dos Estados Unidos o princípio dos "direitos" ou de "autonomia de estado", e deram uma tal ênfase a essa autonomia política de estado derivada de condições meramente materiais e quantitativas e de vantagens puramente técnicas que um estado pudesse ter sobre outros que muitos abusos se tornaram possíveis sob esse mal-entendido federalismo ou estadualismo.

O problema de combinar diversidade com unidade – talvez o mais fundamental na organização política do Brasil em comunidade compreendida sociologicamente – parece ter sofrido tanto com os métodos políticos adotados pela República de 1889 como já havia sofrido com os métodos de centralização seguidos pelo Império. É que a solução do problema não pode ser, ao que parece, estreitamente política, mas social, por onde os "estados autônomos" sejam reduzidos em sua importância e as regiões ou sub-regiões, ou áreas naturais e culturais, tratadas como realidades orgânicas, cada uma com as suas características mas todas vitalmente interdependentes nos seus interesses econômicos e nas suas necessidades; todas vitalmente interdependentes para a solução dos seus problemas e das suas aspirações sociais e culturais. A diversidade será então mais criadora do que nunca; e a unidade será um problema de menos complexa significação do que agora. Será uma unidade vista e assegurada através de regiões coordenadas por um organismo inter-regional, porém não oprimidas ou exploradas pela sub-região ou pelo grupo seccional que seja, por isto ou por aquilo, tecnicamente o dominante no momento.

Parece-me que países com o passado regional do Brasil não devem perder de memória o exemplo da Espanha, onde séculos de sistemática castelhanização não conseguiram impor a cultura regional de Castela a todas as outras regiões hispânicas, como a única e sagrada cultura do conjunto hispânico. É uma experiência que não deve ser esquecida nunca por países dentro dos quais exista a mística do castelhanismo sob este ou aquele aspecto.

Do ponto de vista da unidade foi um bem para os brasileiros terem uma só língua: a portuguesa. As diferenças de pronúncia foram sempre sem importância na América de colonização ou formação portuguesa. Recentemente houve um congresso em São Paulo – congresso de iniciativa paulista e não do governo central – e a ele estiveram presentes alguns dos melhores filólogos, escritores, compositores, músicos, historiadores e sociólogos do Brasil para estudar o problema da língua portuguesa no Brasil. Nesse congresso ficou decidido que o português falado no Rio pelo carioca é o mais agradável para se ouvir e o que se adapta melhor à música, ao canto, ao teatro, ao cinema e à oratória. E a decisão unânime do congresso, aliás bem recebida no Brasil inteiro, foi adotar o português carioca como aquele que deve ser usado por compositores, dramaturgos e oradores oficiais em qualquer área, região ou sub-região brasileira.

Daí não se vai concluir, é claro, que certas peculiaridades linguísticas devam ser evitadas por escritores, no teatro, no canto e no drama em que surjam caracteres regionais. De modo nenhum. Significa tão somente a escolha por um grupo representativo de brasileiros de um dos seus modos regionais de pronunciar a língua portuguesa – o modo carioca – como o que deve ser oficial no teatro, no canto e no cinema do Brasil quando neles não aparecerem caracteres propriamente regionais ou sub-regionais.

Aliás tão sensata medida é um exemplo apreciável das possibilidades de se combinar unidade com diversidade em um país quase continental pela sua extensão como o Brasil. E bem significativo ainda é que essa providência partisse de São Paulo – uma espécie de Catalunha do Brasil. Pois São Paulo é uma região ou sub-região ou área fabril como não existe outra na América Latina, a sua capital parecendo, ao mesmo tempo, a mais europeia e a mais ianque das cidades brasileiras. Notam-se ainda no seu povo um entusiasmo e um gosto pelo trabalho que fazem vivo contraste com a indiferença quase chinesa e a resignação quase muçulmana à miséria de certos grupos brasileiros de outras regiões ou áreas. Como os catalães da Espanha, alguns paulistas acham que a sua indústria sustenta a ociosidade de outros. Um desses paulistas mais arrogante já chegou a comparar São Paulo a uma locomotiva que puxasse o resto do Brasil, que seriam apenas vinte carros ou vagões. Possivelmente carros ou vagões-dormitórios e restaurantes. Também como os catalães os paulistas tendem a se tornar orgulhosos, arrogantes, a exagerar o contraste entre as suas brilhantes realizações técnicas e econômicas e as dos andaluzes brasileiros da Bahia, de Pernambuco e do Rio Grande do Sul, que seriam todos, segundo os críticos paulistas, uns exuberantes na conversa; e antes poetas e oradores do que homens de trabalho.

A despeito dessa atitude paulista, não só o Brasil, em geral, mas São Paulo, em particular, deve muito aos filhos dessas outras sub-regiões ou regiões: regiões famosas mais pelas suas laranjas-de-umbigo, pelos seus charutos finos, pelos seus poetas, pelos seus diplomatas e escritores do que pelas suas fábricas, suas indústrias modernas e os seus arranha-céus. Alguns dos capitães de indústria de São Paulo têm sido, porém, brasileiros do norte ou do Rio Grande do Sul que ali se estabeleceram por acharem sonolenta demais ou por demais rotineira a vida na terra ou província natal.

Os filhos do Ceará – região ou sub-região árida – destacam-se especialmente pela sua tendência para procurar cidades mais populosas ou para colonizar regiões ou áreas longínquas do Brasil, prosperando vários deles em zonas que se caracterizam sempre por um dos dois extremos: superpopulação ou quase deserto. Muitos cearenses – de origem portuguesa com sangue índio, e talvez também com a tradição nômade dos índios – têm sido bem-sucedidos em São Paulo e no Rio como inovadores ou renovadores industriais e comerciais, enquanto muitos outros foram pioneiros da colonização brasileira na vasta área do Amazonas. Por mais de um aspecto do seu *éthos* e da sua atividade, são eles os modernos bandeirantes do Brasil, sucessores do velho paulista.

Se aceitarmos a generalização de Waldo Frank,[8] os paulistas são hoje burgueses, sob "um industrialismo sem plano"; burgueses "que foram antes trabalhadores, mas, no momento, pobres e sem espírito, e também sem direção". Apesar de algum exagero há certa verdade nessas palavras. Os cearenses caem também nesse "industrialismo sem plano" quando se fazem burgueses e prosperam nas grandes cidades do Brasil. Mas muitos deles tomam o caminho do oeste. Brasileiros de outras áreas ou regiões áridas e semiáridas do Brasil – regiões conhecidas pelos seus vaqueiros, os seus cangaceiros ou jagunços, os seus místicos, os seus trovadores – ganham o oeste ou vão para o Amazonas, quando não se decidem pelo Exército ou pela Marinha. São homens ávidos de aventura. Com o mesmo espírito guerreiro dos velhos paulistas, os quais, em contraste com os de hoje (cuja presença no Exército e na Marinha ou na arriscada colonização do Amazonas e do oeste é relativamente insignificante), combateram, nos dias coloniais, os índios mais bravos do sul da América, os jesuítas e os espanhóis.

Os brasileiros do Nordeste – das zonas áridas e semiáridas dessa região ou sub-região – são como os primeiros paulistas tipicamente caboclos, ou indígenas, e mais teluricamente e tradicionalmente brasileiros pelo espírito e pela conduta do que qualquer outro tipo regional. Muitos deles são – ou imaginam ser, o que às vezes tem o mesmo efeito sociopsicológico – descendentes de algum próximo ou remoto índio selvagem, ainda que algumas vezes essa espécie de "etnocentrismo", para usar a expressão de Sumner, esteja em contradição com o cabelo louro, quase escandinavo, e os olhos azuis do suposto caboclo ou com os fortes sinais de sangue africano no corpo.

Tão telúricos e ao mesmo tempo tão tradicionais como os brasileiros do Nordeste ou do Norte – da Bahia inclusive – são os velhos paulistas de São Paulo. Um deles foi bem o intérprete do seu grupo quando exprimiu o seu orgulho por ser paulista ou brasileiro há mais de quatrocentos anos. Mas os velhos paulistas de São Paulo tornam-se cada vez mais raros, profundamente afetados como têm sido na sua antropologia e na sua psicologia pelo intenso contato com numerosos europeus de origem recente e com brasileiros de outras regiões ou áreas que vão para São Paulo atraídos pela sua prosperidade industrial. Quase tão telúricos e tradicionais como os brasileiros da região ou sub-região do Nordeste são os do Rio de Janeiro, de Minas Gerais e de certas zonas mais antigas do Rio Grande do Sul, Pará e outros estados do Brasil.

Notam-se ainda outros aspectos do Brasil, quanto à sua diversidade regional, que o tornam comparável à Espanha. Porque a Espanha é o exemplo clássico, e o mais dramático, de um país onde uma estúpida política de centralização e de extrema unificação resultou em revigorar o invencível poder de regiões e de culturas regionais.

Desenvolvendo a sugestão do escritor Ribeiro Couto, pode-se hoje considerar Minas Gerais como sendo, de algum modo, a Castela do Brasil, e Ouro Preto, sua Toledo. Como o castelhano da Espanha, o mineiro caracteriza-se pela sua austeridade e pela tendência à introspecção, ainda que não tenha o intenso misticismo e o individualismo do verdadeiro castelhano. Embora aparentemente simples, o mineiro é complexo, sutil, e isso bem transparece no senso de humor que o leva a rir-se de si mesmo quando necessário; e não apenas dos outros.

É verdade que a generalização vale como generalização: não se aplica a todos os mineiros. Tenho conhecido homens de Minas sem nenhum senso de humor, que estão sempre a se tomarem demasiadamente a sério. Mas, em geral, o que se conhece de mais profundo ou de mais deliciosamente imprevisto e agudo no humor do Brasil vem de Minas Gerais. Nunca vi o poeta Carlos Drummond de Andrade[9] rir. Quando muito, sorri. Mas temos nele um brasileiro de humor agudíssimo, o que o torna caracteristicamente mineiro ou típico de Minas Gerais.

A mesma coisa poderia dizer de certo típico mineiro que conheci quando ele estava em Lisboa, como emigrado político, em 1930, depois de ter sido um dos homens políticos mais influentes do Brasil. Emigrado embora, conservou sempre o seu magnífico senso de humor. De todo o grupo de emigrados com quem estive quase diariamente em contato durante meses, o grande realista era ele; e nesse grupo notavam-se figuras que haviam ocupado as posições de maior relevo no governo do Brasil. Vários deles alimentavam ideias fantásticas sobre o que deveria acontecer no Brasil com o desenvolvimento da Revolução de 1930, mas o velho mineiro, fumando o seu cigarro de palha, não tinha ilusões. Ele sabia que um político astuto e de novo tipo ou espécie tinha se posto à frente do Brasil para governá-lo por muitos anos e não apenas por alguns meses. Chegou mesmo a esboçar algumas das tendências contraditórias mas politicamente hábeis que havia de tomar o novo regime até estabilizar-se para um longo domínio. A alguns dos seus companheiros de exílio disse um dia: "Politicamente estamos mortos". Era clarividente na sua intuição psicológica dos brasileiros. E foi profético sem tomar o ar de profeta: era muito tímido para falar com voz de profeta e tinha bastante espírito também para assumir uma atitude dessas.

Um igual conhecimento psicológico dos brasileiros tem sido revelado pelo sr. Getúlio Vargas, motivo por que alguns observadores acham ser ele do Rio Grande do Sul apenas por acidente: na realidade um mineiro. Um engano, penso eu, desses observadores. É como se não conhecessem bem o Rio Grande do Sul. O sr. Getúlio Vargas é produto psicológico, se não lógico, da área obscura, mas muito interessante, do Rio Grande do Sul onde nasceu – a área *misionera*. É verdade que existe uma antítese entre essa área e a forma de espírito que se costuma associar ao gaúcho, ou ao homem do Rio Grande do Sul. Os homens da região *misionera* não são gaúchos típicos; e, tendo mais sangue índio do que os gaúchos típicos e, também, sendo descendentes daqueles índios educados e oprimidos pelos jesuítas espanhóis, conservam alguma coisa dos seus mestres jesuítas: são silenciosos, introspectivos, sutis, realistas, distantes, frios. Têm também alguma coisa dos seus bravos ancestrais, os índios das missões, que os jesuítas nunca puderam dominar de todo. São telúricos, instintivos, fatalistas, orgulhosos, dramáticos, quase trágicos nas suas reações diante de crises.

O sr. Getúlio Vargas parece uma espécie de dr. Jekyll e mr. Hyde: tendo em si mesmo alguma coisa do jesuíta, parece ter também alguma coisa do índio. Ávido de poder e de mando tem estado, entretanto, algumas vezes, do lado do povo e contra convenções estéreis e grupos plutocráticos poderosos. Não deixa de ter a sua significação o fato de ter ele dado ao primeiro filho o nome de Lutero. E o seu primeiro artigo de jornal, quando ainda rapaz, foi uma defesa de Zola. Por outro lado o dr. Jekyll no sr. Vargas tem consentido em perseguições políticas, e mesmo no despotismo como que jesuítico exercido por auxiliares seus, e a que tem assistido com indiferença.[10]

Há alguns anos sugeri uma caracterização psicossociológica de tipos regionais brasileiros que poderia ser baseada sobre os vários estilos de danças carnavalescas que existem no Brasil. O Carnaval é uma festa de que o povo do Brasil participa com grande entusiasmo, e dura três dias seguidos, durante os quais se dança nos clubes, nos teatros, nas praças e nas ruas. Em certas regiões, classes, raças, sexos e idades misturam-se de tal forma, com uma tão livre exuberância democrática e uma tal alegria de confraternização, que ninguém percebe até onde isso é pagão ou até onde tudo isso é liricamente cristão. O fato é que embora largamente pagão parece haver alguma coisa de cristão nessa exuberância e nessa alegria fraternal.

Mas as danças de Carnaval apenas superficialmente é que parecem iguais em todo o Brasil. Em algumas regiões ou áreas, elas são "dionisíacas", para usar a velha palavra revivida por um antropologista americano para designar bem conhecido tipo de conduta humana; em outras regiões ou áreas são "apolíneas"; ou de um tipo intermediário. Partindo de que o Carnaval para os brasileiros é somente um exagero – alguma vezes, concordo, um mórbido exagero – da sua conduta característica e comum, ou cotidiana, sugeri que através de cuidadoso estudo das danças de Carnaval seria possível classificar as suas diferenças regionais ou sub-regionais de temperamento, *éthos* ou personalidade, e igualmente verificar a sua unidade típica de conduta em harmonia com o que há de universal na sua personalidade humana. O primeiro resultado de tal estudo parece indicar considerável diferença no temperamento ou personalidade mesmo entre vizinhos próximos como os gaúchos e os *misioneros* do Rio Grande do Sul. Ao lado desse estudo sugeri também um outro em torno da maneira brasileira mais característica de jogar o futebol. O jogo brasileiro de futebol é como se fosse uma dança. Isso pela influência, certamente, dos brasileiros de sangue africano, ou que são marcadamente africanos na sua cultura: eles são os que tendem a reduzir tudo a dança – trabalho ou jogo –, tendência esta que, parece, se faz cada vez mais geral no Brasil, em vez de ficar somente característica de um grupo étnico ou regional.

Depois que publiquei minhas primeiras notas sobre esses dois assuntos – as maneiras regionais de dançar e de jogar futebol, o futebol ainda como uma dança com alguma coisa de africano – li excelente página de Waldo Frank em que ele acha que o tango é "uma dança-música escultural": e ao mesmo tempo diz que, observando um grupo de brasileiros a jogar futebol, notou que jogavam procurando levar a bola para o gol como se executassem "a linha melódica de um samba".* Reproduz quase a mesma observação por mim feita em artigo escrito em 1938, que estou certo nunca foi lido por Waldo Frank, assim como outro que publiquei em 1940 sobre as diversas maneiras de dançarem os brasileiros das várias áreas – da Bahia à área *misionera* do Rio Grande – as danças de Carnaval. Alegra-me a coincidência das observações de Waldo Frank com as minhas, desde que considero o autor de *South American journey* um dos poucos americanos que têm escrito páginas de verdadeira e aguda penetração sobre o Brasil: proveitosas tanto para estrangeiros como para os brasileiros eles mesmos.

Bem sei que às vezes o sr. Waldo Frank se torna bombástico, mas nas suas melhores páginas é de uma admirável compreensão. Somos-lhe gratos, os brasileiros, por essas páginas e gratos, também, pela

---

* Waldo Frank, *South American journey*, Nova York, 1943, p. 50.

sua intuição da complexidade e da diversidade brasileira e por seu respeito pelo que significam *regiões* e *províncias* em uma cultura complexa como a do Brasil. Não é ele desses muitos observadores estrangeiros que tendem a ver somente o que é metropolitano ou pitoresco, o que revela extremo de progresso ou de primitividade e de arcaísmo: São Paulo ou Rio, selvagens nus ou o rio Amazonas. Na realidade, porém, é entre esses dois extremos antagônicos que se vai encontrar o verdadeiro Brasil com a sua variedade de situações regionais ou sub-regionais.

Agora, como no tempo do Império, há uma tendência para reprimir toda diversidade regional e provincial em favor da centralização e da unificação política. Por outro lado, há reformadores que se colocam contra toda centralização: defendem o total desaparecimento das diferenças nacionais tanto como das regionais. Mas no Brasil as energias regionais ou sub-regionais parecem bastante poderosas para se deixarem facilmente reprimir por simples coerção política ou mero capricho ideológico de poderosos do dia. O sr. Vargas é um político bem sagaz para querer ser um novo Filipe II; e hoje os reformadores que se enchem de impaciência, não tolerando ouvir falar em diferenças regionais, são em menor número do que anos atrás. Alguns deles veem que a própria União Soviética está seguindo inteligente política de combinação do internacionalismo com o regionalismo.

O estudo das condições sociais, ou antes, da história social brasileira parece indicar que no Brasil, como em outras nações não menos vastas e complexas, deve permitir-se a cada um particular lealdade à sua comunidade básica: região, área ou província. Não importa que, nos seus apegos transnacionais, o homem vá tão longe quanto se possa imaginar e se torne um verdadeiro cidadão do mundo. Sua condição de membro de grupo primário local parece, ainda assim, necessária para a sua saúde pessoal e social.

Notas do organizador

1   O Manifesto Regionalista, lido por ocasião do congresso, definia o grupo organizador como "regionalistas-tradicionalistas-modernistas". Cf. Gilberto Freyre, *Manifesto regionalista,* Maceió, UFAL/DAC/MEC, 1976. O congresso foi, de fato, em 1926.

2   Robert Walsh (1772-1852) fez parte da comitiva de Lord Strangford como capelão e enviou a um amigo notícias pormenorizadas do que via no país, escrevendo um verdadeiro diário de viagem. Suas páginas conformam um detalhado quadro das terras e das gentes do Brasil, e *Notícias do Brasil* enquadra-se entre os melhores relatos de viagem do período.

3   Na edição de 1964: "Para eles o mundo se divide em dois grandes setores: o primeiro, formado pelas regiões imperiais, nas quais as mercadorias e as ideias são fabricadas de acordo com as necessidades e os padrões regionais de cultura dos fabricantes; o segundo, a região colonial, em que as pessoas devem viver de acordo não com suas condições regionais, suas necessidades e seus desejos fundamentais, mas com os padrões impostos pelos produtores de bens e ideias sem levar em consideração o clima, os recursos, a história e a composição étnica e social dos povos 'coloniais' ou 'semicoloniais'".

4   John Dewey (1859-1952) foi filósofo, psicólogo e educador norte-americano; suas preocupações em torno da educação e, sobretudo, em torno da cultura foram informadas pelas inúmeras viagens que realizou a países como Turquia, China, México e União Soviética.

5   Theodore Roosevelt (1858-1919) foi, além de presidente dos Estados Unidos, pensador e viajante. Sobre o Brasil, publicou *Through the Brazilian wilderness* (1914).

6   Na edição mexicana de 1964, Gilberto Freyre acrescenta: "O regime moderno necessita ser modificado, não apenas para conseguir uma vida local mais livre, mas também para obter um controle mais eficaz dos assuntos nacionais por parte de uma opinião pública e de uma imprensa vigilantes, independentes e críticas. A recente experiência parlamentar veio a demonstrar que a opinião pública brasileira e as condições nacionais reclamam um sistema presidencial de governo, exigindo, ao mesmo tempo, maior atenção do governo central aos problemas das regiões chamadas subdesenvolvidas: as do Nordeste e do Norte, fundamentalmente".

7   Joaquim Saldanha Marinho (1816-95) nasceu em Olinda, Pernambuco. Bacharel em direito, foi eleito deputado em 1848, passando a residir no Rio de Janeiro; dirigiu, a partir de 1860, o *Diário do Rio de Janeiro*. Foi presidente das províncias de Minas Gerais, entre 1865 e 1867, e de São Paulo, entre os anos 1867 e 1868. Em 1868 rompeu com a política imperial; em 1872 defendeu a Monarquia contra os bispos do Pará e de Olinda, durante a chamada Questão Religiosa. Publicou então violentos panfletos e discursos, mais tarde reunidos em quatro volumes intitulados *A Igreja e o Estado*.

8   Waldo David Frank publicou, em 1930, *South of US: the characters of the countries and the people of Central and South America*, significativamente dedicado ao peruano José Carlos Mariátegui, um dos pioneiros do pensamento revolucionário na América Latina, morto no ano da publicação do livro. Frank afirmava, assim, o caráter emancipador de sua concepção de "América Latina", que deveria ser *compreendida* e não *dominada* pelos Estados Unidos.

9   Carlos Drummond de Andrade (1902-1987) nasceu em Itabira do Mato Dentro, Minas Gerais. Cursou farmácia em Belo Horizonte, para onde a família se mudara em 1920. Em 1924 entrou em contato com Manuel Bandeira, Mário de

Andrade, Oswald de Andrade e Tarsila do Amaral. Sua atividade poética o consagrou como um dos grandes escritores da língua portuguesa.

10   Na edição de 1964: "O suicídio de Vargas veio a demonstrar que as fotografias oficiais, que o mostravam sempre feliz e sorridente, revelavam apenas uma de suas metades: a outra era a do homem introspectivo, dramático, quase trágico, que vários dos que o conheceram de perto surpreenderam, às vezes, na sua fisionomia, por trás da máscara que o escondia do público. Sorriso mais expressivo de alegria ou de euforia deve ser considerado o do sucessor de Vargas, Juscelino Kubitschek, que, mineiro, não é um mineiro típico, mas alguém da sub-região de Diamantina, que produz um tipo de brasileiro semelhante ao carioca pela vivacidade e pela extroversão".

4. Condições étnicas e sociais do Brasil moderno

Como procurei mostrar no capítulo 1, os antecedentes europeus da história brasileira apenas em parte é que foram europeus. Porque também foram africanos e asiáticos. Foram complexos. A complexidade étnica e cultural portuguesa parece ter sido, desde o mais remoto começo do Brasil, um estímulo para a sua diferenciação da Europa e para sua libertação de um *status* estritamente colonial ou subeuropeu.

Geograficamente, o Brasil está mais estreitamente relacionado com a África do que com a Europa. Segundo alguns ecologistas – um deles o professor Konrad Guenther – a América do Sul é, na realidade, um continente diferente da América do Norte. As características não só de clima, mas botânicas e zoológicas, da América do Norte fazem lembrar antes as da Europa. As da América do Sul, ao contrário, mostram um certo grau de independência e individualidade. Referindo-se aos sucessivos períodos geológicos do continente sul-americano, onde se vê uma rica e diversa fauna, diz o professor Guenther "que durante todos esses longos períodos houve tempo para desenvolver-se com independência".*

---

* Konrad Guenther, *A naturalist in Brazil: the flora, the fauna, and the people of Brazil*, traduzido do alemão por Bernard Miall, Londres, 1931, p. 160.

Essa independência e essa diversidade, alguns autores explicam com o fato de a América do Sul em tempo ter se constituído de numerosas ilhas, cada uma delas com sua própria fauna e flora.

Mas explicação de uma ordem diferente tem sido sugerida por outros geologistas e ecologistas, que levam em conta sobretudo o longo isolamento do continente e a sua divisão em muitos tipos topográficos perfeitamente diferenciados entre si.

Do ponto de vista da ecologia animal, o professor Von Ihering – brasileiro de origem alemã – distingue seis regiões no Brasil: a região do Amazonas; a região do sul do Pará; o sertão do Nordeste; o interior dos estados do Sul; a zona costeira do Nordeste, no começo cheia de florestas; e a zona costeira meridional, com as suas planícies verdes ou frescas. Isso para falar somente das regiões: as sub-regiões são em muito maior número. Como dizem os ecologistas, a multiplicidade de forma é a característica essencial da natureza, especialmente da natureza tropical, e se um jardineiro europeu quiser projetar um jardim no Brasil ele deverá "seguir a natureza como a sua mestra"; e nesse caso o seu jardim, conforme palavras de Guenther, há de apresentar a principal característica da vegetação tropical, isto é, a variedade.

A natureza tropical e a complexidade dos antecedentes europeus deveriam ter levado os primeiros colonizadores portugueses que se estabeleceram no Brasil como plantadores de cana-de-açúcar a uma necessária variedade na sua produção agrícola. Mas a conduta humana não depende de nenhuma lógica e o que se desenvolveu foi a agricultura exclusivista, ou a monocultura, especialmente a da cana-de-açúcar, que se tornou a característica predominante da paisagem natural e social das regiões que a invasão portuguesa dominou primeiro. Mais tarde o açúcar veio a ser substituído pelo café, mas com as mesmas consequências perniciosas para a natureza e para a sociedade humana. Em ambas as esferas, a harmonia essencial nas relações entre as criaturas vivas foi destruída quando em vez de agricultura variada ou diversificada adotou-se a monocultura.

Essa predominância ou exclusividade de cultura dada, em largas regiões, a uma planta com desprezo de outras foi uma forma de perverter-se a natureza tropical essencialmente diversificada. E pelo lado humano foi uma forma de fazer o colonizador dominar um único tipo de organização social – o feudal ou quase feudal.

Felizmente a natureza tropical ela mesma parece ter-se revoltado contra a uniformidade imposta pela agricultura europeia monocultora. Pequenas ilhas de culturas secundárias desenvolveram-se no meio dos vastos oceanos de cana-de-açúcar. O fumo, o milho e a mandioca logo contam-se entre as formas nativas e quase espontâneas de agricultura que os portugueses adotaram dos ameríndios; ou que os ameríndios nômades cultivavam por si mesmos, fugindo ao império da monocultura.

E de certo modo a mesma coisa aconteceu na esfera da ecologia humana. Os índios, por exemplo, revoltaram-se contra a imposição sobre eles de um sistema de plantação que os reduziria a escravos. Alguns tornaram-se colaboradores unicamente dos colonos das fronteiras, ou dos sertões. A maioria deles foram indomáveis inimigos dos plantadores que praticavam a monocultura e procuravam os indígenas para escravos de seus engenhos. Os índios brasileiros eram de hábitos e gostos nômades. Vida sedentária, rotina agrícola, trabalho monótono da terra significavam a morte para eles. Isso explica por que os negros da África foram importados em tão grande número para a América portuguesa, e por que os seus descendentes representam hoje um elemento de tanta importância na composição étnica e na estrutura social do Brasil.

Se o equilíbrio da natureza brasileira foi dramaticamente perturbado quando a cana-de-açúcar fez-se a única base da dominação portuguesa, a introdução do negro africano nas regiões do açúcar é considerada por alguns historiadores e sociólogos um motivo ainda maior de perturbação. É que o negro fora trazido para regiões que não eram propriamente as suas.

Mas Henry Bates,[1] cientista britânico que passou muitos anos no Brasil durante o meado do século XIX, chegou à conclusão de que o negro era mais feliz na América tropical do que o índio. Bates notou "a aversão constitucional ao calor" por parte do índio, em contraste com a adaptação perfeita do negro. E o seu bom raciocínio foi que o negro e não o índio é que "é o verdadeiro filho dos climas tropicais";* o verdadeiro filho do Brasil tropical tanto como da África tropical.

---

*   *The naturalist on the river Amazons*, Nova York, Humboldt Library of Science s.d., I, p. 725.

Do ponto de vista das relações do homem com a natureza, a adaptação do negro ao clima e a outras condições físicas do Brasil parece ter sido perfeita. Do ponto de vista social ele surge culturalmente mais bem preparado do que o ameríndio nômade para ajustar-se ao sistema escravagista de vida – agrícola e doméstica – existente na América Portuguesa nos primeiros tempos de colonização. A sua adaptação às condições americanas foi tão perfeita como a do plantio da cana-de-açúcar, o seu companheiro simbiótico no papel de modificar a paisagem brasileira transformando-a de uma região de florestas virgens em uma outra, dominada pela colonização agrária, pelo latifúndio, pela agricultura monocultora.

Alguns dos milhões de negros importados para as plantações do Brasil vieram das regiões mais avançadas da cultura negro-africana. Isso explica por que houve escravos africanos do Brasil – homens de fé maometana e de instrução intelectual – que foram culturalmente superiores a alguns dos seus senhores, brancos e católicos. Para mais de um estrangeiro, dos que visitaram o Brasil no século XIX, foi motivo de surpresa o fato de que o principal livreiro francês da capital do Império contava, entre os seus fregueses, negros maometanos da Bahia;[2] e por meio dele esses negros extraordinários, alguns aparentemente cristãos mas intimamente maometanos, importavam exemplares caros dos seus livros sagrados para lê-los em segredo. Outros mantinham escolas. E havia também entre os negros maometanos da Bahia sociedades de auxílio mútuo, que serviram à libertação de grande número de escravos.

Na província de Minas Gerais, entre os escravos floresceram, da mesma maneira que na Bahia, sociedades de auxílio mútuo. E o americano Ewbank,[3] quando de 1845 a 1846 esteve no Brasil, jantou uma vez com certo plantador e senhor de escravos baiano que lhe disse que os escravos de Salvador conservavam a sua própria língua, assim como organizavam sociedades ou associações e traçavam planos revolucionários – os mesmos planos que os seus irmãos de Pernambuco várias vezes tentaram executar; e que alguns escravos baianos eram capazes de "escrever fluentemente o árabe" e eram "muito superiores aos seus senhores".*

---

* Thomas Ewbank, *Life in Brazil, or A journal of a visit to the land of the cocoa and the palm*, Londres, 1856, p. 441.

Tive a sorte de achar documentos confirmando as palavras de Ewbank, e provando que, ao lado de fortes escravos bons somente para o trabalho do campo, também veio para o Brasil bom número de negros já de cultura relativamente avançada.⁴ Talvez nenhuma outra Colônia da América tivesse, entre os seus africanos importados, negros da qualidade dos que vieram para a Bahia. E essa importação de negros de qualidades, culturalmente avançados, vindos das regiões africanas sob a influência civilizadora do poder maometano, explica por que no Brasil, mais comumente do que em qualquer outra Colônia da América, negras bonitas e até belas chegaram a se tornar famosas como amantes de ricos e proeminentes comerciantes portugueses da Bahia, de Ouro Preto, do Rio e do Recife. Algumas delas excederam em prestígio às suas rivais brancas ou ameríndias. Em Minas Gerais mais de uma tornou-se rica casando as filhas com jovens socialmente importantes e de cor branca, uns, mesmo, europeus, outros brasileiros. Houve uma tal Jacinta, por exemplo, que encontrei citada num interessante documento genealógico pertencente a um arquivo de família daquela região; muito brasileiro hoje com posição de relevo na vida política ou profissional traz nas veias o sangue de Jacinta.

Os negros estão agora desaparecendo rapidamente do Brasil, fundindo-se com os brancos. Em algumas regiões a tendência, ao que parece, é para a estabilização dos mestiços em um novo tipo étnico, semelhante ao da Polinésia. Embora essa tendência note-se mais comumente entre os camponeses e os imigrantes, outras Jacintas tem havido nas origens ou na história das famílias aristocráticas do Brasil. São raras mas têm existido. Constituem assunto de mexericos, mas de modo nenhum se sente desgraçado o indivíduo que tenha entre seus antepassados remotos uma formosa africana.

Ewbank escreveu, no livro já citado sobre o Brasil no começo do reinado de Pedro II: "Tenho passado por senhoras negras vestidas de seda e com joias, acompanhadas de escravos que as seguem de libré. Hoje vi passar uma, de carro, acompanhada por um cocheiro e um lacaio uniformizados. Várias delas têm maridos brancos. O primeiro médico da cidade é um homem de cor; e de cor é também o presidente da província". E descreve Ewbank a viscondessa de C... como negroide.*

Tem existido e ainda existe no Brasil distância social entre os diferentes grupos da população. Essa distância social, porém, é – e hoje mais verdadeiramente do que no tempo colonial ou durante o Império (quando a escravidão era o fato central da estrutura ou do drama social) – o resultado da consciência de classe mais do que de qualquer preconceito de raça ou de cor. De como é de uma larga tolerância a atitude dos brasileiros em relação a pessoas que embora com sangue africano podem passar por brancos, nada mais expressivo do que o dito popular: "Quem escapa de negro, branco é".

Já Richard Burton[5] havia observado no Brasil imperial que, "aqui, todos os homens, especialmente os que são livres, quando não são negros são brancos; e muitas vezes um homem é oficialmente branco, mas na verdade quase negro. O que é francamente oposto ao sistema dos Estados Unidos, onde brancos e negros não se misturam".** Visitando o Brasil meio século depois de Burton, Bryce[6] o incluiu entre os países onde a distinção entre raças é uma distinção "de posição ou de classe mais do que de cores".***

Mesmo na época colonial, se uma pessoa era politicamente ou socialmente importante nenhuma significação tinha que o seu passado étnico não fosse virgem de sangue africano: ele ou ela passava por branco.

Tenho procurado estudar ou examinar esse processo brasileiro de "arianização" social em mais de um livro. Tenho procurado destacar em mais de um estudo, na solução brasileira dos problemas resultantes do contato de raças, seu contraste com outras soluções. E creio que a solução brasileira, em grande parte, se explica à luz da experiência, quer social, quer cultural, peculiar aos portugueses, como povo de transição entre Europa e África.

Outro povo de transição entre Europa e outro continente de população de cor é o russo, que revela hoje ao mundo um tipo novo,

---

*   Ibidem, p. 266.
** *The highlands of Brazil,* Londres, 1869, I, p. 393.
*** James Bryce, *South America, observations and impressions,* Nova York, 1912, p. 470.

sob certos aspectos, já vitorioso, de organização social e que inclui a miscigenação, especialmente a mistura de raças conhecida por euro-asiática, entre suas soluções para os problemas sociais do homem. Em mais de um aspecto da sua situação étnica e social, o Brasil lembra a Rússia.*7 A experiência de bicontinentalismo étnico e cultural começada há séculos em Portugal tomou nova dimensão no Brasil: três raças e três culturas se fundem em condições que, de modo geral, são socialmente democráticas, ainda que até agora permitindo apenas um tipo ainda imperfeito de democracia social; imperfeito tanto na sua base econômica como nas suas formas políticas de expressão. Mas com todas as suas imperfeições, de base econômica e de formas políticas de convivência democrática, o Brasil impõe-se hoje como uma comunidade cuja experiência social pode servir de exemplo ou estímulo a outras comunidades modernas. Decerto não existe nenhuma outra comunidade moderna da complexidade étnica da brasileira onde os problemas das relações sociais entre os homens de origens étnicas diversas estejam recebendo solução mais democrática ou mais cristã que na América portuguesa. E a experiência brasileira não indica que a miscigenação conduza à degeneração.

As conclusões do professor Charles R. Stockard[8] – que "a mestiçagem entre raças humanas muito diferentes provavelmente causa a degradação e até a eliminação de certos grupos"; e que "a extinção de várias raças antigas tem aparentemente seguido de muito perto a absorção em grande escala de escravos estrangeiros", e que, "se examinarmos a história de alguns dos países do sul da Europa e da Ásia Menor, de um ponto de vista estritamente biológico e genético, se achará uma relação muito bem definida entre o amalgamento dos brancos e dos escravos negroides e a perda da potência intelectual e social"** – são conclusões que não encontram confirmação na experiência do

---

* A comparação que faz o autor do Brasil com a Rússia é anterior à mesma comparação do conde de Keyserling. A que se repete aqui é reproduzida do ensaio do autor, "Aspectos de um século de transição", publicado no *Livro do Nordeste*, Recife, 1925.

** *The genetic and endocrine basis for differences in form and behavior*, Filadélfia, 1941, pp. 37-38.

povo luso-brasileiro. É verdade que Portugal não tem hoje o prestígio intelectual e social que teve quatro séculos atrás. Mas isso é também verdade dos "arianos" da Holanda e dos "arianos" da Dinamarca.

De acordo com a teoria do professor Stockard, o Brasil, onde a miscigenação se fez mais livremente do que em Portugal e na Espanha, deveria ser bem mais inferior em poder intelectual e social não somente a Portugal, mas a nações quase brancas da América do Sul, como a Argentina e o Chile. Os estudos objetivos sobre as realizações nacionais ou regionais da América Latina, e sobre o seu desenvolvimento cultural, não parecem confirmar a inferioridade do mestiço do Brasil comparado com seus vizinhos mais "arianos". No Brasil e não nos países mais "arianos" da América Latina é onde hoje se encontra o grupo mais fortemente criador de jovens arquitetos, de jovens pintores e de jovens compositores da América do Sul, se não de todo o continente americano; e ainda no Brasil mestiço é que se encontra o grupo mais criador de médicos e de cientistas dados ao estudo das doenças chamadas tropicais e dos problemas de saúde e de higiene peculiares às zonas tropicais. O Brasil é universalmente conhecido pela obra de cientistas como Oswaldo Cruz,[9] Carlos Chagas,[10] Cardoso Fontes,[11] Roquette-Pinto, os irmãos Almeida, Silva Melo,[12] Vital Brazil,[13] Afrânio do Amaral[14] e Sinval Lins. As felizes experiências científicas de investigadores brasileiros, alguns deles mestiços, com os soros antivenenosos para anular os efeitos do veneno das cobras todo ano salvam centenas de vidas em vários países.

Outro fato que parece desmentir os que enfaticamente generalizam sobre os efeitos intelectuais e sociais do que eles chamam "mongrelização" é que durante anos as zonas brasileiras donde sai o maior número de líderes políticos, ou de homens de letras, ou de cientistas, ou de homens de talento artístico, têm sido as zonas notáveis precisamente pela extensão e intensidade do amalgamento étnico e da interpenetração cultural: o Nordeste, Bahia e Sergipe, o Rio de Janeiro, Minas Gerais e São Paulo. Durante o Império, a Bahia foi conhecida como a "Virgínia brasileira", porque a maioria dos presidentes de gabinete vinham dessa província. Alguns dos presidentes de gabinete do Império, ainda que oficialmente se comportassem com o mesmo solene rigor dos membros do Parlamento britânico, eram homens com sangue negro. E, embora as qualidades dos estadistas brasileiros durante o período do Império fossem imitativas mais do que criadoras, alguns deles tornaram-se notáveis pelo seu talento político e, ainda, pelo seu tato e habilidade como diplomatas.

Como Império o Brasil foi um país cuja estabilidade e paz contrastavam com a vida política turbulenta da maioria das Repúblicas latino-americanas. E já então ele era governado por uma aristocracia bastante democrática, desde que homens com sangue negro podiam se associar a ela, se bem que, em sua mais larga composição, se formasse de brancos ou de quase brancos ou de mestiços apenas de sangue indígena. No período republicano, entretanto, é que se intensificou a ascensão ao poder político e aos postos de direção intelectual, industrial e eclesiástica de brasileiros de origem africana.

Considerada como sistema político, a República estabelecida no Brasil em 1889 não foi diferente do Império: conservou-se mais imitativa do que criadora. Diminuiu a honestidade entre os homens públicos; perdeu-se também um pouco o sentido daquela elegância e dignidade que eram bem características do Parlamento brasileiro no tempo de dom Pedro II. Mas, por outro lado, aumentou a eficiência na maneira de tratar os problemas práticos. Não foram raros os novos líderes políticos que se fizeram notáveis pela sua habilidade ou capacidade no trato de problemas econômicos e sanitários, de algum modo negligenciados pelos estadistas e políticos do Império.

Com a República é que surgiram audaciosos projetos para a construção de portos e de grandes edifícios, obras hidráulicas, planos de saneamento, pavimentação, drenagem e embelezamento de cidades, e, ainda, planos para uma organização comercial mais eficiente da produção do café. O Brasil apaixonou-se pelo progresso material. E em muitas dessas obras pode-se adivinhar a dinâmica impaciência dos brasileiros que ingressaram na vida pública com a República de 1889: a sua ânsia para fazer do Brasil um país moderno, progressista, diferente de Portugal e diferente da estrutura colonial ou monárquica do próprio Brasil.

Dos novos chefes republicanos grande número era mestiço, homens de origem humilde e de modo nenhum aristocrática. Parecem eles ter feito do regime republicano uma expressão das suas próprias aspirações a novo e melhor estado social de vida.

Isso deve explicar a importância política que teve o Exército no novo regime. Em contraste com a Marinha, que ostentou sempre no Brasil com especial orgulho o fato de ter como oficiais somente brancos caucásicos ou indo-caucásicos e filhos de famílias aristocráticas ou de burgueses ricos; e em contraste também com o clero, que durante o Império foi principalmente branco e aristocrático ou burguês – o Exército brasileiro começou a desenvolver-se em organização social e etnicamente democrática, com grande número de oficiais de origem social modesta, e alguns com muito sangue índio e até negro nas veias.

Alguns desses homens tiveram parte ativa e dinâmica na vida política da nação. Quando o sistema agrário-patriarcal do Brasil começou a desintegrar-se – desintegração esta que se processou rapidamente depois da abolição dos escravos – o Exército e a Igreja permaneceram os dois únicos grupos organizados do país. E dos dois foi o Exército o mais liberal, progressista e democrático, e a Igreja, o mais conservador, ainda que raramente antiliberal ou violentamente oposto a reformas sociais.

Não poucos dos mais jovens oficiais do Exército caíram sob a influência do positivismo de Comte,[15] e os mais entusiastas deles, convencidos de que no positivismo tinham não *uma* mas *a* solução de todos os problemas brasileiros, agiram sob esse critério. Outros republicanos idealistas – estes, civis – convenceram-se, lendo mestres ingleses e norte-americanos de política, de direito ou de finanças, de que uma constituição federal e democrática copiada da dos Estados Unidos resolveria todas as dificuldades do Brasil.

Entre esses dois grupos de ideólogos extremos havia os líderes republicanos cujo método era o britânico, de tratar cada problema como ele se apresentava e não de acordo com algum rígido sistema filosófico ou alguma ideologia inflexivelmente lógica. Nesse terceiro grupo de líderes jovens mas realistas, objetivos, havia, como nos dois outros, brasileiros negroides notáveis pela ambição de alcançar o poder pelo valor intelectual e pelas qualidades pessoais de sedução – homens como Francisco Glicério[16] e Nilo Peçanha;[17] como havia também descendentes de imigrantes europeus de outra origem que não a portuguesa, filhos e netos de camponeses ou artesãos, de franceses, alemães, ingleses, italianos, homens dos quais poderiam ser destacados Lauro Müller,[18] filho de colono alemão, e Paulo Frontin,[19] filho de imigrante francês. Psicológica e sociologicamente eram todos – filhos de imigrantes e descendentes mais ou menos remotos de africanos – como peregrinos da mesma romaria: impacientes por se erguerem socialmente realizando triunfante carreira política como líderes do novo regime. E os mais sagazes parecem ter compreendido que a atitude mais inteligente era a de não se comprometerem com nenhum bem definido sistema filosófico nem com nenhuma ideologia política inflexível, cujo prestígio pudesse desaparecer rapidamente, mas darem-se eles mesmos à causa que por muito tempo seria cara a quase todos os brasileiros: a causa do progresso material. Daí os planos para melhoramentos gerais como a mais característica expressão da atividade republicana no Brasil: da atividade de grande parte dos novos líderes políticos depois de 1889.

Foi nessa ocasião que o Brasil contraiu dívidas em grande escala, tomando emprestado a banqueiros europeus quanto necessitava em ouro para construir portos, edifícios, obras hidráulicas, instalações sanitárias, avenidas, estradas de ferro, navios de guerra. Embora muito desse dinheiro fosse gasto extravagantemente, não se pode negar que os dirigentes da Primeira República enriqueceram o Brasil com obras públicas notáveis, muitas delas de engenharia sanitária e essenciais ao desenvolvimento não somente econômico mas também social da nação brasileira.

Tais obras materiais, tais realizações não podem nem devem ser subestimadas. Algumas foram valiosíssimas. Foram a primeira grande contribuição do sistema de governo republicano ao progresso do Brasil.

Os antigos senhores de terra, os homens da velha aristocracia escravocrata, substituídos, como líderes políticos, por um novo elemento da população, um elemento bem mais diferente dos seus predecessores quanto à origem social e também quanto à composição étnica e aos interesses econômicos e intelectuais, essa substituição deve ser considerada fato importante. A maioria daqueles predecessores não tinha dos problemas sociais brasileiros senão a visão patriarcal, feudal ou aristocrática que lhes convinha; eles olhavam o açúcar (e depois o café) como o grande problema do Brasil; consideravam-se patriarcalmente os chefes naturais de vastas famílias de escravos e semiescravos produtores de açúcar ou de café – vastas famílias cuja constelação constituía o Brasil. Os novos dirigentes, alguns deles remotos descendentes ou descendentes em segunda e terceira geração de escravos ou de camponeses ou de modestos imigrantes da Europa, surgiram com uma experiência e uma visão mais democráticas da vida, não tanto, é verdade, como seria necessário para se fazerem líderes efetivos da reconstrução social do Brasil. A maioria deles preocupava-se mais em chegar a altas situações políticas e sociais do que com qualquer problema largamente humano ou social, salvo os de melhoramento sanitário das grandes cidades, um aspecto estreitamente burguês do grupo de problemas sociais com que se defrontava então o povo brasileiro. E em relação aos problemas econômicos aqueles novos líderes foram sempre antes conservadores que inovadores do ponto de vista social.

Do contato de alguns dos novos líderes republicanos com o poder – que era mais uma sombra de poder – da velha aristocracia do açúcar e do café, que se desintegrava com rapidez, surgiu um plano para a defesa da produção do café no Brasil – plano que ficou como uma das contribuições mais originais da América portuguesa depois de tornada republicana (intensamente mestiça e mesmo negroide na composição da sua elite política e intelectual) para a ciência econômica e para essa técnica até então ainda vaga que era o controle oficial dos mercados.

Segundo um economista americano especialista no assunto, o plano brasileiro de "valorização pelo controle do café, em 1905, foi seguido pelo Equador em relação ao cacau, pelo México para controlar seu *henequén*,[20] pela Malaia Britânica e Ceilão para o controle da borracha, por Cuba em relação ao açúcar, pelo Egito para o algodão e pela Itália para o citrato de cálcio".

Acrescenta o mesmo especialista que a valorização pelo processo brasileiro se tem aplicado a muitos outros artigos e em mercados puramente domésticos, como, num exemplo familiar, seriam os esforços da Federal Farm Board para levantar o preço do trigo nos Estados Unidos. Charles R. Whittlesey nos diz, em artigo que sobre o assunto escreveu para a *Encyclopedia of the Social Sciences*, que o termo *valorização* "foi introduzido nos países em que se fala o inglês desde

1906 procedente do Brasil, onde tinha sido aplicado a medidas para regular o mercado de café".*

Bem-sucedidos na valorização do seu café, os primeiros líderes republicanos do Brasil não cuidaram dos problemas humanos – não desenvolveram nenhum plano para a "valorização" do homem brasileiro. Valorizar o humano pareceu-lhes menos que valorizar o subumano.

Por muito perspicazes que tivessem sido no que respeita aos assuntos financeiros e aos problemas relacionados com o progresso material, fracassaram com os problemas humanos, à falta de contato mais íntimo com a realidade brasileira: a realidade humana, social e cultural. Assim é que se descuidaram de problemas muitíssimo importantes, como o de dirigir a transição do trabalho escravo para o trabalho livre. Parece mesmo que os mais realistas deles não consideraram tal problema digno de estadistas – homens da estirpe deles – mas para filantropos, missionários e poetas líricos.

Além disso, alguns deles – os que tinham sangue negro de escravo nas veias – não queriam aparecer como campeões de uma causa cuja defesa faria ressaltar um elemento pessoal ou hereditário que estavam doidos para esquecer ou esconder e para que também fosse esquecido por toda a gente. Daí se concentrarem na mística do progresso material – numa política de empréstimo e de construções, com ela atraindo não só o capital como também o trabalho estrangeiro.

A atração do capital e da mão de obra estrangeira foi de certo modo bem típica da política estreitamente econômica adotada pelos líderes republicanos para a europeização do Brasil, especialmente nas cidades do litoral. Pouca importância se dispensou ao lado humano, superiormente social e cultural do problema da colonização europeia. Só o aspecto mecânico ou material parece ter preocupado aqueles líderes e mesmo alguns dos seus predecessores.

Logo no século XIX começara a deliberada importação de imigrantes europeus, para o Brasil. Aumentou poucos anos mais tarde, quando os ingleses tomaram tais e tão severas medidas contra o tráfego de escravos que bem raros se tornaram os contrabandos de pretos, pelos

---

* "Valorization", *Encyclopedia of the Social Sciences*, XV, pp. 211-212.

navios capazes de abastecer ilegalmente de africanos as plantações do Brasil. Os estadistas dos últimos anos do Império compreenderam que, em face da escassez do trabalho escravo, as perspectivas da agricultura brasileira não eram de encher os olhos de ninguém.

O problema porém não era para ser olhado somente do lado econômico; mas também do lado social. Como podia um país dominado pelo sistema agrário-patriarcal, dominado por uma agricultura monocultora e com uma organização feudal, atrair europeus ansiosos por encontrar na América melhores e mais livres condições de vida do que nos seus próprios países? Como podia um país quase morbidamente devotado à plantação do café ou da cana-de-açúcar, em propriedades imensas, que estavam nas mãos de pequeno número de latifundiários, transformar-se em um país de pequena lavoura, de pequena propriedade, de plantação de café por camponeses, de agricultura variada? Como poderia ocorrer tal transformação sem ser por meio de violenta revolução?

Um grande fazendeiro de café dos últimos anos do Império, Moreira de Barros, quando ocupou o Ministério das Relações Exteriores, mostrou-se homem de espírito realista, ao observar que os imigrantes europeus deviam "somente trabalhar por suas próprias mãos e nas suas próprias terras". Mas o que os grandes plantadores de café ou de açúcar queriam, em matéria de imigrantes, era um tipo de trabalhador que se conformasse em ser meramente o sucessor passivo dos escravos. E a isso é que os imigrantes europeus não se sujeitavam.

Para ver quanto o aspecto humano do problema era desprezado em favor do estreitamente econômico basta citar as tentativas de estadistas do Império a fim de trazer *coolies*[21] chineses para as plantações onde ocupariam o lugar dos escravos negros. A nova forma de escravidão teria sido introduzida na América portuguesa se em 1883, quando um tal Tong King-Sing veio ao Brasil para discutir o projeto que sobre essa matéria estava sendo seriamente examinado pelo governo do Brasil, não tivesse o fato provocado no Rio e em outras cidades forte reação do sentimento público contra os grandes fazendeiros ou senhores de terras. Fechados nos seus estreitos hábitos feudalistas e nos seus interesses puramente econômicos, nada viam esses fazendeiros dos problemas de maior amplitude nacional. Esse ano de 1883 deve ser considerado um ano histórico na luta pela democratização econômica do Brasil, porque foi então que os interesses dos plantadores de café perderam importante batalha. Batalha para preservar um sistema que, embora *criador*, nos começos da agricultura e da sociedade brasileira, tornou-se totalmente *parasitário* e oposto ao desenvolvimento de novas condições de vida no país.

O fato de a opinião pública ter se mostrado tão enérgica contra a introdução dos *coolies* chineses é prova de que, pelo menos nos últimos anos do Império, havia já opinião ou sentimento público no Brasil. Quando intérpretes superficiais da vida brasileira sustentam que o único governo para o Brasil é a ditadura paternalista, sob o fundamento de que "não existe opinião pública no país", é porque se esquecem de episódios como o dessa vigorosa reação popular de 1883. É verdade que o Brasil possuía então como imperador um homem bom e liberal mas que provavelmente teria agido como queriam que ele agisse os grandes plantadores de café e de açúcar – em favor dos seus interesses feudalistas – se a opinião pública não se tivesse manifestado tão eloquentemente.

Nessa época o povo do Brasil podia exprimir os seus sentimentos em reuniões públicas e na imprensa. Era um direito seu. E tão livre era a imprensa que os abolicionistas e os republicanos chegavam a se referir algumas vezes a dom Pedro II como a "Pedro Banana", para melhor o acusarem de fraco instrumento de poderosos interesses privados – e tal qual uma banana de mole; mais banana do que um homem.

Outros líderes de governo do mesmo tipo paternalista têm recebido no Brasil seus apelidos, porque, embora homens bons, honestos, bem-intencionados, colocaram às vezes poderosos interesses privados acima do interesse público e das necessidades nacionais: "Tio Pita", por exemplo. Epitácio Pessoa,[22] presidente da República dos mais ilustres, recebeu tal apelido dos homens da oposição devido às suas tendências para o que se poderia chamar talvez benevolência nepotista ou, mais pedantemente falando, benevolência "avuncular".

O governo de tipo paternalista não parece dar bom resultado quando as condições sociais deixam de ser favoráveis ao paternalismo e exigem direção forte porém responsável da coisa pública: tão diretamente responsável quanto possível, perante o povo ou os elementos mais vigorosos e instruídos da comunidade. O paternalismo parece tornar-se sempre prejudicial quando não se contenta em ser simples regime de transição, interessado em incorporar o povo comum à vida cívica da nação.

Mas a reação do sentimento público não foi a única força que serviu para frustrar o projeto de importação de *coolies*. Outra intervenção houve, talvez não inspirada inteiramente em motivos humanitários, e sim na esperança de possível competição de seus produtores de açúcar e de café com os do Brasil – a intervenção do Império britânico. Uma carta significativa sobre o assunto é a que foi publicada em dezembro de 1883 no *Anti-Slavery Reporter* de Londres – carta assinada por Charles H. Allen e dirigida ao mui nobre conde de Granville, secretário principal de Estado de Sua Majestade para Assuntos Estrangeiros. Diz aí o autor da carta que os abolicionistas britânicos falaram francamente a Tong King-Sing do extremo perigo de se transformarem virtualmente em escravos os *coolies* chineses, que, sob contrato, fossem importados para o Brasil, e concluía com o seguinte:

> O Comitê pede-me para agradecer a Vossa Excelência pelas prontas medidas que adotou, chamando a atenção dos representantes de Sua Majestade no Rio e Pequim para a questão da imigração chinesa no Brasil, e para exprimir a esperança de que Vossa Excelência peça a esses representantes que não se descuidem, e bem considerem esse assunto, já que poderiam apresentar-se no futuro planos semelhantes ao atual e em que os plantadores poderiam ter que tratar com cavalheiros menos astutos e não tão generosos como o sr. Tong King-Sing.

Mais de uma vez grandes potências que têm ultrapassado o regime de escravidão ou de semiescravidão em seu desenvolvimento econômico têm favorecido reformas liberais e democráticas nos países mais fracos ou mais atrasados; porque tais países, continuando a ter escravos ou servos, podem se tornar competidores perigosos, na produção agrícola, daquelas grandes e adiantadas potências. Isso deve explicar o fato de que, em épocas diversas, os liberais do Brasil têm contado com o apoio de políticos europeus conhecidos antes pelo realismo cru que pelos sentimentos humanitários da sua política estrangeira. Deve explicar também o fato ainda mais fácil de ser observado: que mesmo os governos ditatoriais do Brasil e de outros países da América Latina contem, para surpresa de muita gente, com o apoio dos líderes liberais e democráticos de grandes potências interessadas menos na democratização das nações mais fracas do que em aumentar o poder aquisitivo das mesmas nações em relação com os produtores daquelas potências.

Logo que os plantadores de café do Brasil sentiram que não havia mais possibilidades de importar escravos para suas fazendas, os mais empreendedores dentre eles procuraram atrair camponeses europeus, alguns adotando um sistema chamado de *parceria*, não muito diferente do sistema de servidão. É verdade, como têm observado críticos objetivos desse sistema de parceria, que com a qualidade de *parceiro* ficava ao colono a satisfação de considerar-se trabalhador independente; mas, como ele começava contraindo empréstimos, sem possuir terra, sua sorte era sempre a de um pobre-diabo, desde que falhasse a colheita ou que o fazendeiro não fosse homem de boa-fé. Mal chegava o colono e já era devedor: devedor da passagem dele e da família. Recebia casa para morar e certa quantidade de alimento, é certo. Mas era obrigado a cultivar certo número de pés de café, ou um lote de cana-de-açúcar e a levar a sua produção ao moinho do dono da terra, tendo então direito à metade do resultado,* em geral já absorvida pelas despesas. Sob esse sistema ele ficava inteiramente na dependência da boa ou má-fé do plantador ou senhor de terra.

Alguns apologistas do sistema de *parceria* costumam citar com ênfase o fato de alemães, pés de boi no trabalho, que, estabelecendo-se em São Paulo, vindos da Baviera e de Holstein, conseguiram pagar regularmente as suas dívidas em quatro anos, sobrando-lhes dinheiro depois. Mas é um fato que apenas diz bem da honestidade de alguns plantadores de café nos seus negócios com o camponês ou imigrante europeu, desde que os podia conservar indefinidamente como semiescravos, sempre endividados e sempre dependentes. Deve-se contudo acrescentar que não foram os alemães, mas os

---

* Elliott, op. cit., p. 61.

italianos do norte da Itália, que provaram ser os melhores sucessores dos escravos negros nas plantações de café do Sul do Brasil.

A despeito dos muitos atritos entre plantadores brasileiros e colonos europeus durante a fase de transição da escravatura para o trabalho livre, chegou-se eventualmente a um acordo quando nova instituição oficial, denominada Patronato Agrícola, passou de certo modo a regular as relações entre fazendeiros e trabalhadores brancos ou imigrantes europeus, que, agora, ao menos assistência médica passaram a receber. Onde esse acordo realmente surtiu melhor efeito foi em São Paulo, e com a colonização italiana: tal foi o êxito dessa colonização naquele estado que um terço, aproximadamente, da sua população atual é de sangue italiano e muito se distingue na vida comercial e industrial tanto como na vida social da comunidade paulista.

As regiões, ou áreas, do Brasil onde a colonização europeia tem sido mais bem-sucedida são aquelas quase sem herança do sistema agrário-patriarcal: Rio Grande do Sul, Santa Catarina, Paraná, parte de Minas Gerais, do Rio de Janeiro, do Espírito Santo e de São Paulo. Todas as tentativas para estabelecer os colonos europeus nas vizinhanças das velhas regiões feudais de latifúndio escravocrata – Bahia, Rio de Janeiro e Pernambuco principalmente – têm dado em maior ou menor fracasso.

Por outro lado fracassou também a tentativa da maioria dos colonos anglo-americanos que vieram no século XIX do sul dos Estados Unidos para o Brasil, porque era este um país de escravos e estavam habituados a ser senhores de negros e a dominá-los. De dezenas de norte-americanos do sul, que, depois da guerra civil dos Estados Unidos, desapontados com a derrota sofrida pelos estados escravocratas, vieram para o Brasil, poucos foram os que se saíram bem ou prosperaram em terra brasileira. O que parece é que a maioria deles teria vindo com pouco dinheiro, não podendo se estabelecer como plantadores e donos de escravos, e assim viver a vida a que estavam acostumados no Velho Sul dos Estados Unidos. Começar a vida como pequenos agricultores independentes em regiões quase virgens do Brasil – como camponeses europeus haviam conseguido no Rio Grande do Sul e noutras áreas do Brasil meridional – não era tarefa suave para homens que se haviam criado rodeados de negros que faziam por eles todo o trabalho pesado de lavoura ou de campo. Alguns experimentaram a cultura do algodão mas em condições bem pouco favoráveis. E essas condições como outros fatores é que explicam os seus muitos fracassos.

Cerca de trinta anos passados um geógrafo americano, L. E. Elliott, procurando informar-se sobre a sorte daqueles seus patrícios que tinham vindo para o Brasil depois da Guerra de Secessão, ouviu histórias a esse respeito que lhe pareceram mais "cômicas do que trágicas". Uma delas é a respeito do grupo de americanos que foi se estabelecer em Santa Bárbara e aí plantar, em larga escala, melancia. Depois de um ano, justamente quando a melancia ia amadurecendo, rebentou – é o que diz a história – o cólera em São Paulo. Foi então proibida a venda de melões e os seus cultivadores se arruinaram. E como um novo cônsul dos Estados Unidos tinha sido designado para Santos pelo novo presidente daquele país, Cleveland, que era do Partido Democrata, supuseram os sulistas que o novo cônsul devia também ser particularmente amigo dos correligionários. Assim é que à sua chegada logo lhe enviaram uma carta de congratulações, onde ao mesmo tempo contavam a situação econômica difícil em que se achavam. O cônsul, ao que parece, respondeu cordialmente, sugerindo que, na qualidade de cônsul, iria visitá-los. Pelos colonos foi logo preparada entusiástica recepção. Então, diz Elliott:

> Na tarde da sua chegada à colônia achava-se toda a gente alinhada na plataforma da estação, e um coronel sulista à frente da comissão de recepção. Chega o trem, abre-se a porta de um dos carros de primeira classe e desce um cavalheiro com uma maleta de mão que marcha para o coronel com a mão estendida. Era o cônsul, mas um cônsul preto como um ás de espada. Conta-se que o coronel portou-se nobremente: apertou a mão do cônsul, dando-lhe, como os outros sulistas, o melhor acolhimento, mas, logo que ele partiu, protestaram nunca mais confiar em governo chefiado por homem do Partido Democrata.*

Mas a maioria desses sulistas norte-americanos que permaneceram no Brasil acabaram esquecendo os seus preconceitos de raça contra os negros e os mestiços. Isso em virtude do contato mesmo a

---

* Elliott, op. cit., pp. 65-66.

que eram obrigados com profissionais ou chefes de indústrias de importância ou com senadores e deputados brasileiros, nem todos homens puramente brancos, antes gente de sangue misturado, branco e negro, e não de branco e ameríndio somente, embora a mistura mais comum em São Paulo tenha sido do branco-ameríndio. Esta é a mistura dominante que está na base da velha e orgulhosa aristocracia daquele estado, como de outras sub-regiões do Brasil, onde é ainda motivo de orgulho para uma família antiga ter entre os seus ancestrais algum ameríndio, geralmente idealizado como herói de alguma das guerras coloniais: contra os franceses ou contra os holandeses. Ou admirado pela sua atitude de resistência aos portugueses. Quando mulher, o antepassado ameríndio, era tida por princesa – a bela filha de algum poderoso cacique.

O primeiro cardeal da América Latina, o cardeal Arcoverde, era descendente de uma princesa índia de Pernambuco – da Nova Lusitânia do século XVI. Uma Pocahontas brasileira. Orgulhava-se aquele "príncipe da Igreja" do seu sangue ameríndio e insistentemente falava da necessidade de um clero brasileiro para o Brasil, isto é, um clero composto de homens nascidos no Brasil ou integrados na vida brasileira, em vez de um clero inteiramente constituído de padres e frades estrangeiros. Sem ser estreitamente nacionalista soube ver o perigo para os países latino-americanos de se conservarem colônias intelectuais e econômicas da Europa com a ajuda indireta de padres que, sendo europeus, teriam naturalmente uma atitude de autocrático paternalismo com relação aos sul-americanos, quando não de absoluta superioridade, diante das populações ameríndias, indo-hispânicas ou afro-hispânicas.

Tal foi a extensão do indianismo no Brasil, não somente na literatura mas na vida diária, que, quando o Brasil separou-se de Portugal e manifestou-se forte sentimento contra qualquer tentativa portuguesa de reconquista, não foram poucas as famílias brasileiras que trocaram o seu nome de batismo ou o seu nome de família, português ou europeu, por nome ameríndio. Eram nomes, os adotados por esses nativistas, na sua maioria poéticos, de rios e plantas. Alguns deles, porém, nos soam hoje prosaicos, ainda que expressivos: nomes de peixes, ou que até cheiravam a mercado ou a cozinha, como Carapeba.

Os índios do Brasil, segundo a observação dos cientistas modernos, eram notáveis pelo seu minucioso conhecimento da flora e da fauna do país; e até hoje muitos rios, plantas, animais, montanhas, cidades e medicamentos têm no Brasil nomes não europeus ou portugueses, mas ameríndios. Conforme o já mencionado cientista europeu, Konrad Guenther, no Brasil, como na América espanhola, não só são muitas as famílias que aludem com orgulho à existência de caciques indígenas entre os seus antepassados – fato a que já me referi –, mas muitos são os descendentes dessas famílias que, em algumas áreas ou regiões, fazem lembrar, pelo tipo físico, uma volta aos caracteres do ameríndio.

No que toca ao africano pode-se dizer que vai sendo gradual e pacificamente absorvido pela população branco-índia, desde que há largos anos não vêm novos negros da África para o Brasil.* O ecólogo alemão Guenther – homem da época pré-nazi –, depois de conhecer o Brasil, manifestou-se partidário da mistura de raças e do indianismo no país, como meio, a ser desenvolvido entre os brasileiros, de criação de uma civilização caracteristicamente brasileira, que crescesse como que organicamente, das suas próprias forças nativas, com as suas várias formas de expressão sempre ligadas à sua fonte suprema – a natureza tropical, americana, brasileira. E a propósito sugeriu que os muitos nomes ameríndios de objetos naturais estariam em harmonia com a origem indígena da cultura brasileira. Pelo que recomendou que mais ainda se deveria fazer nesse sentido, popularizando-se entre as crianças brasileiras contos ameríndios de animais. Novelas como as de José de Alencar – o Cooper[23] brasileiro – e uma mais larga utilização de motivos índios na arte moderna do Brasil poderiam aumentar no brasileiro o orgulho das suas origens ameríndias e dos fundamentos naturais da sua cultura.

Não devemos nos esquecer de que os indígenas do Brasil foram gente de floresta com uma cultura das que são tecnicamente denominadas de floresta ou de selva. Os ameríndios remanescentes e as sobrevivências das culturas indígenas são elementos de importância

---

*   Konrad Guenther, op. cit., pp. 371-372.

na vida brasileira. Não podem, assim, deixar de ser levados na devida conta em qualquer política cultural brasileira que vise a uma mais profunda harmonia dos brasileiros com o seu meio natural. Política de harmonia, aliás, que encontra uma sólida base na atitude dos colonos portugueses, entrelaçando-se pelo casamento com a população ameríndia: uma atitude de tolerância e algumas vezes de entusiasmo pelas diferenças físicas e culturais apresentadas pelas populações ameríndias.

O próprio fato de os ameríndios, dentro do seu feitio de nômades, terem se revelado tão maus escravos nas primeiras plantações de cana-de-açúcar estabelecidas no Brasil, e combatido com extraordinário vigor os portugueses que procuravam escravizá-los, fez surgir a lenda da sua "independência", "bravura" e "nobreza". Essa lenda é responsável ainda hoje pela tendência, entre os brasileiros, no sentido de considerarem o ameríndio superior ao negro, embora um estudo rigorosamente científico das contribuições de cada um para o desenvolvimento cultural do Brasil nos conduza a conclusão bem diversa. Mas o próprio entusiasmo da maioria dos brasileiros pelos missionários jesuítas do século XVI e da primeira parte do século XVII – padres que fizeram o possível para que se respeitasse a liberdade dos ameríndios proclamada pelo papa e pelo rei de Portugal – é baseado nessa mesma lenda.

A obra dos jesuítas tem sido continuada nos últimos anos por um oficial do Exército brasileiro, cuja ação à frente do Serviço Federal ou Nacional de Proteção aos Índios tem excedido a de qualquer missionário de batina dos nossos dias. Quero me referir ao general Cândido Mariano da Silva Rondon, ele mesmo descendente de ameríndios. Rondon começou sua obra indianista, quando ainda simples tenente, em 1890. Participou então da expedição oficial que, sob as ordens do major Gomes Carneiro, foi enviada para a "região dos Bororos", no Brasil central. Pretendia-se a ligação telegráfica daquela parte remota da então jovem República brasileira com as áreas mais civilizadas. Por essa época uma política inteligente de relações amistosas com as tribos indígenas foi inaugurada pelo Exército brasileiro.

Trata-se nada menos da política de assimilação dos ameríndios, cujo plano já havia sido esboçado, no começo do século XIX, por

José Bonifácio, líder do movimento de independência do Brasil e o maior estadista que teve até hoje a América portuguesa. Bonifácio, que também era cientista – e cientista com reputação europeia –, tem sido por mais de um crítico ou historiador retratado como homem essencialmente idealista e prático ao mesmo tempo. Conforme têm observado esses críticos e historiadores da vida e das ideias do maior dos brasileiros, a principal preocupação de José Bonifácio foi um Brasil que se desenvolvesse em nação caracteristicamente americana, livre dos preconceitos europeus de raça ou de casta. Assim, uma ideia básica do seu programa de organização social foi a assimilação do indígena, tanto como do negro, pelo europeu. Ele não temia o mestiço ou a mistura de raças. Pelo contrário: opôs-se à política de segregação seguida pelos jesuítas em várias regiões do Brasil. Pouco lhe interessava a vaga e fictícia igualdade dos ameríndios diante da lei. O que defendia era a sua assimilação por uma cultura brasileira que enriquecesse a ambos os elementos: o europeu e o indígena. Ou o civilizado e o primitivo, incluído no grupo primitivo o africano.

O Brasil tem que encarar ainda o problema de assimilação de certas tribos ameríndias e também daqueles pequenos grupos de descendentes de negros cuja cultura conserva-se ainda predominantemente africana. Embora existam brasileiros com preconceitos europeus de raça, que consideram desgraça afastarmo-nos de qualquer modo dos padrões de moral, de costumes e jurídicos consagrados pela Europa ou pela Igreja, a tendência geral, entre os espíritos mais esclarecidos do Brasil, é no sentido de mantermos em relação a tais africanos, tanto como em relação aos ameríndios, uma política de lenta e inteligente assimilação, de maneira que o grupo assimilador possa incorporar à sua cultura valores de interesse geral ou de importância artística que se encontrem vivos entre subgrupos ou subculturas profundamente diferenciados da europeia.

Uma política semelhante provavelmente terá que ser praticada em relação aos alemães e a outros colonos europeus, e também com os japoneses nas sub-regiões do Brasil onde tais elementos têm vivido por mais de uma geração em estado de isolamento ou segregação. Alguns estudiosos desse problema acham que os valores culturais luso-brasileiros, tidos por básicos para o desenvolvimento do Brasil nesses valores, como nação e como comunidade largamente cristã – incluídos o idioma português e a liberdade portuguesa de preconceitos de raça –, devem ser considerados valores gerais, fundamentais, irredutíveis.

Contudo não deve existir nenhuma subordinação de subgrupos ou subculturas de origem não portuguesa a uma cultura ou a uma raça luso-brasileira rigidamente uniforme. Com uma política amplamente democrática como esta – etnicamente e socialmente democrática – o Brasil viria a ser país ideal para aqueles europeus cansados tanto de estreitos preconceitos de raça como de arcaicos nacionalismos intransigentes e de duros sectarismos religiosos. Não somente operários ou artesãos haviam de encontrar num Brasil assim condições favoráveis para exprimir o seu poder criador mas também o bom agricultor, o bom horticultor, o bom comerciante. Pois, como percebeu o geógrafo norte-americano Elliott, ao pioneiro audacioso e decidido não falta oportunidade de vitória no Brasil de hoje. Apenas não lhe será possível continuar individualista como o homem de há um século ou menos de há meio século, quando não existia nenhum serviço público eficiente para proteger os ameríndios ou para conservar as florestas e os recursos minerais das invasões de indivíduos ou grupos desprovidos de escrúpulos humanitários ou de sentido social de colonização.[24]

São valores todos estes agora protegidos por leis inspiradas no necessário respeito aos interesses da comunidade brasileira mais do que em qualquer tendência para favorecer a exploração puramente individual da natureza ou da economia. O programa do atual Conselho de Imigração e Colonização do Brasil, que tem por chefe um oficial do Exército do espírito público de um Rondon – o coronel Lima Câmara –, inclui a colonização dirigida e a criação de "núcleos de colonização" mistos para os brasileiros (trinta por cento) e estrangeiros (setenta por cento). O que representa velha e boa ideia de José Bonifácio, atualizada ou adaptada a novas condições brasileiras de vida.

O Brasil é famoso por suas revoluções "brancas" ou pacíficas. A da independência foi uma delas. E também por uma revolução pacífica é que ele se transforma de Império – porque o Brasil, ao contrário dos outros países republicanos da América Latina, conservou-se até 1889 Império no meio de numerosas Repúblicas – em República. E a revolução que o transformou de uma nação escravagista em outra onde todo mundo devia nascer livre também foi pacífica. Tão pacífica como a que separou, depois, a Igreja do Estado, resolvendo assim suavemente um problema que tem sido fonte de muita discórdia em outros países latinos. Ainda quase pacífica foi a Revolução de 1930, que favoreceu grande número de operários brasileiros das cidades com uma legislação social que, em teoria, se não sempre em prática, é uma das mais avançadas dos nossos dias. O Brasil portanto poderá revolucionar o problema de sua política de imigração sem que daí resulte nenhum constrangimento para os imigrantes nem para os brasileiros antigos. Há muito por fazer ligado à colonização de terras não ocupadas nem por brasileiros nem ainda por imigrantes. A valorização do caboclo impõe-se como uma necessidade urgente. A do caboclo e a de todo homem rural pobre, descendente de branco, de ameríndio ou de negro.

A falta de saúde causada especialmente pela malária, a anquilostomíase, a tuberculose, a sífilis e a doença de Manson-Pirajá[25] explica, em grande parte, a preguiça do homem do campo, isto é, do caboclo brasileiro. A preguiça de que esse caboclo tem sido tão acusado por críticos estrangeiros superficiais.

Aliás, tudo no homem do Brasil que desagrada aos olhos desses críticos logo representa para eles uma prova dos maus efeitos da mistura de raça ou do clima tropical. Há mais de cinquenta anos um intelectual brasileiro que sustentou algumas das ideias de José Bonifácio, Sílvio Romero, escreveu que os indivíduos de vários e misturados sangues formavam a massa da população brasileira, acentuando, entretanto, que ameríndios e negros eram peças ainda desarticuladas na cultura e na sociedade do Brasil. É que havia então a moda entre brasileiros sofisticados de tudo esconder que fosse de origem africana: sangue, alimento, costumes, palavras e toda outra influência ou elemento possível de ocultar.

Um bom traço do Brasil atual é que essa quase freudiana censura da influência do indígena ou do africano ou da espontaneidade do mestiço já deixou de ser força dominante na psicologia ou na vida cultural e social dos brasileiros. E a consequência dessa espécie de cura psicanalítica do que já era um complexo nacional é que a música, a cozinha, a literatura e a arte brasileiras tornam-se cada vez mais expressão da vida, das necessidades e dos valores populares, na sua maioria, valores mestiços.

Julgados de conjunto, os brasileiros têm o que os psiquiatras chamam um passado traumático. A escravidão foi o seu grande trauma. Para muitos a cor menos branca foi em certo tempo como a lembrança desagradável de uma situação social infeliz ou de um episódio vergonhoso do seu passado.

Certos oficiais do Exército brasileiro, tradicionalmente democrático, procuraram há pouco impedir o seu desenvolvimento em instituição étnica e socialmente democrática, introduzindo restrições de caráter étnico pelas quais os negros e os negroides evidentes não poderiam vir a ser oficiais. Tal tentativa deve ser considerada retardada expressão neurótica daquele complexo. Mas foi caso a bem dizer isolado. A tendência geral no Brasil dos nossos dias é para considerarmos a escravidão um episódio já encerrado, com reflexo, apenas, na história da personalidade do brasileiro. Mesmo os brasileiros com um passado de família ou individual que nada tenha a ver, biológica ou etnicamente, com a África juntam-se aos brasileiros negroides no sentimento, agora geral ainda que não universal, de que nada é honestamente ou sinceramente brasileiro que negue ou esconda a influência, direta ou indireta, próxima ou remota, do ameríndio e do negro.

Notas do organizador

1   Henry Walter Bates (1825-1892), naturalista inglês e explorador, ficou conhecido pela sua obra *The naturalist on the river Amazons*, publicada com uma introdução de Charles Darwin, grande admirador do seu trabalho. Bates procurava elucidar o mesmo universo de questões de Darwin.
2   Seguindo as trilhas de pesquisadores anteriores, como Nina Rodrigues, Gilberto Freyre comenta um dos episódios menos conhecidos da história africana no Brasil: a significativa presença islâmica entre os escravos e a importância dessa religião universal no sentido de transcender a pulverização étnica característica dos africanos e dos negros nascidos no Brasil.
3   Thomas Ewbank (1792-1870) deixou-nos, de sua passagem por diferentes territórios do Brasil, relatos e imagens que o inserem naquela categoria de viajante

herdeira dos princípios enciclopédicos do século XVIII: anotou tudo o que viu, ouviu ou cheirou; dos animais às plantas, às coisas, aos homens e seus costumes; inspirado, dedicou-se ao desenho cuidadoso das coisas da natureza e dos homens. Sua obra é fonte fundamental para o conhecimento do Brasil do século XIX, em especial *Vida no Brasil: ou diário de uma visita à terra do cacaueiro e da palmeira*, cujo original é de 1856.

4   Aclamado por seu "culturalismo", Freyre, como outros, não abandonou os pressupostos evolucionistas que permitiram a classificação das diferentes culturas africanas estabelecidas no Brasil de acordo com seu "grau de desenvolvimento"; na base, os mais "atrasados", os bantos; no topo, os mais "avançados", os nagôs e os malês.

5   Richard Francis Burton (1821-1890) foi um dos grandes viajantes do século XIX, trabalhou junto à diplomacia britânica e se dedicou ao que então se denominava de "orientalismo", a compreensão e a tradução das culturas e línguas do Oriente. Viajou por diferentes regiões da África e da Ásia, e suas descrições procuram abranger as terras, as populações, suas línguas e seus costumes. Entre 1865 e 1869 foi cônsul britânico na cidade de Santos e, sobre sua estada no país, escreveu *The highlands of Brazil* (1869).

6   James Bryce (1838-1922) destacou-se ao longo de sua vida como homem de Estado, jurista e autor de uma série de obras, parte delas resultado das viagens que realizou à América, ao Cáucaso, à Armênia, à Turquia e ao sul do continente africano. Algumas de suas preocupações são fruto de seu contato com o sistema democrático norte-americano, e em seus últimos anos de vida dedicou-se à escrita de *Modern democracies*. É autor, entre outros, de *South America* (1912).

7   Na segunda edição mexicana, Freyre acrescenta: "Desgraçadamente, parece que [os russos] se distanciam dessa tendência: ao menos com relação aos judeus russos e aos negros africanos, estudantes da chamada Universidade da Amizade, na Rússia. É uma pena. Já não podemos afirmar que o Brasil tem na Rússia soviética atual um povo tão inclinado quanto o brasileiro a admitir a miscigenação. No entanto, pode-se tratar de apenas um episódio na política russo-soviética. Talvez a Rússia soviética volte a assumir, nesse aspecto específico, a orientação simpática com a qual se impunha aos povos extraeuropeus". E conclui: "[O Brasil] é quase como uma Rússia americana".

8   Charles Rupert Stockard (1879-1939), biólogo e anatomista norte-americano, atraiu a atenção internacional sobretudo por suas pesquisas morfológicas.

9   Oswaldo Gonçalves Cruz (1872-1917) nasceu em São Luiz do Paraitinga, São Paulo. Formado em medicina no Rio de Janeiro, viria a ser um dos grandes cientistas brasileiros. Pesquisou e escreveu sobre febre amarela, malária e outras doenças, como a varíola. Foi nomeado para a direção-geral do Instituto de Patologia Experimental de Manguinhos, que, em 1908, ganhou o seu nome. Ficou conhecido nacional e internacionalmente por sua luta para extinguir a febre amarela em sua forma epidêmica. Faleceu em Petrópolis, Rio de Janeiro.

10 Carlos Ribeiro Justiniano Chagas (1879-1934) nasceu em Oliveiras, Minas Gerais, e faleceu na cidade do Rio de Janeiro. Fez o curso de humanidades em São João del-Rei e completou seus estudos superiores na Escola de Minas, em Ouro Preto, Minas Gerais. Transferiu-se, então, para o Rio de Janeiro, con-

cluindo lá o curso de medicina em 1903. Após a morte de Oswaldo Cruz, seu orientador e amigo, Carlos Chagas viria a chefiar o Instituto Oswaldo Cruz. Em 1909 descobriu o protozoário flagelado a que deu o nome de *Schizotrypanum cruzi* (em homenagem a Oswaldo Cruz), agente causador da doença de Chagas.

11 Antônio Cardoso Fontes (1879-1943) nasceu em Petrópolis, e morreu no Rio de Janeiro. Doutorou-se em medicina em 1903, frequentou o Instituto Oswaldo Cruz e ficou conhecido internacionalmente por seus estudos sobre a tuberculose.

12 Antônio da Silva Melo (1886-1973) nasceu em Juiz de Fora, Minas Gerais, e faleceu no Rio de Janeiro. Em 1944, fundou a *Revista Brasileira de Medicina*. Escreveu sobre assuntos como nutrição, metabolismo, imunologia e epidemiologia, nefrologia, gastrenterologia, psicologia e psicanálise.

13 Vital Brazil (1865-1950) nasceu na cidade de Campanha, Minas Gerais. Clinicou em várias cidades do interior paulista; impressionado com a quantidade de pessoas que morriam picadas por cobras, passou a se dedicar ao ofidismo. Trabalhou no Instituto Bacteriológico do Estado, dirigido então por Adolfo Lutz, quando se dedicou intensamente ao estudo e à produção de soros antiofídicos. Emílio Ribas criou o Instituto Soroterápico do Butantan, onde Vital Brazil viria a desenvolver inúmeras pesquisas.

14 Afrânio do Amaral (1894-1982), herpetólogo brasileiro, foi diretor do Instituto Butantan de São Paulo. Autor dos livros *Animais venenosos do Brasil* (1930) e *Iconografia colorida das serpentes do Brasil* (1976).

15 Augusto Comte (1798-1857) foi, sem dúvida, um dos "pais fundadores" da sociologia: a ele devemos a base científica das ciências sociais, numa ruptura com o pensamento filosófico, e o estabelecimento de um novo objeto de reflexão e pesquisa, concebido de forma sistemática. Da sua perspectiva, o trabalho científico levado a cabo pelos positivistas deveria influenciar a transformação da própria sociedade. Suas reflexões tiveram enorme impacto além do campo propriamente sociológico, informando instituições e homens públicos de diferentes países que desejavam encontrar mecanismos positivos para a transformação e modernização social.

16 Francisco Glicério de Cerqueira Leite (1846-1916) foi político, general honorário do Exército, professor e advogado. Republicano convicto, ocupou a pasta da Agricultura durante o Governo Provisório (1890-1891) e, na Câmara de Deputados, liderou o movimento a favor de Floriano Peixoto. Principal organizador do Partido Republicano em 1894, foi eleito senador da República por São Paulo em 1902.

17 Nilo Procópio Peçanha (1867-1924) nasceu em Campos. Fez o curso de direito nas faculdades de São Paulo e do Recife, onde se bacharelou em 1887. Elegeu-se senador em 1903 e no mesmo ano tornou-se presidente do estado do Rio de Janeiro. Foi vice de Afonso Pena na chapa vitoriosa que concorreu à presidência da República em 1906. Com a morte de Afonso Pena, em 1909, assumiu o poder até 1910. Morreu no Rio de Janeiro.

18 Lauro Severino Müller (1864-1926) nasceu em Itajaí, Santa Catarina. Engenheiro militar e professor na Escola Superior de Guerra, foi amigo de Benjamin Constant, tendo participado ativamente do processo que resultou na proclamação da República. Morreu no Rio de Janeiro.

19   André Gustavo Paulo de Frontin (1860-1933) nasceu na cidade do Rio de Janeiro, onde faleceu. Foi engenheiro-chefe no escritório das obras do Novo Abastecimento de Água, diretor da Inspetoria de Estradas de Ferro e da comissão construtora da avenida Central, diretor da Escola Politécnica e da Estrada de Ferro Central do Brasil. Foi senador em 1917 e prefeito do Distrito Federal em 1919.

20   O mesmo que sisal, planta semelhante ao cacto que permite a produção de uma fibra vegetal de grande valor. Sua exploração e exportação foi central para o México entre meados do século XIX e as primeiras décadas do século XX, quando foi suplantado pela fibra sintética.

21   A partir de 1840, e de forma crescente, a China começa a exportar mão de obra para a América a partir de Macau, num processo migratório que ganha ares de tráfico de escravos. Grande parte dessa mão de obra segue para Cuba e para o Peru. No Brasil houve grande resistência à vinda dos *coolies*, embora entre 1854 e 1856 chineses tenham sido desembarcados no Rio de Janeiro. Nada comparável, contudo, aos cerca de 125 mil que se instalaram em Cuba e aos 100 mil que chegaram ao Peru.

22   Epitácio da Silva Pessoa (1865-1942) nasceu na cidade de Umbuzeiro, no estado da Paraíba. Foi ministro da Justiça durante o governo de Campos Sales, figura ativa na "política dos governadores". Em 1919 assumiu a presidência, substituindo Rodrigues Alves.

23   James Fenimore Cooper (1789-1851), romancista e contista norte-americano, conhecido por livros como *O último dos moicanos*, é associado a José de Alencar por fixar em seu trabalho os "mitos" da nacionalidade estadunidense.

24   O parágrafo seguinte não é reproduzido na edição mexicana de 1964. Segue o trecho: "Atualmente é pequena a imigração de europeus para o Brasil. Há, no entanto, considerável migração inter-regional, sobretudo do Nordeste em direção ao Centro-Sul. Brasília, a nova e suntuosa capital do Brasil, foi construída, em grande parte, por homens do Nordeste, cuja presença é igualmente notável entre os operários das indústrias paulistas e os trabalhadores da próspera agroindústria paranaense. O Nordeste é considerado, na atualidade, a região-problema do Brasil, aquela cujas perspectivas são mais perigosas para um desenvolvimento harmônico, econômico ou social do país. Isso em função de suas precárias condições econômicas, quando comparadas com o Centro-Sul, com grande influência sobre as condições sociais. No entanto, contribui de várias formas para o desenvolvimento, especialmente com braços vigorosos e inteligências empreendedoras que garantem a prosperidade agrícola e, sobretudo, a industrial. Ao mesmo tempo, acentua-se no Nordeste a inquietação de trabalhadores agrícolas e pequenos lavradores, vítimas do que sobrevive de uma economia latifundiária e dependente – em larga medida, da agroindústria do açúcar –, que há anos, com raras exceções, está em situação tecnológica deficitária, incapaz de continuar desempenhando com eficiência um papel socioeconômico correspondente à extensão das áreas que domina. É no Nordeste, mais que em outras regiões brasileiras, que temos a necessidade mais aguda de uma reforma agrária que reajuste as relações entre a maior parte da população rural e a terra, do ponto de vista tanto socioeconômico como tecnológico. A

essa reforma, alguns agitadores pretendem dar – no Nordeste e em outras regiões do país – um aspecto vermelho ou violentamente revolucionário, sem que para esses objetivos encontrem receptividade maior do que a de alguns poucos indivíduos".

25 Referência à esquistossomose mansônica, parasitose também conhecida como doença de Manson-Pirajá da Silva, provocada pelo *Schistosoma mansoni*.

5. A política exterior do Brasil e os fatores que a condicionam

O *status* nacional do Brasil não é uma expressão de consciência de raça, pois que nenhuma raça única, pura ou quase pura, formou a gente brasileira.

Dos povos europeus que se lançaram à colonização da América nenhum menos dominado pelo complexo de superioridade ou de pureza de raça do que o português, uma nação quase não europeia. A sua mística de unidade ou de pureza foi de religião ou do *status* religioso – a religião católica romana ou o *status* cristão – e não de raça.

O *status* nacional do Brasil é etnicamente negativo. Poucas nações modernas são tão heterogêneas, do ponto de vista étnico, como a única República de fala portuguesa do continente americano. No Brasil, nenhuma minoria ou maioria étnica exerce de fato domínio cultural e social absoluto, sistemático e constante, sobre os elementos política e economicamente menos ativos ou menos numerosos da população.

É possível que entre reduzido número de brancos se note o desejo de dominar os muitos homens de cor da comunidade brasileira. Mas esse reduzido número é muito desarticulado para formar uma aristocracia étnica ou cultural que tenha decidida influência sobre a política cultural do Brasil na esfera nacional; ou que valha como fator bastante poderoso para determinar a política externa do Brasil no que um complexo de exclusividade de cultura ou de superioridade de raça pudesse afetá-la.

Creio que o Brasil, como comunidade nacional, tem que ser interpretado em termos de uma comunidade cada vez mais consciente do seu *status* ou do seu destino de democracia social. Social e étnica.

Nesse particular só lhe fica acima a Rússia moderna, a União Soviética, única que vem em lugar mais destacado que o Brasil como comunidade quase oficialmente, se não oficialmente, comprometida a desenvolver uma política abertamente igualitária em relação a raças. Mesmo o México parece menos tolerante do que o Brasil com relação aos negros. Dessas comparações, entretanto, não se deve concluir que o Brasil seja uma democracia étnica perfeita. Não atingiu de modo nenhum a perfeição.

O Brasil destaca-se como comunidade inclinada para a democracia étnica sobretudo pelo contraste da sua política democrática de raça com a da maioria das nações modernas. Em muitos países ostensivamente cristãos, interesses estreitos de raças, de nação ou de classe têm de tal modo alterado a prática do cristianismo que somos levados a julgar a atitude de certas ordens religiosas católico-romanas que florescem em tais países – e no próprio Brasil ordens que não admitem negros nem mulatos em seu seio – como atitude menos cristã do que a de organizações seculares, ou apenas semirreligiosas, que, no Brasil, livremente admitem pessoas de cor.

Quando C. S. Stewart,[1] oficial da Marinha norte-americana, visitou o Brasil no meado do século XIX, muito o impressionou "o aspecto terrivelmente mestiço" da maioria da população. Mas impressionou-o, ao mesmo tempo, uma instituição portuguesa que floresce na América desde os primeiros dias da colonização do Brasil: a das Misericórdias. As Misericórdias fizeram-no admirar a tolerância reinante no Império brasileiro com relação à gente de cor. Observou Stewart que as portas dos hospitais da Misericórdia do Rio estavam abertas a todas as horas do dia e da noite para doentes de ambos os sexos, de todas as religiões e de qualquer nacionalidade ou cor, dispensando-se para a sua entrada qualquer formalidade que fosse.* Quebrando um pouco a

---

* *Brazil and La Plata: the personal record of a cruise*, Nova York, 1856, pp. 228-229.

força aos elogios de Stewart à tolerância brasileira com relação aos vivos, poderia notar-se que até data relativamente próxima os brasileiros eram conhecidos pela sua intolerância em relação aos mortos ou a cemitérios: não somente a negros pagãos ou sem batismo mas a europeus e norte-americanos protestantes negava-se o direito de serem enterrados nos chamados campos-santos ou nos cemitérios oficiais. Mas essa particularíssima intolerância afetava somente os mortos.

Alguns dos sociólogos que têm estudado ultimamente a política internacional ou inter-regional tal como a condicionam motivos os fatores étnicos pensam que o Estado soviético, com sua teoria de igual oportunidade para homens de todas as raças, vai mais longe, na prática, do que a maioria das comunidades ou Estados ostensivamente cristãos no esforço de efetivamente remover não somente as causas psicológicas e emocionais dos conflitos de raça mas também – ou principalmente – as de natureza econômica. Outro não é o ponto de vista de uma das maiores autoridades no assunto, o professor Hans Kohn. Para o professor Kohn é hoje a União Soviética a única grande região do mundo que, habitada por muitas raças, não dá sinal, no que respeita pelo menos às relações oficiais, de nenhum preconceito de raça, sob qualquer forma. É o único país "onde a crença racional na completa igualdade de todas as raças veio a se tornar doutrina oficial, e onde se realizam enérgicos esforços de valor educativo no sentido de melhorar as condições sociais e econômicas das classes e raças não privilegiadas".*

Não estive nunca na União Soviética e por isso não posso confirmar com depoimento pessoal o que assevera o professor Kohn. Mas sei que o Brasil, embora longe de estar inteiramente livre do preconceito de raça, tem contudo instituições oficiais, tanto como semioficiais e privadas, mais avançadas do que algumas organizações ostensivamente cristãs, no que se refere aos problemas de relações entre as raças, consideradas sob critério democrático e cristão.[2]

Tão geral é no Brasil essa atitude que a própria política externa do país tem sido obrigada a adaptar-se a ela: se nem sempre pela

---

* "Race Conflict", *Encyclopedia of the Social Sciences*, XIII, p. 40. Veja-se também Hans Kohn, *Orient and Occident,* Nova York, 1934; e Paul Lewinson, *Race, class and party*, Londres, 1932.

iniciativa de líderes oficiais e de diplomatas impregnados de convencionalismo europeu, ao menos pela pressão dos seus líderes intelectuais – líderes mais efetivos do que aqueles, ainda que sua ação não se revista de caráter oficial –, cuja influência só faz aumentar tanto entre os elementos do povo comum que formam a opinião pública fundamental brasileira como entre a juventude intelectual e a *intelligentsia*. No que diz respeito a atitudes em face dos problemas ligados às relações entre as raças, nenhum aliado da União Soviética pode-se encontrar, entre as mais poderosas nações da América, que tenha, como o Brasil, tantos pontos de semelhança ou tantas afinidades.[3] E, tendo em conta, como devemos ter, a crescente importância desses problemas na vida internacional e no campo das relações inter-humanas, é fácil poder antecipar que essa solidariedade tende a ser alguma coisa mais do que vago ou sentimental humanitarismo: é provável que seja a base para uma ação comum ou para iniciativas comuns no campo do direito internacional, no qual à Rússia e ao Brasil caberá talvez o papel de, juntos, sugerirem importantes transformações nas atitudes e no comportamento político ou jurídico dos modernos povos democráticos. Essas sugestões se baseariam não em teorias vagas ou puramente sentimentais, mas em experiências concretas de cada uma das duas comunidades – a soviética e a brasileira – como regiões quase livres, ou cada vez mais livres, de preconceito de raça ou de conflito ou discriminação racial.

A União Soviética e o Brasil, ainda que fundamentalmente diferentes no modo de conceberem ou entenderem o que seja democracia de organização social, se unirão[4] provavelmente, em futuro próximo, como pioneiros de um movimento no sentido de fazer da igualdade social das raças problema internacional a ser enfrentado quer sob aspecto político ou jurídico, quer sob aspecto econômico. Um movimento semelhante ao que em 1919 uniu comunidades politicamente tão diferentes como a China e o Japão.

Conforme recorda ilustre historiador internacionalista,

> unicamente sobre um problema, dos debatidos em Paris, no ano de 1919, estiveram de acordo chineses e japoneses: no de procurarem induzir o pacto da Liga das Nações a reconhecer a igualdade racial. A França e a Itália apoiaram essa sugestão, mas a Inglaterra, a Austrália

e a Nova Zelândia levantaram-se intransigentemente contra ela. A proposta foi aprovada por uma votação de onze contra seis, abstendo-se de votar Wilson e o coronel House. Wilson, porém, que era o presidente, decidiu que a votação não seria válida desde que não houvera unanimidade.*

Quaisquer que tivessem sido as razões de Wilson para essa decisão, ela não foi menos criticada pelo Japão, que muito se ressentiu com essa atitude dos Estados Unidos. No Brasil, o fato teve pouca repercussão e mal afetou a enorme popularidade de Woodrow Wilson. Mas o Brasil vai adquirindo cada dia mais consciência deste fato ou realidade: a sua população mestiça favorece no povo brasileiro sentimentos de solidariedade com as nações asiáticas, africanas e indo-hispânicas também mestiças de cor.

Ocupa hoje o Brasil lugar mais importante na vida internacional do que em 1919. É que desde esse tempo tem sido considerável o seu desenvolvimento intelectual tanto como o seu desenvolvimento econômico: os seus escritores, artistas e homens de ciência sentem-se agora mais livres para exprimir – algumas vezes para glorificar – os aspectos não europeus ou não caucásicos da cultura brasileira. Essa atitude significa que o Brasil provavelmente tomará papel importante no movimento que se acentuar em nossos dias a favor da promulgação do princípio da igualdade de raças.

Existe já, por antecipação, pedido da China nesse sentido: pedido para que a futura organização que tiver por objetivo a segurança mundial reconheça a doutrina da igualdade de raças. E a Rússia vem agitando constantemente o problema. Falando aos mexicanos, o último embaixador soviético no México, Constantin A. Oumanski, observava há pouco que tanto na guerra como na paz Stalin há de pôr sempre em primeiro plano "a abolição da discriminação de raças"; e também que, na conferência das três potências em Moscou, Stalin projetou na política estrangeira russa esse princípio, já estabelecido na sua constituição; isto é, a abolição da discriminação de raças.

---

* Hallett Abend, *Treaty ports*, Nova York, 1944, p. 242.

Na mesma época em que o embaixador Oumanski fazia tais observações sobre a atitude da Rússia, Carleton Beals, especialista norte-americano em questões latino-americanas, ouvia de alto funcionário mexicano das Relações Exteriores – admirador entusiasta dos Estados Unidos – que, devido à discriminação norte-americana de raças, "tão grandemente temida na América Latina, e por causa do nosso [referindo-se aos Estados Unidos] apoio às ditaduras, estávamos em via de perder a nossa direção moral e política nos países situados ao sul do nosso; que os povos e os governos voltar-se-iam cada vez mais para a União Soviética".*5 É precisamente o que vemos acontecer. Latino-americanos de espírito democrático ou liberal desiludidos diante da política estrangeira dos Estados Unidos, que eles acreditam ser de tão decidido apoio à Espanha de Franco quanto a dos elementos mais conservadores da Grã-Bretanha, e também com a atitude antidemocrática dos Estados Unidos em face do problema da igualdade de raças, estão se inclinando para os socialistas ou trabalhistas britânicos e, particularmente, para a Rússia, agora considerada por muitos deles – talvez com certa ingenuidade – nação tão messiânica como a França da Revolução para os seus antepassados dos fins do século XVIII e os Estados Unidos de Washington, Jefferson e Woodrow Wilson para os idealistas da América Latina do começo do século passado ou dos dias que se seguiram à vitória de 1918.6

Um norte-americano perito em assuntos internacionais escreveu há pouco tempo (*Time*, 13 de novembro de 1944) que dificilmente existe hoje um país no mundo em que a influência da Rússia não se faça sentir. Segundo esse observador norte-americano só existe um meio de as nações ocidentais – aquelas para as quais uma vida economicamente segura mas sem liberdade política pouco vale – fazerem frente a essa influência: libertando-se elas mesmas da miséria, do medo e de quaisquer sofrimentos, permanecendo livres politicamente. Essa é que seria a solução ideal para os latino-americanos que persistem fundamentalmente hispânicos no seu amor pela liberdade e pela dignidade pessoal e na sua aversão por tudo o que é regimen-

---

*   Veja-se Carleton Beals, "The Soviet wooing of Latin America", *Harper's Magazine*, agosto de 1944, p. 212.

tação dura ou rígida da vida. Mas o desapontamento deles no que diz respeito ao liberalismo anglo-saxão faz-se cada dia mais profundo. E é o que explica por quê, diante da França reduzida a uma nação de segunda categoria e da Espanha paralisada por um regime semifascista, alguns estejam a olhar para a Rússia como para uma nação messiânica. Até padres católicos ousam tomar essa atitude: o bispo de Maura é um deles.

Os brasileiros têm uma maneira especial de exprimir as suas inclinações políticas ou ideológicas: através dos nomes com que batizam os filhos. Houve época em que esses nomes eram os dos santos do calendário católico e da história sagrada. Até que veio o movimento da Independência e as crianças tomaram nomes ameríndios. Mais tarde, porém, a preponderância coube aos nomes de heróis revolucionários ou românticos franceses, espanhóis e americano-espanhóis: Danton,[7] Lamartine,[8] La Fayette,[9] Benjamin Constant,[10] Chateaubriand,[11] Cid,[12] Bolívar.[13] (Tive um tio-bisavô cujo nome, em vez de ser o de um santo português, foi de "Voltaire".[14]) Veio ainda outra fase – a de nomes tirados da literatura grega e da história romana. Essa fase corresponde ao reino de dom Pedro II, um bom homem mas que levava o seu gosto pelos estudos clássicos a exageros talvez pedantes.

Como viesse depois o movimento republicano, pais antimonárquicos ou extremamente liberais começaram a dar aos filhos nomes tomados à história da Inglaterra e dos Estados Unidos: Milton,[15] Newton,[16] Washington,[17] Jefferson,[18] Lincoln,[19] Gladstone,[20] Franklin. Alguns mais anticlericais foram ao extremo dos nomes de Lutero e Calvino para os filhos. Juarez[21] foi outro nome dado a muito menino. E logo depois da Primeira Grande Guerra não se contam as crianças brasileiras que tiveram o nome de Wilson. É significativo que agora a tendência entre alguns pais brasileiros seja para dar aos filhos nomes que venham de novelas russas, se não da própria história russa.

Parece fora de dúvida que a atitude da Rússia no que toca ao problema das raças vem fascinando os brasileiros de espírito democrático ou liberal e talvez ingênuos. Enquanto o preconceito dos Estados Unidos contra a mestiçagem continua sendo um obstáculo para o desenvolvimento de relações realmente amistosas entre os dois povos.

Há alguns anos um professor da Universidade de Yale, Hiram Bingham, escreveu que a diferença fundamental de atitude entre um americano anglo-saxão e um latino-americano em face do problema de raças tornava difícil, por parte dos americanos anglo-saxões, tratar "com imparcialidade" os seus vizinhos do sul. A dificuldade não desapareceu inteiramente com a política de "boa vizinhança"* e é bem possível que astutos diplomatas russos, assim como os ingleses, igualmente hábeis, tirem partido dela contra os Estados Unidos se a chamada "política do poder" com suas rivalidades entre as grandes potências continuar a dominar nas relações internacionais, com a América Latina feita um dos melhores mercados para as nações imperiais, se não imperialistas, durante os próximos decênios.

Alguns estudiosos de assuntos internacionais acham que, em vez de se mandar a países como o Brasil diplomatas do tipo convencional, que não se ligam senão com os homens do poder, com as autoridades eclesiásticas e com o que tenha de mais fino a sociedade elegante, o governo dos Estados Unidos faria melhor designando para seus postos de representação na República brasileira homens que pudessem dar a conhecer aos brasileiros o trabalho já realizado na América do Norte para se chegar a sistema mais democrático de relações entre as raças: homens mais familiarizados com as atividades do Conselho contra a Intolerância na América do Norte, por exemplo; e com o Bureau de Educação Internacional, com a Associação Nacional para o Progresso das Populações de Cor, com o Conselho Federal das Igrejas de Cristo, com a Conferência Nacional de Cristãos e Judeus, com a União Marítima Nacional, com o Comitê de Justiça na Escolha de Empregados e com o Bureau de Assuntos Indígenas. Poucos brasileiros conhecem alguma coisa da esplêndida obra que vem sendo realizada por líderes democráticos e cristãos dos Estados Unidos no sentido de relações mais democráticas entre brancos e índios, entre brancos e orientais, entre brancos e negros; aquilo de que mais frequentemente ouvem falar é da democracia étnica da Rússia.

---

* *The Monroe Doctrine*, New Haven, 1915, p. 24.

Os resultados de uma política de igualdade de raças tal como é seguida na Rússia moderna,[22] ou de uma igualdade aproximada entre as raças, como a que há muito tempo se faz ou pratica no Brasil, não parecem confirmar os temores dos que, nos Estados Unidos e noutros países, falam ou escrevem da mestiçagem como de uma catástrofe biológica. Pelo contrário: todas as provas parecem antes a favor dos que descrevem os resultados da miscigenação como, mesmo do ponto de vista estético, aceitáveis ou interessantes. Os teóricos da "integridade racial" precisam remoçar os seus argumentos contra a mistura de raças ou inventar novos. Pois os russos que, em boa parte, são de sangue misturado – hoje tão em evidência pelas suas realizações – estão longe de ser o povo degradado ou decadente ou "passivo" ou composto de "raças femininas" que, dominados pelos seus preconceitos de purismo étnico, costumavam chamá-los certos antropologistas e sociólogos do século XIX ou dos começos do atual. Desses sociólogos ou antropologistas, alguns não vacilavam em afirmações como as seguintes: "Os russos, com a sua forte infusão de sangue mongoloide, distinguem-se antes pela sua capacidade de sofrimento e de resistência do que pela ação que preserva a liberdade" (Fritz Lentz); ou "O povo russo [...] é por temperamento passivo, de natureza antes dócil, pronta a obedecer, mais feminino do que masculino em caráter" (F. R. Radosavlevich); ou "As raças europeias com uma forte infusão de sangue mongoloide são de espírito lento; aferram-se ao tradicional", e "Os métodos técnicos avançados encontram-se muito mais fracos ali do que nas regiões onde predomina a raça nórdica" (Lentz).

Diante das realizações russas, essas afirmações, nos últimos anos, têm sido feitas mais frequentemente em relação a países como o Brasil do que em relação à Rússia. O desenvolvimento do Brasil, porém, como que já começa a tornar inexata a aplicação de tais generalizações ao caso brasileiro. E mesmo os mexicanos, povo de sangue misturado, já não são julgados o mesmo povo "passivo", que nele enxergavam críticos estrangeiros no tempo da ditadura de Díaz.[23]

Nem todos os cientistas alemães, ingleses e americanos que têm estado no Brasil mostraram-se, diante "do aspecto terrivelmente mestiço da maioria da população", tomados do mesmo pessimismo do diplomata e literato francês conde de Gobineau,[24] ou do oficial da Marinha norte-americana do século passado C. S. Stewart. Os mais autorizados, do ponto de vista da sua instrução científica e da sua visão sociológica – homens como von Martius[25] no começo do século XIX, Alfred Russel Wallace, Bates e o professor Konrad Guenther, para não mencionarmos especialistas em antropologia como os professores Rüediger Bilden e Donald Pierson[26] –, têm se manifestado quase entusiasticamente a respeito dos resultados sociais e estéticos da fusão das raças no Brasil. "Mongoloide" ou "negroide" o Brasil vai se impondo com um poder criador em mais de um campo de atividade artística e técnica; e é um país que hoje já recebe elogios pela sua tradicional tolerância de diferenças de raça e pela maneira por que tratou seus escravos e deu-lhes afinal liberdade.

Um dos viajantes mais inteligentes que visitaram o Brasil durante a primeira metade do século XIX foi um norte-americano, o reverendo Walter Colton. E ele é quem observa, em relação aos escravos africanos, que em muitos casos eles tinham, no Brasil, "a liberdade ao alcance da mão, podendo obtê-la, como muitas vezes conseguem, com a sua pura aplicação ao trabalho e a sua frugalidade". Também dele é esta outra observação: que, "uma vez livre, ele [o escravo] vai às urnas e pode ser eleito para ocupar uma cadeira na Assembleia Nacional. Nem ninguém chegaria a ficar histérico vendo-o casar com uma mulher cuja pele fosse mais branca do que a sua. Cabe a nós, norte-americanos, fazer a pregação do humanitarismo, da liberdade e da igualdade, mas depois, na prática, se um africano senta-se a bordo na mesma mesa que a nossa, logo torcemos o nariz. É pena que quem mais prega a igualdade seja comumente quem menos a pratica".* Dois outros clérigos norte-americanos que visitaram o Brasil no reinado de dom Pedro II reagiram da mesma maneira diante da situação etnicamente democrática que nele encontraram; quero me referir a J. C. Fletcher e D. P. Kidder, autores do livro *Brazil and the Brazilians*. O reverendo Fletcher escreveu: "Alguns dos homens mais inteligentes que conheci no Brasil – homens educados em Paris e em

---

* *Deck and port*, Nova York, 1850, pp. 112-13.

Coimbra – eram de ascendência africana, e os seus antepassados tinham sido escravos. Assim, se alguém tem liberdade, fortuna e mérito, seja preto como for, por isso não lhe é recusado nenhum lugar na sociedade. Surpreende observar também a ambição e o desejo de progresso de alguns desses homens com sangue negro nas veias".

Ainda que admitisse a existência, no Brasil, de certo preconceito, nunca com raiz profunda, em favor dos homens de ascendência branca pura, notou Fletcher que, nas escolas de medicina, direito e teologia, nenhuma distinção se fazia quanto à cor da pele dos alunos.*

Já em outra parte aludi ao livro sobre o Brasil escrito há vinte anos por um norte-americano que é homem de formação científica, Roy Nash, como um dos melhores ensaios que já se escreveram sobre o Brasil. Referindo-se ao processo de miscigenação diz esse autor que "no Brasil não se foi ainda tão longe que não se venha encontrar grande número de portugueses, índios e negros sem mistura, e, ainda, alguma consciência de cor e até mesmo de casta; mas, por outro lado, tem ido bastante longe para que se possa esperar que tudo isso desapareça talvez antes de cinco ou seis gerações".** A pergunta: "Provam os quatrocentos anos de história do Brasil que a mistura de tantas e diferentes raças leva à degeneração?" é enfaticamente respondida pelo autor norte-americano: "De nenhum modo. A acusação que se possa fazer de uma classe dirigente, de um sistema econômico, de uma falsa filosofia, não é acusação contra um povo... Muitos são os brasileiros que melhor do que eu sabem quanto o Brasil do futuro tem que ser construído com os tijolos bem cozidos do trabalho e da cooperação, da saúde pública e da educação popular".***

Este é também o ponto de vista dos brasileiros mais capazes e conscienciosos que têm estudado, ou ainda estudam, a história social e as condições étnicas e sociais do seu país, como o professor Roquette-Pinto. Em ensaios sociológicos e em obras antropológicas eles não têm cessado de reclamar a urgente necessidade de uma política brasileira de recuperação social. As regiões em que a escravidão

---

* *Brazil and the Brazilians*, Boston, 1879, p. 133.
** Roy Nash, op. cit., p. 60.
*** Ibidem, pp. 356-357.

foi durante séculos o sistema dominante de organização social podem comparar-se àquelas que sofreram as devastações de grandes e sucessivas guerras: elas pedem recuperação social e não a simplista substituição da população mestiça por "arianos" desejada por alguns.

A política exterior do Brasil tende a ser cada vez mais afetada por uma progressiva mudança na base econômica da estrutura social do povo brasileiro, mudança que vai da escravidão e de um regime semifeudal de agricultura ou de monocultura, e de latifúndio, a um regime econômica e socialmente democrático caracterizado pela diversidade das culturas e pela fragmentação das grandes ou imensas propriedades. Essa mudança permitirá ao Brasil atrair o melhor tipo de imigrantes, livrando-se da necessidade – que experimentou no fim do século passado – de procurar *coolies* chineses para substituir a mão de obra escrava. Torna também possível a elevação do nível de vida dos descendentes de índios, negros e também europeus que têm vivido mal alimentados, dentro de uma pobreza quase oriental e, o que é mais, sem terra para plantar, num país famoso pela enorme extensão de fazendas malcuidadas e pela muita terra desocupada que ainda tem.

Antropólogos e sociólogos dos que melhor parecem conhecer o Brasil acreditam que a parte pobre e miserável da população totalmente branca ou mestiça não necessita senão de melhores oportunidades para provar a sua capacidade e a sua resistência.[27] E, tendo convivido com os brasileiros do centro do país, Theodore Roosevelt[28] – estadista arguto e experimentado – escreveu que os homens do povo que ele conheceu no Brasil eram "resistentes e fortes como touros". E ante a "inteligência" dos oficiais do Exército brasileiro com quem viajou – tantos deles homens de sangue misturado – muito se admirou "diante da ignorância dos que não se dão conta da energia e da força que muitas vezes possuem os homens dos trópicos e que tão facilmente podem se desenvolver nesses mesmos homens".*

Poucos brasileiros conscienciosos, particularmente os das gerações mais novas, revelam quaisquer dúvidas quanto à energia e à

---

* *Through the Brazilian wilderness*, Nova York, 1914, p. 254.

capacidade dos seus compatriotas doentes e necessitados de terra e a quem não se tem dado nenhuma oportunidade para desenvolverem as suas qualidades e tornarem-se aptos a contribuir eficientemente para o crescimento do Brasil. Atualmente muitos são os que consideram a integração desses homens na comunidade brasileira como elementos ou valores criadores mais importante do que atrair imigrantes para o Brasil. Ambos os problemas – o de desenvolver o potencial humano indígena por meio da educação, do saneamento e da democratização da propriedade da terra, e o de atrair imigrantes – reclamam do Brasil uma atitude cada vez mais democrática no que diz respeito às relações humanas dentro do país ou a essas mesmas relações com povos estrangeiros.

A política exterior do Brasil está condicionada pelo fato de que, sendo um país que se encontra no começo de uma fase de industrialização, de mecanização de sua agricultura e de colonização científica de regiões como as do Amazonas, necessita de imigrantes. Mas tal necessidade não afeta somente a sua política exterior: afeta também sua política interna, desde que não é possível nenhuma colonização do Brasil por homens livres sem uma disposição mais democrática das terras públicas.

Bryce lamentou a ausência não só no Brasil mas em outros países sul-americanos, que conheceu há mais de trinta anos, de pequenos proprietários, em quem o interesse por uma boa administração fosse bastante inteligente e forte para despertar neles o dever cívico.* Somente em certas regiões do Sul do Brasil é que está se verificando hoje o desenvolvimento da propriedade pequena ou média de modo apreciável. E a propósito cabe-me destacar de novo este aspecto do problema: na colonização da maioria das áreas do norte e do centro do Brasil será inútil todo o esforço de imigrantes-pioneiros sempre que se fizer por forma puramente individual. Alargando a tradição das *bandeiras*, eles terão que se organizar em grupos de cooperativas protegidas pelo governo brasileiro ou por organizações especiais.

Como indivíduos, os brasileiros do Nordeste, os que se fixaram, ou se vêm fixando, no Amazonas têm sido simplesmente heroicos.

---

* Bryce, op. cit., p. 537.

Alguns deles têm feito maravilhas pela colonização dessa zona. Mas pouco é o que se pode conseguir por esse método puramente individual. A colonização brasileira do Amazonas terá provavelmente que ser esforço de cooperação. Nesse esforço, o Exército nacional encontrará maior oportunidade para promover, em grande escala, o saneamento de vasta região tropical do que teve o Exército dos Estados Unidos no Panamá.

Alguns brasileiros insistem de vez em quando na conveniência de empregar-se o Exército, cuja missão é sempre a de defesa nacional, em realizações de obras públicas ligadas à mesma defesa; e uma dessas realizações seria a construção de estradas de ferro, que servissem, ao mesmo tempo, a fim estratégico, econômico e cultural. É esta uma antiga ideia francesa, nem sempre bem recebida por defensores ortodoxos dos exércitos de fins exclusivamente militares. Apesar disso, houve um francês bastante audacioso para sugerir, há anos, que se a nação coopera com o Exército em tempo de guerra não é nada demais que o Exército coopere com a nação em tempo de paz. Até certo ponto, isso tem sido feito no Brasil. Até no estrangeiro se conhece a obra notável realizada pelo general Rondon[29] e por outros oficiais do Exército brasileiro entre as tribos selvagens do centro do Brasil e da construção de estradas de ferro e de linhas telegráficas nessa parte do país. O Exército brasileiro pode realizar obras dessa natureza, em escala ainda maior, na região do Amazonas, cuja colonização constitui empresa pesada demais para caber a simples indivíduos.

A ideia do desenvolvimento semimilitar de uma região selvagem ou quase selvagem não é nova. Há mais de meio século um brasileiro, Henrique Veloso de Oliveira, apresentou inteligente plano para a colonização por "exércitos industriais" tanto das antigas regiões brasileiras – as dominadas, durante séculos, pelos proprietários feudais – como das de terras virgens. Os membros dos chamados "exércitos industriais", em vez de agir como pioneiros individuais, teriam que agir sob um plano. O método desse plano seria o da cooperação. Teria que se desenvolver também uma agricultura diversificada e, ao mesmo tempo, seria estimulado nos homens o espírito de pioneiro.

O elemento básico de tais "exércitos industriais" seria formado por jovens brasileiros. E logo que prosperassem viriam a eles se reunir colonos europeus. Um certo número de moças europeias teriam que ser importadas para se casarem com os jovens brasileiros dos "exércitos industriais", que, bem-sucedidos e prósperos, prefeririam, talvez, para esposas, mulheres louras. Entre os brasileiros haveria brancos descendentes de europeus, mas também de sangue misturado. Como os imigrantes portugueses, espanhóis, italianos e mesmo alemães, homens e mulheres, não têm hesitado em casar com brasileiras ou brasileiros de origem índia ou negra, não teria sido difícil o desenvolvimento de uma democracia étnica entre os "exércitos industriais" imaginados por Veloso de Oliveira.

Parece-me coisa para lamentar que o plano de Veloso de Oliveira nunca tivesse sido posto em prática. Provavelmente teria esse plano resolvido alguns dos problemas relacionados com a colonização europeia do Brasil, especialmente o da disposição ou redistribuição democrática das terras públicas ou feudais. Como disse antes, o problema é sério, destes que o Brasil tem que enfrentar antes que camponeses e agricultores europeus dos bons, dos sólidos, dos desejáveis, venham se estabelecer no nosso país livres do rigoroso controle dos agentes dos seus respectivos governos, tal como aconteceu com os japoneses e com alguns grupos europeus, nos últimos anos. O controle dos imigrantes compete ao governo brasileiro, ainda que se possam fazer acordos concedendo aos governos europeus ou de outros continentes o direito de ter representantes próprios, como colaboradores do governo brasileiro no que se entenda com os problemas de migração que forem de interesse comum.

A política externa do Brasil durante muito tempo será influenciada por essas suas relações com os países cuja tendência é para continuar a enriquecer a América portuguesa com o seu sangue, os seus valores humanos, o trabalho dos seus camponeses, dos seus operários, dos seus artesãos. Pois o Brasil necessita de imigrantes.[30] Para fazer frente a essa necessidade, espera o Brasil receber dos vários países da Europa grande número de trabalhadores agrícolas e industriais. Alguns observadores do assunto acham que o agricultor italiano adapta-se particularmente bem ao modo de vida brasileiro. Mas quer do ponto de vista político, quer do econômico e cultural, o mais acertado para o Brasil é admitir o maior número possível de imigrantes agrícolas procedentes de Portugal; estes e os espanhóis são o tipo de imigrantes de que o país necessita para base ou lastro de uma nova camada de imigração europeia.

O rápido desenvolvimento industrial do Brasil afetará muitíssimo – aliás, já está afetando – a sua política extrema. Diz-se que a América portuguesa mais dia menos dia estará pronta para produzir todo o aço de que necessita para o seu próprio uso, e, eventualmente, em quantidade bastante para exportar. Isso implica importante mudança na economia do país e também na sua vida política e nas suas relações exteriores. Do ponto de vista político internacional, por exemplo, a diversidade da produção e a industrialização significam que a economia do Brasil deixa de ser passiva ou semicolonial. Como muito bem disse o professor Normano no seu *Brazil: a study of economic types*, "o caráter monoprodutivo da economia brasileira submeteu o Brasil ao cativeiro dos preços mundiais", e "a mudança nos principais produtos influi não somente sobre a política nacional como ainda sobre a internacional... O principal mercado para o açúcar, o ouro e o algodão era a Europa. A borracha e o café eram a ponte para os Estados Unidos".* Com o desenvolvimento, porém, de indústrias próprias, a economia brasileira está se tornando ativa, e isso significa uma maior independência nas suas atitudes políticas. E o fim, ou o começo do fim, do seu semicolonialismo.

Com a expansão da sua indústria têxtil o Brasil está se tornando também grande exportador de tecidos de algodão para outras nações da América Latina. Até certo ponto, corresponde isso à adaptação de roupas ao clima tropical e aos gostos, quase iguais ou comuns, que tornam grande parte da população brasileira semelhante a parte, igualmente grande, da população da América espanhola, especialmente da América indo-espanhola. Muitos, porém, dos produtos brasileiros de algodão e seda são hoje vendidos nas repúblicas latino-americanas que ficam na zona temperada. E esse fato significa outra transformação na vida e nas relações econômicas brasileiras, pois semelhante aumento de comércio do Brasil com as repúblicas vizinhas tende a estimular o

---

*   Pp. 55-56.

desenvolvimento, na América Latina, do que alguém já chamou "uma fase de mútuo descobrimento".

A conversão dos atuais aeródromos militares do Brasil em aeroportos comerciais provavelmente há de estreitar as relações da República brasileira com as demais repúblicas americanas e também com a África portuguesa, as ilhas do Cabo Verde, os Açores, Madeira e Portugal. O Brasil já conta com uma fábrica de motores para aeroplanos. Graças ao desenvolvimento das suas regiões industriais, a exploração de alguns dos seus muitos e valiosos recursos, e seu progresso técnico e intelectual, o Brasil está tomando o papel, sob muitos aspectos, importante, de país líder de todos os povos de fala portuguesa. É mesmo possível que eles não estejam longe de se organizar em uma espécie de federação com uma cidadania comum e outros direitos e responsabilidades da mesma forma comuns. Naturalmente que a isso deverão seguir-se deveres recíprocos.

Não deixa de ser interessante notar a crescente tendência das novas gerações da África Portuguesa, das ilhas do Cabo Verde, e dos Açores, para seguir inspirações e sugestões procedentes do Brasil. A nova literatura e a nova arte brasileira, assim como os recentes progressos nos estudos sociais e científicos, feitos no Brasil, por cientistas e intelectuais brasileiros e conforme métodos mais ousados e modernos do que os conhecidos em Portugal, parecem estar afetando o tradicional sistema de inter-relações no mundo de fala portuguesa de modo a fazer do Brasil o seu centro intelectual, artístico e científico.

O sr. Júlio Dantas,[31] notável intelectual português, não faz senão concordar com a opinião de outros críticos portugueses, quando diz que os melhores escritores da língua portuguesa encontram-se hoje no Brasil. E pode-se observar ainda que alguns dos mais eminentes eruditos portugueses estão fixados no Brasil, onde ensinam em escolas ou universidades e onde escrevem e publicam os seus livros. O que não quer dizer que Portugal não continue o reservatório dos muitos valores ancestrais ou tradicionais que nenhuma das suas colônias atuais ou antigas é capaz de produzir. Nem mesmo o já amadurecido Brasil.

A política externa brasileira acha-se condicionada também pela situação geográfica do país como nação americana. Devemos estar na primeira fase de desenvolvimento de outra federação de que o Brasil parece ser membro tão natural como o é da federação de fala portuguesa: a federação pan-americana ou interamericana. E essas duas federações, se elas se desenvolverem, podem vir a ser subfederações em relação a uma outra ainda mais larga: a federação atlântica, em que o lugar a ser ocupado pelo Brasil será determinado pela sua geografia e pela sua história.

Do ponto de vista da ecologia vegetal ou animal, a América do Sul pode ser um continente, e a América do Norte, outro. Do ponto de vista da ecologia humana, a América Latina pode ser um continente, e a América anglo-saxônica, outro. De ponto de vista mais largo, porém, e em que se tomem em consideração todos os aspectos de interdependência entre as nações americanas – interdependência não só quanto a espaço mas quanto a todas as relações físicas e sociais –, o continente americano adquire cada vez mais característicos de continente único. E como tal exige uma política continental combinada em que a variedade prevaleça sobre a preocupação de excessiva uniformidade.

As nações americanas parecem ter inimigos comuns. Todas as evidências nos levam a acreditar que um imperialismo feudal, japonês ou alemão, seria muito menos tolerante com uma América Latina étnica e culturalmente livre e democrática nas suas aspirações e tendências, do que é ou tem sido o imperialismo burguês britânico ou anglo-americano. Com todas as suas imperfeições, a Grã-Bretanha e os Estados Unidos vêm constantemente aperfeiçoando, ou procurando aperfeiçoar, os seus sistemas politicamente democráticos ou, antes, os seus métodos de valorizar as relações inter-humanas e igualmente as diferenças humanas dentro de critério democrático.

As nações latino-americanas afirmaram sua existência por uma rebelião generalizada contra os sistemas autocráticos europeus de repressão das diferenças humanas e de cultura e de exploração do trabalho humano. Resultou sua independência política de um movimento de revolta cujo motivo foi em essência o mesmo da Revolução dos norte-americanos: taxação sem representação. Separaram-se da Espanha e de Portugal porque estavam sendo exploradas e, ao mesmo tempo, reprimidas – reprimidas intelectualmente, economicamente e politicamente – por estreitos políticos portugueses e espanhóis, ou por estreita política metropolitana de exploração de colônias.

Desde sua primeira tentativa para tornar-se nação independente que o Brasil procurou entrar em aliança ofensiva e defensiva com os Estados Unidos, contra as ameaças portuguesas de reconquista. O primeiro *chargé d'affaires* brasileiro nos Estados Unidos foi ao ponto de propor uma aliança entre o Brasil e os Estados Unidos "para resistir a intervenção europeia no caso de Portugal pedir auxílio a aliado".* Mesmo antes, na tentativa do Brasil para separar-se de Portugal em 1817, através de uma romântica e malsucedida revolução republicana, os rebeldes de Pernambuco procuraram atrair o auxílio dos Estados Unidos para a sua causa. E anteriormente, no século XVIII, os rebeldes de Minas Gerais procuraram, sem nenhum êxito, através de um estudante chamado Maia, a esse tempo na França, interessar a Thomas Jefferson nesse primeiro esforço dos brasileiros para a sua independência. Segundo Oliveira Lima,[32] o apelo dirigido de Filadélfia ao presidente dos Estados Unidos por esse plenipotenciário *in partibus* dos republicanos brasileiros de 1817 continha os princípios essenciais do pan-americanismo. Continham em forma empírica o plano ou a "concepção científica" de Bolívar de união americana.

Talvez o fracasso dos republicanos brasileiros de 1817 para obter a ajuda dos Estados Unidos tenha sido em parte devido ao fato de terem eles enviado um homem de cor como seu emissário. Mas isso é outra história.

Somente em 1857 é que a ideia de uma aliança dos Estados Unidos com o Brasil haveria de ser oficialmente considerada pelo governo norte-americano. O então ministro dos Estados Unidos no Rio, Richard Kidder Meade, num discurso apresentando suas credenciais ao imperador Dom Pedro II, disse que "tal aliança asseguraria para a defesa mútua uma unidade de ação e de sentimento que se provaria invencível no futuro".

Logo depois, porém, a ideia dessa aliança política desapareceu sob concepção mais larga das relações interamericanas: a chamada

---

* Oliveira Lima, "Brazil's foreign policy" (conferência publicada em Williamstown, agosto de 1922, ms.).

"concepção científica" de pan-americanismo que Bolívar foi o primeiro a esboçar. O que, entretanto, não desapareceram foram as semelhanças e diferenças que tanto aproximam o Brasil dos Estados Unidos e fazem com que os dois países se completem entre si de uma forma toda particular.

Do ponto de vista puramente social, têm sido tais as mudanças para melhor nas relações entre os dois povos que hoje um homem de cor, enviado como emissário do Brasil aos Estados Unidos, teria provavelmente ali uma recepção, se não calorosa, ao menos polida. Pelo menos, da parte dos norte-americanos mais cultos.

Este ponto é importante: a mudança na atitude norte-americana em relação a homens de raças de cor parece a alguns estudiosos das relações interamericanas essencial ao desenvolvimento do pan--americanismo, se pan-americanismo vier efetivamente a significar reciprocidade e respeito mútuo.

Não devemos nos esquecer de que o sucesso comercial dos alemães no Brasil antes de 1914 foi, em grande parte, devido ao fato de serem eles mais socialmente democráticos na América Latina do que os anglo-saxões. Se alguns alemães se têm ligado a antigas e ilustres famílias brancas ou branco-índias, do Brasil, muitos deles – como muitos portugueses, italianos, espanhóis e franceses – têm se casado com belas mulatas, quarteronas ou oitavonas. Não quero dizer com isso que o matrimônio inter-racial seja requisito indispensável para um bom e completo pan-americanismo. Nem tampouco insinuar que todo americano, do Norte ou do Sul, deva casar fora da sua classe ou de sua raça, para ser um bom pan-americano. Nada disso. Os casamentos internacionais ou inter-raciais são sempre aventuras, da mesma maneira que é aventura, com a atual organização social da civilização do Ocidente, o homem casar-se com mulher de posição acentuadamente inferior à sua. Uma das consequências desagradáveis pode ser o conflito doméstico de culturas, em que as sogras desempenhem um papel importante. Mas, na América democrática, a cor e a raça não devem ser por si mesmas tabu contra aventuras dessa espécie, em que tantos indivíduos têm sido felizes ou bem-sucedidos. Ninguém que tivesse esposa mais devotada e mais compreensiva do que o psiquiatra brasileiro Juliano Moreira, que era negro escuro; e ela, alemã. Claro que outros casos poderiam ser mencionados.

Reciprocidade e mútuo respeito parecem-me a base essencial para o desenvolvimento de relações interamericanas realmente amistosas. Esse mútuo respeito deve levar em consideração o fato de que uma tradição democrática é comum a todos os americanos, latinos e anglo-saxões. Os latinos têm desenvolvido o aspecto étnico da democracia mais do que o político, e os anglo-saxões, o puramente político mais do que o étnico. Desde que se tornem realmente bons vizinhos e cada vez mais democráticos na sua organização – inclusive na sua economia – e na sua cultura, naturalmente uns e outros se enriquecerão com os melhores resultados dos seus respectivos progressos nesta ou naquela especialidade.

Seria, porém, erro sociológico alguém trabalhar pela uniformidade no continente americano, em vez de trabalhar pela unidade dentro da variedade. Apenas o respeito pela variedade não deve ir tão longe que possa tolerar no continente americano instituições tão antidemocráticas e tão antiamericanas como o caudilhismo e os linchamentos, o antissemitismo e o ku-klux-klanismo.

Ainda que a parte, por assim dizer, estática do povo, ou da população, brasileiro, influenciada por quatro longos séculos de vida e de trabalho sob o regime da escravidão, se incline a tolerar o paternalismo despótico dos caudilhos, há uma outra parte viva e dinâmica, cujo desejo para elevar-se social e culturalmente, e para melhorar as suas condições de vida material e intelectual, se manifesta na direção oposta. Essa é também a atitude da maioria dos brasileiros que descendem dos velhos senhores: também esses brasileiros se opõem ao caudilhismo como forma de governo que corresponda à cultura do seu país. Pode ser que alguns deles se inclinem para formas de governo antes parecidas com as dos britânicos, na sua combinação do controle aristocrático dos negócios públicos com a oportunidade democrática aberta a todos os que sejam capazes de participar desse controle, do que com as dos norte-americanos. Mas também aqui estamos diante de outra história.

Os observadores estrangeiros que generalizam acerca do Brasil, não levando em conta senão o lado politicamente morto ou desarticulado do seu povo, parecem apressados demais nas suas conclusões em favor de regimes fortemente paternalistas para a América portuguesa, ou para a América Latina, em geral. Vários séculos antes que o fascismo e o nazismo se manifestassem na Europa, já o Brasil havia provado tanto o bom como o mau de um regime quase fascista ou quase nazista, sem se entregar às suas seduções. Refiro-me às missões ou reduções dos jesuítas. É bem sabido que os jesuítas exerceram um controle paternalmente benévolo sobre numerosos grupos de índios do Brasil e do Paraguai. E sua técnica de domínio era perfeita: faziam grandes imagens de madeira de santos de aspecto terrível, dentro das quais se metia um homem (um jesuíta) para dizer aos índios o que eles deviam fazer.

Tive ocasião de conhecer algumas dessas velhas imagens no Rio Grande do Sul: uma criança não poderia vê-las, sem o risco de ser tomada de profundos pavores noturnos. Não se pode, contudo, negar que, no Brasil como no Paraguai, os jesuítas tenham sido administradores eficientes. Procuraram desenvolver o mais possível a agricultura e a indústria nas reduções, e nelas introduziram plantas úteis. E conservaram sempre, sob sua rígida disciplina paternalista, cada detalhe da vida diária do índio das missões. O professor Walter Goetz, tratando do "Estado" jesuítico do Paraguai – do qual houve um como prolongamento no Sul do Brasil –, escreveu que "era uma autocracia virtual, que controlava a população indígena por meio de regulamentos comunistas – econômicos e sociais".* Acrescentando: "Que os indígenas recebiam bom tratamento dos jesuítas é coisa fora de dúvida". Mas no fim um "bom tratamento" que tendia a conservar homens-feitos na eterna situação de crianças.

Outro estudioso, não menos autorizado, do assunto, José Ots y Capdequi, reconhece essa mesma eficiência no que diz respeito à prosperidade material. Mas não oculta que "o regime das missões tornava impossível o desenvolvimento de personalidades confiantes em si mesmas".** O regime das missões era também imperialista: imperialista pela sua falta de fé no indígena. Seus organizadores parecem ter tido pouca, ou nenhuma, confiança na capacidade dos indígenas e dos descendentes dos colonos espanhóis e portugueses da

---

*   Walter Goetz, "Jesuits", *Encyclopedia of the social sciences*, VIII, p. 388.
** "Native Policy", *Encyclopedia of the social sciences*, XI, p. 259.

América, tanto crioulos como mestiços, para qualquer espécie de autonomia: autonomia cultural ou autonomia política.

Se visitarmos hoje a parte do Brasil que esteve sob o domínio mais direto dos jesuítas, não encontraremos, entre os descendentes dos índios das missões, recordações agradáveis desse regime paternalista, e sim ódio à memória dos bem-intencionados mas autocráticos missionários. Não sei de nenhum brasileiro, dentre os nativos dessa região, que tenha o mais leve entusiasmo pela memória dos antigos senhores teocráticos das missões do Rio Grande do Sul. Nada que se pareça com o sentimento de tolerância do antigo paternalismo benévolo das casas-grandes que se nota entre alguns dos descendentes dos escravos de engenho do norte do Brasil. Pelo contrário: parece que o grito de guerra dos índios do século XVII contra os jesuítas das "reduções" ainda hoje inspira nos seus descendentes sentimentos de revolta contra toda disciplina autocrática que se queira exercer sobre suas vidas. Refiro-me ao célebre grito de guerra: "Me mata mas não me reduz".

Com essas tradições ainda vivas no Brasil – vivas entre os grupos mais dinâmicos da sua população, tanto de instruídos como de analfabetos –, é possível concluir que este país está à vontade, e não à força, entre as nações ou as comunidades modernas que mais se inclinam para a democracia; entre os povos que se inclinam para a democracia não somente através do processo social e etnicamente democrático de amalgamento de raças e de interpenetração de culturas – processo sempre ativo entre o povo brasileiro – mas, também, através da tendência de muitos brasileiros para formas de governo em que o desenvolvimento da personalidade humana não seja jamais sacrificado a nenhum despotismo, por mais eficiente.

Parece que o ideal brasileiro da felicidade humana (ideal formado por tradições e tendências vindas tanto da *intelligentsia* como da gente comum) não se reduz à conquista de vantagens ou comodidades puramente materiais. Esse ideal inclui o desenvolvimento da personalidade humana por processos que parecem ter sido determinados mediante o largo intercâmbio de valores intelectuais e morais que o contato democrático entre várias raças e culturas tornou possível.

Parece que ao Brasil há de caber notável contribuição em relação ao desenvolvimento da personalidade humana no mundo moderno. Essa contribuição virá provavelmente do tipo extraeuropeu de civilização que os grupos mais dinâmicos e criadores da população brasileira estão desenvolvendo, a despeito de imensas dificuldades. E se manifestará na política interamericana e exterior do Brasil tanto como na arte e na literatura autenticamente brasileiras. Política, arte e literatura que dão em pura hipocrisia toda vez que o Brasil procura exprimir-se ele mesmo, intelectualmente e politicamente, como nação inteiramente branca ou caucásica; toda vez que age como se os seus interesses, os seus problemas e os seus ideais fossem os de uma nação europeia ou subeuropeia, e não os de uma comunidade americana, nova e dinâmica, que em vez de se envergonhar dos seus elementos básicos de raça e de cultura – ameríndios, judeus e africanos e não apenas europeus – se orgulhasse de todos eles.

Há três anos visitei a Argentina, o Uruguai e o Paraguai e em cada um desses países – especialmente no primeiro – notei que, a despeito da maioria do povo e dos melhores elementos da imprensa serem bons amigos do Brasil, existia bem articulada campanha ou movimento contra o Brasil que me fez lembrar as agitações astuciosamente preparadas pelos agentes secretos alemães nos Bálcãs: movimentos caracterizados pela mesma técnica da guerra psicológica. A agitação na Argentina contra o Brasil nos últimos anos da década passada e nos começos desta, devida talvez a agentes nazistas, tomou a cor ou o aspecto ideológico ou místico de um movimento "nacionalista" a favor de grande figura argentina do passado – o ditador Rosas,[33] representado no espírito do povo como um poderoso e bravo inimigo dos "judeus" e dos "mulatos brasileiros". Segundo certa legenda "rosista", "mulatos brasileiros" por meio de manhosa diplomacia teriam feito passar para o Brasil terras que de direito pertenciam ao "povo branco" da Argentina. A nota do ódio de raça mostra-se de modo característico no movimento pró-Rosas e pró-fascista, antidemocrático e antibrasileiro, na Argentina: um movimento cujo fim principal é separar o povo da Argentina do povo do Brasil.

Essas observações, de ordem geral, sobre a existência de mulatos no Brasil, assim como as afirmações específicas sobre casos, também específicos, de mulatos brasileiros que durante o Império e na República têm sido responsáveis pela política nacional e internacional, ainda inquietam alguns brasileiros sensíveis a tais reparos – os homens de cinquenta, sessenta e setenta anos de idade. Mas não chega a perturbar a maioria dos jovens da nova geração, praticamente livres de qualquer sensitividade, que alguns consideram mórbida, ao fato de possuir o Brasil numerosa população mestiça, da qual têm saído homens de Estado e não apenas intelectuais e artistas notáveis.

Tão fortes são as provas de capacidade para construir uma nova e original civilização na América, já dadas pelos brasileiros das origens étnicas mais diversas, que os jovens do Brasil, observando a verdade como lhes é revelada por historiadores, antropologistas e sociólogos que deixaram de ser subeuropeus nas suas opiniões e tornaram-se americanos no melhor sentido da palavra, se mostram hoje orgulhosos dos seus heróis mestiços, dos seus compositores mestiços, dos seus estadistas mestiços, dos seus escritores, seus artistas, seus industriais, seus inventores, seus homens de ciência e seus administradores mestiços. E poderiam recordar aos puristas raciais argentinos que um grande estadista argentino do século XIX foi mulato, e que o famoso escritor argentino Manuel Ugarte[34] é também mulato.

Como já antes observei, sob o regime monárquico do século XIX, qualquer brasileiro, sem que importasse a sua origem, raça ou cor, podia vir a ser primeiro-ministro e dirigir o país se fosse homem de talento ou personalidade excepcionais. Durante a Primeira República foi coisa natural ver-se um homem como Nilo Peçanha, mulato de origem humilde, suceder, como ministro das Relações Exteriores, a Lauro Müller, homem louro e de olhos azuis puramente "ariano", filho de um colono alemão de Santa Catarina. Há hoje puristas de raça no Brasil: mas constituem grupo muito pequeno e quase ridículo.

Os jovens brasileiros tomam cada vez mais como um dever opor-se a todas as formas do preconceito de raça ou de cor que possam impedir o Brasil e a população daquelas regiões de fala portuguesa, de que o Brasil é hoje o líder intelectual, de levarem para a frente sua vasta experiência no campo da democratização étnica e social. A esse respeito é interessante observar que, no Brasil, mesmo a organização quase nazista ou quase fascista chamada "integralismo" não levantou oficialmente a voz a favor de nenhum preconceito de raça; nem contra os que são a favor da incorporação de todos os elementos étnicos à comunidade brasileira. O que dá bem a sentir o vigor daquela tendência. Daí a observação do professor Lewis Hanke[35] de que "as ideias raciais nazistas não podem esperar senão oposição dos fusionistas culturais latino-americanos". Por outro lado – e isto é mais importante –, acha o professor Hanke que "este grupo" – o fusionista – é mais nobremente nacionalista do que qualquer outro da América Latina.

O fusionismo sendo a tendência dominante no Brasil, o Brasil não pode harmonizar-se com as nações brancas, europeias ou subeuropeias, sempre que elas falem ou atuem nesse caráter e olhem de alto as nações não europeias. Também estaria deslocado entre as comunidades predominantemente de cor cuja consciência de raça seja mais forte do que a sua consciência nacional. Devido às possibilidades de aperfeiçoamento ou ascensão social e de expressão cultural, não houve nunca, entre os descendentes brasileiros de africanos, oportunidade para neles se desenvolver a consciência de "ser negro" que existe nos Estados Unidos até em indivíduos de distante ou remota ascendência africana e de características físicas claramente aceitáveis dentro dos padrões estéticos greco-romanos ou nórdicos.[36]

Notas do organizador

1   Charles Samuel Stewart (1795-1870) publicou, em 1832, *A visit to the south seas, in the US ship Vincennes, during the years 1829 and 1830; with notices of Brazil, Peru, Manilla, the Cape of Good Hope and St. Helena.*

2   Na edição de 1964, Gilberto Freyre acrescenta: "Recentemente, informações idôneas vindas da União Soviética não confirmam o otimismo desses observadores, com relação ao tratamento oficial que essa poderosa República dispensa aos israelitas, e tampouco aos indivíduos ou grupos de cor. Sem dúvida, há na atualidade esforços em toda a União Soviética a favor das raças denominadas de 'subprivilegiadas'. Mas esses esforços são prejudicados por um notável preconceito, não somente antissemita, como também contra os negros. E estes são tão numerosos que não é possível considerar que a atitude da União Soviética, ao tratar desse delicado problema, esteja em nítido contraste com a da União Sul-Africana ou dos Estados Unidos da América. Nos dias que correm, o Brasil é, talvez, a nação que mais se destaca por suas práticas de democracia étnica, tão distintas do segregacionismo, ainda muito forte, que encontramos na União Sul-Africana ou em certas áreas dos Estados Unidos".

3   Diz a segunda edição mexicana: "No que diz respeito a atitudes em face dos problemas ligados às relações entre as raças, nos pareceu, por um tempo, que nenhum aliado da União Soviética pode-se encontrar, entre as mais poderosas nações da América, que tenha, como o Brasil, tantos pontos de semelhança ou tantas afinidades".

4   Em 1964, Freyre utiliza o condicional: "A União Soviética e o Brasil, ainda que fundamentalmente diferentes no modo de conceberem ou entenderem o que seja democracia de organização social, se uniriam – pensavam até há pouco tempo muitos analistas e estudiosos dos fatos ou das tendências internacionais como pioneiros [...]".

5   A segunda edição mexicana acrescenta: "É precisamente o que aconteceu com latino-americanos liberais ou 'esquerdistas' não comunistas que se voltaram para a Rússia como se ela fosse, na atualidade, a nação messiânica que foram a França da Revolução para os latino-americanos do século XVIII e os Estados Unidos de Jefferson e de Woodrow Wilson para os idealistas da América Latina de princípios do século XIX e de até quarenta anos atrás".

6   Na edição de 1964, Freyre continua: "Há alguns anos os observadores idôneos das relações internacionais vêm notando a crescente influência da Rússia nos países europeus. Segundo um desses observadores, só de uma forma as nações ocidentais, para quem de nada adianta uma vida economicamente segura mas sem liberdade política, podem fazer frente a esse desafio: defendendo-se da miséria, do medo e dos sofrimentos enquanto continuam politicamente livres. Esta seria a solução ideal para os latino-americanos que permanecem fundamentalmente hispânicos no seu amor pela liberdade e pela dignidade pessoal e na sua aversão a uma legislação muito rígida. Mas sua desilusão com o liberalismo anglo-saxão é cada vez maior. É por isso que, diante de uma França reduzida a nação de segunda categoria e de uma Espanha paralisada por um regime semifascista, alguns dirigem seu olhar para a Rússia, como uma nação messiânica. Até alguns sacerdotes católicos adotaram essa postura".

7   George Jacques Danton (1759-1794), líder revolucionário francês, transformou-se num dos personagens emblemáticos da primeira fase da Revolução Francesa.

8   Alphonse de Lamartine (1790-1869), poeta francês, foi um dos principais precursores do reflorescimento romântico. Destacou-se também na vida pública e administrativa de seu país.

9   Marie-Joseph La Fayette (1757-1834), membro de família aristocrática francesa, destacou-se na vida pública, entre outros motivos, por sua adesão à Revolução.

10 Henri Benjamin Constant de Rebecque (1767-1830) participou ativamente do processo revolucionário, como escritor e homem público.

11 François René Chateaubriand (1768-1848) foi um dos escritores românticos franceses que reagiu contra o ideário da Revolução Francesa.

12 Nome pelo qual Rodrigo Díaz de Vivar (1043?-1099) tornou-se conhecido. El Cid Campeador foi uma das grandes figuras militares da Espanha medieval, ligado às sucessivas batalhas contra os muçulmanos na região.

13 Simón Bolívar (1783-1830) foi um dos líderes da independência de diferentes regiões da América espanhola, em especial Venezuela, Colômbia, Equador, Peru e Bolívia. Acalentou projetos de união política dos antigos vice-reinos espanhóis.

14   Voltaire (1694-1778) foi um dos dinamizadores da cena política e intelectual do século XVIII. Perseguido por suas ideias, foi autor de peças de teatro, contos e de uma significativa obra filosófica.
15   John Milton (1608-1674) foi poeta e pensador inglês, autor de *O paraíso perdido*.
16   Isaac Newton (1642-1727), inglês, foi um dos maiores físicos da história da ciência.
17   George Washington (1732-1799) foi general, líder da independência norte-americana e o primeiro presidente dos Estados Unidos.
18   Thomas Jefferson (1743-1826) foi um dos baluartes políticos do liberalismo nos Estados Unidos e terceiro presidente daquele país.
19   Abraham Lincoln (1809-1865) foi presidente dos Estados Unidos durante a Guerra de Secessão.
20   William Ewart Gladstone (1809-1998) foi quatro vezes primeiro-ministro da Grã-Bretanha.
21   Benito Juárez (1806-1972) foi, por mais de uma vez, presidente do México.
22   A segunda edição mexicana traz: "[...] como aquela seguida por algum tempo na Rússia moderna [...]".
23   Porfirio Díaz (1830-1915), nascido em Oaxaca, México, foi presidente e ditador desse país. Depois que foi reeleito presidente em 1884, alterou a Constituição para que pudesse se manter infinitamente no cargo, instaurando uma ditadura que durou 26 anos, até a Revolução Mexicana.
24   Joseph Arthur Gobineau (1816-1882) foi um dos principais teóricos da desigualdade das raças, tendo influenciado diversas teorias racistas posteriores. Seu principal argumento baseava-se na impossibilidade de uma mesma capacidade física, mental e cultural para todas as raças humanas; haveria, assim, uma hierarquia de raças, e nela a raça branca estaria, obviamente, à frente das demais.
25   Karl Friedrich Philipp von Martius (1794-1868), nascido em Erlangen, Alemanha, era botânico e foi enviado para o Brasil em 1817, pelo rei da Baviera. Começou então suas andanças pelo país, em companhia de Johann Baptist von Spix, que resultaram na obra *Viagem pelo Brasil (1811-1820)*, impressionante relato que é, ao mesmo tempo, grande obra literária, reveladora do pensamento naturalista de fins do século XVIII e do início do século XIX, e compêndio artístico.
26   Donald Pierson (1900-1995) merece destaque por seus estudos clássicos sobre comunidade e relações raciais no Brasil. Realizou pesquisa de campo na Bahia entre 1935 e 1937 e viveu em São Paulo entre 1939 e 1957, tendo profundo impacto no debate intelectual e na vida institucional da cidade.
27   Na edição brasileira de 1947: "[...] acreditam que a parte pobre e miserável da população, ou seja, a totalmente branca ou mestiça, não necessita [...]". O texto que apresentamos aparece em *Novo mundo nos trópicos* (p. 159).
28   Theodore Roosevelt (1858-1919) é conhecido também por suas viagens científicas exploratórias, como a que fez ao Brasil, citada por Freyre.
29   O marechal Cândido Mariano da Silva Rondon (1865-1958) iniciou sua carreira como construtor de linhas telegráficas. Formado em engenharia militar, usou sua experiência em percorrer grandes distâncias na floresta amazônica para ascender no Exército, tendo sido nomeado diretor do Serviço de Proteção aos Índios quando de sua fundação, em 1910.

30   Na edição de 1964, Freyre acrescenta: "[...] o Brasil já não necessita tanto de imigrantes estrangeiros – europeus ou japoneses – quanto de uma melhor distribuição dos brasileiros e dos elementos vindos para o seu território da Europa e do Japão. Do ponto de vista da sua unidade psicossocial e cultural, os europeus que mais lhe convêm são, além dos ibero-portugueses e espanhóis, os italianos, sem deixarmos de reconhecer aquilo que o desenvolvimento brasileiro deve aos europeus de outras origens – como os alemães – e aos japoneses".
31   Júlio Dantas (1876-1962) nasceu em Lagoas, Portugal. Escritor e dramaturgo, destacam-se entre suas obras *A severa* (1911) e *A ceia dos cardeais* (1902).
32   Manuel de Oliveira Lima (1867-1928) nasceu no Recife. Parte de sua infância e de sua formação intelectual deu-se em Lisboa, onde se formou em letras, o que em parte explica sua excelente circulação nos meios intelectuais portugueses – foi Oliveira Lima quem inaugurou a cadeira de estudos brasileiros da Faculdade de Letras de Lisboa, em 1924. Seu trabalho como historiador combinou-se com sua carreira diplomática (esteve em Berlim, Washington, Londres, Tóquio, Caracas e Bruxelas). Foi uma das grandes influências de Freyre na juventude.
33   Juan Manuel de Rosas (1793-1877) nasceu em Buenos Aires. Foi ditador da Argentina por quase vinte anos. Seu regime caracterizou-se pela extrema violência e por diversos confrontos internos e externos, até que uma união de brasileiros, uruguaios, franceses e argentinos dissidentes o derrubou do poder em 1852.
34   Manuel Ugarte (1875-1951) nasceu em Buenos Aires. Escritor e político conhecido por obras como *Cuentos de la pampa* (1903) e *Cuentos argentinos* (1908), e por suas denúncias contra o imperialismo.
35   Lewis Hanke foi um destacado latino-americanista norte-americano, com diversas publicações, especialmente sobre a história colonial da América espanhola e sobre a política indigenista colonial.
36   Na edição de 1964: "O fato de existir no Brasil uma democracia étnica que, com todas as suas imperfeições ou deficiências, talvez seja a mais avançada do mundo moderno parece colocar a nação brasileira em posição ideal para atuar como mediadora entre as nações europeias e as novas nações de pessoas de cor da África e do Oriente. Os responsáveis pela política externa do Brasil devem aproveitar tal circunstância no sentido de fazer que a nação brasileira desempenhe uma missão que, sem preconceito contra a condição de Estado americano que caracteriza a vasta República de língua portuguesa, projete sua cultura e seu exemplo de civilização moderna desenvolvida em região tropical pelos brasileiros, em parte mestiços, sobre outras áreas tropicais habitadas por populações também parcialmente mestiças."

6. A literatura moderna do Brasil[1]

A literatura e a arte não pertencem apenas ao domínio de crítica literária ou de arte: incidem também no domínio do sociólogo, do historiador social, do antropólogo e do psicólogo social. Porque através da literatura e da arte é que os homens parecem mais projetar a sua personalidade, e, através da personalidade, o seu *éthos* nacional. Através das artes eles descrevem as condições mais angustiosas do meio em que vivem e refletem os seus desejos mais revolucionários. E ainda, através das artes, exprimem os aspectos mais particularmente oprimidos, tanto como os mais vigorosamente dinâmicos, da sua personalidade e do seu *éthos* nacional.

Durante muito tempo a arte e a literatura brasileira permaneceram quase desarticuladas, se não passivamente coloniais ou subeuropeias. O Aleijadinho, o escultor mulato das igrejas coloniais do século XVIII, na região das minas de ouro do Brasil, foi um dos poucos artistas que surgiram com uma mensagem artística socialmente significativa e uma técnica notável pelo impulso criador, pela audácia e pelas suas características não europeias em um tempo em que predominavam, no Brasil, a literatura acadêmica e a arte puramente de imitação ou de cópia.

O Aleijadinho, filho de um artesão português e de uma negra, nasceu à sombra da escravidão; e terrível doença, que lhe comeu a maior parte dos dedos, parece lhe ter aumentado ainda mais a consciência de estar ligado à parte da população proscrita e aumentado, também, os seus sentimentos de revolta contra o meio social. Ele trabalhava ajudado por escravos negros fiéis. E é fácil ver quão significativas eram as condições materiais e sociais que haviam de favorecer as qualidades tecnicamente não europeias e, algumas vezes, psicológica e socialmente antieuropeias das suas esculturas. Se corretamente interpreto a sua obra, dela pode-se dizer que foi, e continua sendo, uma expressão de revolta contra o meio social e do desejo do brasileiro, nativo ou mestiço, de se libertar dos senhores brancos ou europeus e dos exploradores reinóis do trabalho escravo.

A arte religiosa foi o seu meio de expressão. Às vezes, considerando a obra do Aleijadinho, cuido descobrir nela a revelação de consciente ou inconsciente identificação, por um lado, do mulato, extremamente sensível e potencialmente revolucionário, com Cristo e com os primitivos mártires cristãos (masoquismo) e, por outro lado, com os mais terríveis profetas do Velho Testamento que pregavam contra os pecados sociais e castigavam os pecadores quase fisicamente com suas duras e tremendas palavras (sadismo).[2]

A sua maneira satírica ou sarcástica de exagerar brutalmente, nos oficiais e soldados romanos e nos altos sacerdotes judeus que perseguiram Jesus, não só o nariz mas outras características de raça parece indicar também sua revolta contra a dominação e a exploração de uma região rica, como era a das minas de ouro do Brasil, por arrogantes oficiais e soldados portugueses, e, segundo alguns historiadores, por padres e frades desbragados tanto como por comerciantes judeus que ali chegaram, atraídos pelo ouro e pelos diamantes. Em Minas Gerais, por causa dos grandes lucros que davam as minas de ouro, existiu, no começo do século XVII, rivalidade particularmente dramática entre os portugueses de Portugal (muitos dos quais no século XVIII eram oficiais e soldados arrogantes) e os brasileiros nativos ou natos, alguns deles mestiços de branco e índio, e, por último, mulatos. A população escrava nessa região rapidamente tornara-se uma das mais numerosas da América portuguesa.

Deve-se também notar que, na região das minas de ouro, as relações entre senhores e escravos eram, desde o começo, diferentes das dominantes na região das plantações: menos patriarcais e mais impessoais e, segundo informações de viajantes e de outras fontes, mais cruéis.

O Aleijadinho foi um produto natural, se não lógico, da sua região. Uma intenção simbólica parece existir em toda a sua obra. Provavelmente foi intenção bem conhecida por alguns dos seus contemporâneos, ainda que venha escapando à observação da maioria dos críticos e intérpretes do admirável escultor. É possível que a visão física do Aleijadinho se deformasse com o seu desejo de transmitir aos outros homens uma mensagem política por meio de uma forma então popular de arte – a escultura religiosa. Se não me engano, ele foi, nesse particular, um pioneiro: uma espécie de El Greco[3] mulato nas suas audaciosas distorções da forma humana. Antecipou em dois séculos a obra de Rivera[4] e Orozco,[5] de Portinari[6] e Cícero Dias, artistas modernos latino-americanos em cuja arte há frequentemente uma intenção política simbólica, ao mesmo tempo que uma tendência ao exagero, à deformação, à caricatura. Antecipou-se também à arte literária moderna do Brasil; à arte de romancistas como José Lins do Rego, Jorge Amado,[7] Rachel de Queiroz,[8] para não mencionar senão três dentre os mais característicos; à arte de poetas como Manuel Bandeira,[9] Carlos Drummond de Andrade, Jorge de Lima,[10] Murilo Mendes,[11] Vinicius de Moraes[12] e Odorico Tavares,[13] para citar seis nomes dentre os mais ousados na sua associação de problemas sociais com a arte poética e no impulso para ser a literatura ou a arte expressão de um Brasil extraeuropeu ou ultraeuropeu e não simples eco colonial de uma filosofia da vida puramente europeia e de uma técnica literária ou musical, também exclusivamente europeia. Impulso que se encontra também em Heitor Villa-Lobos,[14] o grande compositor brasileiro.

Embora os escritores mais jovens do Brasil tenham crescido à sombra de influências literárias europeias, e alguns, pelo lado mecânico ou técnico da sua arte, tenham imitado, ou ainda imitem, os europeus, eles persistem fortemente brasileiros pela sua maneira de caracterizar, exagerar e interpretar a vida; pelo frescor e pela verdade da sua visão e também pela fidelidade essencial, não formalista ou convencional, à atualidade viva do Brasil e ao seu passado, que conseguem reviver ou ressuscitar. Alguns deles são também mestres no estilo como o de El Greco: gostam de deformar a realidade quando sentem a necessidade de fazer a realidade mais real ou mais brasileira do que aparenta ser. Deformações dessas podem se achar em algumas das páginas de Jorge Amado, por exemplo, onde a verdade puramente visível é francamente superada pela dramatização poética e algumas vezes política das situações reais.

A sátira, traduzindo um interesse pelos problemas sociais e a revolta contra os abusos políticos, é uma primeira característica da literatura brasileira. Pois, embora nenhum vice-rei, nenhum rei, nenhum imperador, nenhum presidente, nenhum bispo se conheça, em toda a história do Brasil, que tenha sido assassinado, alguns todavia se conhecem que sofreram, nas mãos dos satiristas literários e populares, quase o que possa equivaler à morte ou ao assassinato. Já em 1666, a um governador colonial enviado para Pernambuco pelo rei de Portugal, foi dado um apelido tão ridículo, e ele satirizado tão impiedosamente em verso e prosa por suas trapaças e sua incompetência, que foi fácil a um grupo de brasileiros assaltá-lo quando um dia andava a passear, acompanhado do seu ajudante militar. Tomaram-lhe a enorme espada, puseram-no tranquilamente num navio e o mandaram embora. Isso provavelmente não teria sido possível se os bigodes que ele usava – copiados dos de general alemão do século XVII – não fizessem dele um tão excelente alvo de ridículo.

Nesse mesmo século viveu na Bahia e em Pernambuco um homem de muito talento, Gregório de Matos.[15] Tornou-se principalmente notável pelo seu talento satírico no verso. E, mais do que isso, foi um crítico social de importância considerável. Alguns dos seus versos, em que descreve tipos locais, são obra de um mestre da caricatura e de um penetrante crítico social ao mesmo tempo. Também foi ele o primeiro poeta brasileiro a interpretar as tristezas e as alegrias da vida brasileira na sua primeira fase de transição de padrões quase puramente europeus de cultura aos padrões de uma cultura mestiça ou extraeuropeia. Há pouca piedade ou ternura nos seus retratos de bispos, governadores, senhores de terras, mulheres e padres em evidência, nos quais sempre achava alguma fraqueza humana para rir. Alguns dos seus versos se fizeram populares. Penso que ele deve ser considerado um precursor da literatura social, da arte social e da caricatura social ou política do Brasil. Sob esse ponto de vista foi Gregório de Matos tão importante como o Aleijadinho. E, se ele foi mais intelectual, o Aleijadinho reuniu mais força emocional na sua arte e mais simbolismo nas suas deformações do corpo ou da figura humana. É provável que a arte popular e o verso popular tenham influído mais no escultor do que em Gregório de Matos, pois que, como já disse, o Aleijadinho era filho de negra. Viveu, portanto, em mais íntimo contato com os camponeses e com os escravos do que Matos, bacharel um tanto sofisticado.

A grande arte popular do Brasil colonial foi a dos ex-votos, a das promessas, a das miniaturas votivas, suspensas pelas paredes das igrejas. Arte de ingênua exageração de milagres – como, por exemplo, salvamentos de náufragos por Nossa Senhora ou por algum santo. Essa arte foi variadíssima: esculturas em madeira, barro ou em cera de cabeças, torsos, mãos, pés, corações, fígados, olhos e outros membros e órgãos do corpo humano que eram oferecidos aos santos cuja proteção tinha sido pedida com fervor para a cura desta ou daquela doença.

A queima dos judas foi outro aspecto dessa arte popular. Era uma oportunidade, de que se aproveitava a gente do povo, para satirizar a conduta anticristã de algum senhor local, representado pela figura grotesca de um judas de palha, vestido com roupas velhas. Até na confeitaria indígena, até na confeitaria popular, via-se no Brasil antigo um elemento caricaturesco: caricatura de coisas sagradas como rosários ou de seres respeitáveis como freiras. Os bolos e os doces tinham – alguns deles têm ainda – nomes que provavelmente os católicos ortodoxos dos países anglo-saxões considerariam sacrílegos. *Rosários* era o nome de um deles, um gostoso bolo mencionado pelo norte-americano Ewbank na sua lista dos artigos populares da confeitaria que ele conheceu no Brasil quando aqui esteve no meado do século XIX;* *pedaços do céu* foi o nome de outro; *cabelo de anjo*, o nome de ainda outro. *Barriga de freira*, o nome de mais outro, e este terrivelmente sacrílego. Tão sacrílego como o *toucinho do céu*, nome de

---

* Thomas Ewbank, *Life in Brazil, or, A journal of a visit to the land of the cocoa and the palm* (Londres, 1858), p. 136.

gostoso pudim composto de pasta de amêndoas, ovos, açúcar, manteiga e uma colherada ou duas de farinha.

Mas o sagrado e o profano se misturavam de outras muitas maneiras, como se a caricatura fosse uma coisa ubíqua na vida brasileira. Alguns desses bolos e doces com nomes sacrílegos, os faziam as próprias freiras nos conventos. E os vendedores de bolos e doces eram também vendedores de toscas imagens de santos. Cada uma dessas artes – a de confeitaria e a de escultura de santos – era uma arte popular que se distinguia pela caricatura. A escultura de santos tendia a exagerar, ampliar, exaltar este ou aquele poder do santo, e assim parecia com o ex-voto.

Nascidos nesse ambiente, cercados dessas influências, era natural que o Aleijadinho e, em grau menor, Gregório de Matos, acabassem mestres da caricatura. Especialmente da caricatura social.

A mesma tendência encontra-se nas canções dos brasileiros analfabetos e nos versos populares escritos por poetas do povo para os trabalhadores e camponeses quase analfabetos que não leem ou soletram senão coisas muito simples. Essas canções e esses poemas contam episódios de mais profunda impressão na imaginação popular; e nada neles se nota no sentido de ocultar a verdade. O esforço dos poetas populares é antes para fazer claras, violenta e brutalmente claras, as características mais importantes de uma personalidade ou de um fato, do ponto de vista do leitor ou do auditório. Esta, também, é a técnica da caricatura. Daí poder considerar-se também caricaturesca essa espécie de poesia popular, tão generalizada no Brasil.

Por outro lado essa técnica marca ainda o que existe de mais caracteristicamente brasileiro no teatro nacional no Brasil: a chamada *revista*. Um observador estrangeiro que esteve no Brasil há trinta anos ficou admirado com a liberdade dos autores de *revistas* nas suas caricaturas de personagens políticos, confessando que supunha haver um limite nas críticas de teatro, tanto como da imprensa brasileira, além do qual entrasse em ação a lei contra a calúnia. Mas esse limite, ele não podia imaginar até onde ia. O que viu foi a gente dos teatros abrir-se em gargalhadas quando apareciam em cena caricaturas as mais grotescas de personagens políticos bem conhecidos.

Parece conto mas é verdade que alguns políticos brasileiros, e mesmo estadistas, do Império e da Primeira República, sentiam-se mal quando não se viam caricaturados nas *revistas*, nos jornais ou nas anedotas de café. Um deles, quando nada de irreverente ou cáustico estava se escrevendo ou dizendo a seu propósito, tomava ele mesmo a iniciativa de escrever alguma coisa de tom bem crítico sobre as suas ideias políticas ou sobre a sua personalidade, que enviava debaixo de pseudônimo a algum jornal de oposição. Então, e somente então, é que se sentia bem; sentia-se vivo, dizia; era *alguém* que se temia.

Os que bem conhecem a sociologia psicológica de Pareto[16] sabem quão inteligente era essa atitude de alguns dos líderes brasileiros do tempo do liberalismo político. Às vezes uma espécie de fadiga política parece atingir o povo em face dos seus líderes, e com os mesmos efeitos da fadiga industrial entre os operários. E segundo um especialista nos problemas humanos das civilizações industriais, o professor Elton Mayo (em cujas ideias e obra tive o prazer ultimamente de ser iniciado por um dos seus antigos alunos), cuidadosa pesquisa científica sobre a fadiga industrial parece indicar que o simples fato de se ouvirem as queixas dos operários, mesmo sem nada decidir sobre elas, diminui a fadiga entre eles e, por conseguinte, aumenta a sua eficiência no trabalho. É possível que alguma coisa de semelhante se repita entre os povos politicamente conscientes com relação aos seus líderes, os quais – se esse fato é verdadeiro – muito se enganam quando procuram suprimir a crítica jornalística, parlamentar ou popular aos seus atos e às suas pessoas, a sátira e a caricatura que visem os seus atos e as suas pessoas.

No Brasil, o rei João VI foi ridicularizado por muitos porque comia como um glutão, às vezes trazendo nos bolsos pedaços de galinha assada; mas parece ter tolerado bem tanto as anedotas verdadeiras como as falsas que circulavam em torno dele. E foi a tradição que seguiu o seu neto, o imperador Dom Pedro II, livremente criticado e caricaturado pela imprensa do Brasil por causa do seu entusiasmo pela astronomia e pelo hebraico, deixando esquecidos tantos problemas sociais e tantas necessidades imediatas do seu povo; por causa também da sua quase feminina suavidade em frente a problemas prementes para cuja solução, segundo alguns dos seus críticos, era preciso que o chefe de Estado agisse com mão de ferro. Como já disse, Dom Pedro era chamado "Pedro Banana" – apelido geralmente dado no Brasil às pessoas moles e preguiçosas, mas apelido que pode também exprimir – o que os próprios estrangeiros sabem – insulto pesado. Entre os presidentes da República, um marechal do Exército brasileiro, Hermes da Fonseca,[17] recebeu o apelido de Dudu, e durante os quatro anos de presidente inúmeros foram os artigos e as caricaturas da imprensa fazendo troça dele e do poder que lhe era atribuído de espalhar má sorte. Com o tempo, os três – o rei João VI, o imperador Dom Pedro II e o presidente Hermes da Fonseca – tornaram-se, se não heróis nacionais, pelo menos figuras queridas e por todos tratadas com simpatia senão mesmo com afeição. O próprio sr. Washington Luís,[18] quando presidente da República, apesar de conhecido como "braço forte", não escapou de ser caricaturado em *revistas* de teatro como gastrônomo e boêmio; e foi alvo de muita sátira e de muitos comentários ferinos da imprensa diária.

Outra não foi a atmosfera em que a literatura e a pintura do Brasil vieram a se desenvolver em expressão de crítica e, às vezes, de revolta social. Tanto José Lins do Rego como Jorge Amado são mestres na caricatura em vez de realistas fotográficos. Seus romances lembram as esculturas do Aleijadinho, a poesia satírica de Gregório de Matos e *Os sertões** de Euclides da Cunha[19] no seguinte: embora agudamente sensível à realidade, cada um desses dois romancistas (os mais famosos do Brasil) participa a um tempo do artista e do crítico social; cada um deles é um poeta em prosa; e, ainda que deficientes talvez nas formas mais finas de humor, cada um deles é um vigoroso mestre da caricatura e da sátira da espécie que os homens simples podem compreender.

Às vezes, José Lins do Rego – espécie de William Faulkner[20] brasileiro – escreve como quem simplesmente copia a vida; e ele tem copiado a vida a tal ponto que algumas das suas páginas são como se fossem antes de memórias – escritas, é certo, com vivacidade e

---

*   Este livro foi traduzido recentemente para o inglês pelo sr. Samuel Putnam, com o título de *Rebellion in the backlands* (publicado pela Universidade de Chicago, 1944).

vigor – do que de puro romancista. Tem ele, porém, a tendência para exagerar ou deformar algumas das figuras que recorda – pois recorda mais do que inventa – como para dar-lhes valor simbólico. Uma dessas figuras é Vitorino Carneiro da Cunha.[21] Tem sido ela proclamada pelos críticos que melhor conhecem o Brasil uma espécie de Dom Quixote dos canaviais do Nordeste. Um símbolo e um simples personagem de romance ou uma pura evocação de memorialista.

A mesma coisa tem realizado Jorge Amado em alguns dos seus melhores romances, nos quais tem adaptado à literatura parte da técnica do "ABC", isto é, uma espécie de literatura popular do Brasil por meio da qual se propagam histórias ou biografias de heróis do povo entre as massas de matutos e quase matutos analfabetos ou semianalfabetos do Brasil. O Balduíno,[22] de um dos romances de Jorge Amado, é um herói – o símbolo da vitalidade do negro no Brasil. A propósito, é interessante notar que o nome Balduíno, tal como é usado por grande número de gente mais rústica do Brasil, não pertence ao calendário cristão, no qual muitos pais brasileiros vão buscar os nomes que dão aos filhos. Se não me engano a popularidade desse nome no Brasil vem da corruptela de *Baldwin*, da locomotiva Baldwin! Quando os matutos ou caipiras brasileiros falam de alguma máquina poderosa é de *Balduína* que a chamam. E o herói negro de Jorge Amado parece ter alguma coisa nele da locomotiva que os matutos e os meninos brasileiros tanto admiram: a mesma força. Esse Balduíno é como que o símbolo da vitalidade do povo, da vitalidade afro-brasileira, da nova locomotiva humana que há de puxar o trem social no Brasil.

Dos modernos romancistas brasileiros que se ocupam de problemas sociais – autores como Lins do Rego, Jorge Amado, Rachel de Queiroz, Amando Fontes,[23] Vianna Moog[24] e Érico Veríssimo[25] – pode-se dizer que, embora realistas, são também românticos, o seu impulso romântico voltando-se não tanto para um passado imaginário como para um imaginário futuro.[26] Alguns deles vêm das áreas mais antigas e feudais do Brasil – Pernambuco, Bahia, o Nordeste. E um pelo menos, José Lins do Rego, descende dos Cavalcante, velha mas hoje decadente família do norte do Brasil. Apesar disso vêm esses romancistas fazendo mais do que os economistas, mais do que os políticos, mais do que os demagogos para expurgar não só da literatura brasileira, como do próprio espírito dos brasileiros, os excessos de tradição ou de rotina colonial que perturbam nosso comportamento, prejudicado muitas vezes pela opressão de complexos coloniais de inferioridade em relação à Europa.

Dentro da literatura, tais excessos compreendem escrever alguém romances ou poesia ou ensaios em linguagem portuguesa estritamente acadêmica e de acordo com as prescrições acadêmicas e a rígida técnica lusitana ou europeia. O resultado é essa literatura nunca exprimir ou interpretar vigorosamente a realidade brasileira.

Mas a obra daqueles romancistas – obra de revolta contra técnicas convencionais –, a sua crítica à vida brasileira e, especialmente, sua franqueza no que diz respeito aos problemas do sexo e às relações entre brancos e pretos e entre ricos e pobres não se têm realizado ou afirmado sem dificuldades ou oposições. Eles têm entrado em conflito com alguns latino-americanos e também com alguns anglo-americanos, que procuram dar, não só aos de fora mas a eles mesmos, a impressão de que tudo vai bem na jovem América, e nada se encontra de errado na vida americana. Eles têm entrado em conflito com aqueles patriotas brasileiros que defendem a teoria da literatura feita puramente um instrumento de propaganda ou apologia do que é bom e agradável na vida, evitando-se toda irreverência, sátira ou crítica que possa dar a impressão de um Brasil cheio de negros e de problemas sérios de desajustamentos, de pobreza e de miséria.

A mesma coisa tem acontecido com alguns dos poetas modernos e dos modernos historiadores, ensaístas, críticos literários e pintores do Brasil que estão libertando a cultura, e, ao lado da cultura, o espírito do Brasil jovem, da tradição passivamente colonial e rigidamente acadêmica dentro da qual não se via espaço para uma literatura ou uma arte que fosse diferente da literatura e da arte europeias. Essa tradição como deixava os brasileiros tímidos demais para se exprimirem livremente. Com medo, parece, de revelar quanto era diferente e ainda é o Brasil da Europa, uma Europa socialmente e intelectualmente considerada perfeita aos olhos de muitos latino-americanos possuídos por um complexo – complexo psicológico e sociológico – colonial, isto é, inferioridade eterna do Brasil em face da Europa.

Há largos anos publicou-se no Rio um romance que, por certos dos seus aspectos, pode-se considerar verdadeira antecipação do moderno romance social do Brasil. Refiro-me a *Canaã*, escrito por Graça Aranha,[27] aristocrata descendente de antiga família do norte do Brasil. Conhecido historiador e crítico europeu, Guglielmo Ferrero, tratando do enredo desse romance, destaca como seu verdadeiro assunto "o encontro das raças, a mistura de culturas, a perturbação causada em todos os países americanos pelas massas de homens vindas da superpopulosa Europa".* Mas penso que *Canaã* é também o drama dos brasileiros sob a pressão do velho complexo colonial de que somente agora estão se livrando pela obra dos seus novos pensadores, historiadores, ensaístas, romancistas, poetas e críticos: o complexo da inferioridade em face da Europa.

Um dos personagens mais importantes desse romance é Paulo Maciel, jovem advogado brasileiro. O modo de esse personagem falar do começo ao fim é o mesmo usado por muitos advogados, intelectuais e artistas de trinta ou quarenta anos passados, quando sentiam que o Brasil não era mais do que "uma colônia da Europa". Eles não viam nenhuma esperança de que os brasileiros pudessem vir a superar sua condição colonial. Naquele tempo homens como Paulo Maciel, embora conscientes da dependência do Brasil em relação à Europa, não reagiam contra essa dependência por nenhum ato ou de nenhuma maneira efetiva. Quando qualquer deles fazia um discurso ou escrevia um artigo ou uma dissertação, um livro ou um poema, era como se fosse para submeter sua gramática, sua composição, seu estilo, seu vocabulário e suas ideias a algum comitê de professores portugueses de gramática, a algum tribunal de professores franceses de literatura, de direito ou de sociologia soberanamente instalado em Paris. Quase todos formavam suas ideias sobre o Brasil não por um estudo direto das suas condições reais de vida ou de composição étnica, mas através do que sociólogos franceses distantes e às vezes ignorantes ou de segunda classe, como Le Bon,[28] escreviam sobre a mistura de raças em nosso país ou na América Latina. Os melhores seguiam teóricos europeus

---

* Guglielmo Ferrero, prefácio a *Canaã*, de Graça Aranha, na tradução de Mariano Joaquin Lorente, Boston, 1920, p. 7.

como Spencer[29] e Comte, que ignoravam as condições e os problemas extraeuropeus, considerando a sociedade europeia a sociedade humana. Natural por isso que a atitude deles a respeito do Brasil fosse de pessimismo e, ainda, que muito poucos tivessem a coragem de se exprimir em público em sentido contrário ao da filosofia oficial brasileira – a filosofia de um enfático e superficial otimismo dos que estivessem no poder ou enquanto participassem do poder.

As palavras que seguem são ditas por Paulo Maciel, o personagem de *Canaã* a que me referi, quando em conversa com alguns colegas brasileiros: "Os senhores falam em independência, mas eu não a vejo. O Brasil é e tem sido sempre colônia. O nosso regime não é livre: somos um povo protegido... Diga-me você: onde está a nossa independência financeira? Qual é a verdadeira moeda que nos domina? Onde o nosso ouro? Para que serve o nosso miserável papel senão para comprar a libra inglesa? Onde está a nossa fortuna pública? O pouco que temos, hipotecado. As rendas das alfândegas nas mãos dos ingleses. Vapores não temos, estradas de ferro também não, tudo do estrangeiro. É ou não o regime colonial com o nome disfarçado de nação livre?... Escute: você não me acredita; eu desejaria poder salvar o nosso patrimônio moral, intelectual, a nossa língua enfim, mas a continuar esta miséria, esta torpeza a que chegamos, é melhor que viesse de uma vez para cá um caixeiro de Rothschild[30] para governar as fortunas, e um coronel alemão para endireitar isto".* E depois, falando não mais a um compatriota mas a um alemão, Milkau, para quem o Brasil era Canaã e a Europa o avesso de Canaã, o jovem Maciel, com ânimo ainda mais pessimista, diz: "O meu desejo é largar tudo isto, expatriar-me, abandonar o país, e com os meus ir viver tranquilo num canto da Europa... A Europa... A Europa! Sim, ao menos até passar a crise...".**

Tudo isso era típico da atitude psicológica da juventude intelectual brasileira quarenta e mesmo trinta anos atrás. Contrastando com um otimismo estritamente oficial, existia uma espécie de pessimismo russo

---

* Graça Aranha, *Canaã*, pp. 196-97.
** Ibidem, p. 293.

entre vários dos escritores, dos advogados e dos estudantes, e que vinha da ação de profundo complexo de colonialismo sobre seu espírito se não sobre toda a sua personalidade. Para a maioria deles, a Europa – Paris, Londres, ou Berlim – era o lugar ideal, de que real ou imaginariamente se utilizavam para fugir ao colonialismo brasileiro. Alguns fizeram da Europa seu refúgio – mesmo o velho historiador e sábio crítico João Ribeiro – vivendo intelectualmente na Europa. Isto é, estando no Brasil quase não pertenciam ao Brasil, ligados mentalmente, como se achavam, à Europa, particularmente à França, como coloniais, como exilados, como subeuropeus, subfranceses, subingleses, subalemães.

É curioso que no romance de Graça Aranha a melhor explicação da situação crítica do Brasil, tal como a sentiam alguns – raros, talvez – dos seus intelectuais, não seja dada por um dos personagens brasileiros, mas pelo alemão Milkau, que o autor apresenta como europeu de inclinações filosóficas. É este quem diz ao intelectual brasileiro tipicamente pessimista dos começos do século XIX que, o Brasil tendo surgido como um conglomerado de raças e de castas, de senhores e de escravos, do contato entre eles criou-se uma raça intermediária de mestiços que foi o traço de união entre as classes, o elo nacional. O número desses mestiços cresce todos os dias; e todos eles se apoderam das melhores posições. Quando o Exército (e o Exército é sempre muito importante para um alemão e para um latino-americano) tiver deixado de ser "uma casta de brancos" e passar a ser dominado pelos mestiços, é uma revolução social que começa – a "desforra dos oprimidos".

Essa generalização só em parte pode-se dizer verdadeira, pois, como em outra ocasião observei, a maioria dos homens de sangue misturado que se tornaram proeminentes no começo do Brasil republicano pouco mais fez do que ocupar os lugares dos líderes monárquicos – alguns dos quais eram já homens de sangue negro – e continuar a sua direção.

Mas, segundo o Milkau de Graça Aranha, qualquer que fosse o choque entre "a direção branca" e "a direção heterogênea" resultante da revolução republicana, era absolutamente necessário "para se fazer o que se buscava desde séculos por outros meios: a nacionalidade...".*

---

*   Ibidem, p. 295.

Esta também é uma generalização só em parte verdadeira, porque, depois de vitoriosa a luta do século XVII contra os holandeses, alguns brasileiros começaram a sentir e mesmo a agir como se já fossem capazes de constituir uma nacionalidade. E, desde essa primeira guerra pela independência, tem havido no Brasil "direção heterogênea" no que diz respeito à ação militar. Os quatro grandes heróis da guerra holandesa pertenciam a raças diferentes: um era português, outro, brasileiro branco, o terceiro era índio, o quarto, negro. Foi durante essa guerra contra os holandeses que vários homens de sangue africano e de modesta situação social se distinguiram por atos de bravura ou por valiosos serviços na defesa do Brasil. Esses serviços foram reconhecidos, e contribuíram para a elevação social de quem os havia prestado, e em alguns casos para introduzi-los pelo casamento no meio da mais alta sociedade brasileira. Foi também durante a guerra contra os holandeses que o padre Vieira – mestiço nascido em Portugal mas educado no Brasil, onde chegou ainda criança – fez-se notar como líder intelectual cujos sermões e escritos tiveram não somente um interesse religioso e literário mas a profunda significação psicológica e sociológica de um como manifesto – um manifesto etnicamente democrático – contra a ideia de superioridade de uns homens sobre outros baseada na cor da pele. Ideia esta que se fosse verdadeira, disse ele uma vez, o holandês teria que ser considerado uma raça superior, não podendo ser vencida pelos portugueses e pelos brasileiros. Mas não; nenhuma verdade havia nisso, desde que os holandeses eram hereges protestantes, e os portugueses e brasileiros, católicos ortodoxos. Vieira fazia dessa forma depender a antropologia da teologia e da ortodoxia católica.

Embora seu pai fosse elevado à classe dos nobres pelo rei de Portugal, uma mulher mulata é que teria sido a avó de Vieira. Pregando pois a igualdade de raça ele não deixava de falar *pro domo sua*. Estava em situação lógica para ser o vínculo psicológico e intelectual numa revolução social que começou no Brasil, não com a República de 1889, mas com a guerra contra os holandeses no século XVII. Uma revolução que antes já havia aberto os lugares de direção no Brasil às pessoas de sangue misturado, e estimulado a formação da nacionalidade brasileira através de uma consciência ou sentimento, a princípio vago e só hoje definido, da diferença tanto étnica como social do Brasil em relação à Europa. Diferença, e não inferioridade.

Milkau, como filósofo da história brasileira, parece haver esquecido tudo isso quando diz a Maciel que a revolução contra a Europa começou no Brasil com a República: com a vitória em 1889 dos líderes republicanos que eram oficiais do Exército, e alguns, como sabemos, homens com sangue índio e negro. Mas no diálogo entre o brasileiro Maciel e o alemão Milkau, o brasileiro é que é o "ariano" ou o "racista", e o alemão o que acredita nas vantagens da mistura de raças. É o alemão (copiado da vida e não uma invenção puramente literária) quem diz ao intelectual brasileiro pessimista – representando o sentimento de alguns dos melhores intelectuais brasileiros de uma ou duas gerações atrás, inclusive Euclides da Cunha, Sílvio Romero e o próprio Graça Aranha – que "não há raças capazes ou incapazes de civilização" desde que "toda a trama da história é um processo de fusão". E, acrescenta Milkau: "No Brasil, fique certo, a cultura se fará regularmente sobre esse mesmo fundo de população mestiça, porque já houve o toque divino da fusão criadora". Num "futuro remoto, a época dos mulatos passará, para voltar a idade dos novos brancos vindos da recente invasão, aceitando com reconhecimento o patrimônio dos seus predecessores mestiços, que terão edificado alguma coisa, porque nada passa inutilmente na terra...".* Quanto à Europa: "Essa Europa, para onde daqui se voltam os vossos longos olhos de sonhadores e moribundos, as vossas cansadas almas, cobiçosas de felicidade, de cultura, de arte, de vida, essa Europa também sofre do mal que desagrega e mata. Não vos deixeis deslumbrar pela exausta pompa da sua civilização, pela força inútil dos seus exércitos, pelo lustre perigoso do seu gênio".**

Torno a salientar que essas duas opiniões ou duas filosofias contraditórias da vida e da história do Brasil se refletiram poderosamente na literatura brasileira, predominando a europeísta ou a indigenista, até que, pouco depois da Primeira Guerra Mundial, começaram a ouvir-se vozes novas, primeiro vindas de São Paulo e logo depois do

---

*   Ibidem, p. 296.
** Ibidem, p. 297.

Nordeste. Daquelas duas opiniões tradicionais, uma exprimia um otimismo quase absoluto no que respeita ao passado, ao presente e ao futuro do Brasil e, em particular, à base ameríndia da "raça" e do *éthos* brasileiro. A expressão extrema dessa opinião encontra-se em um livro intitulado *Por que me ufano do meu país*, escrito por Afonso Celso,[31] brasileiro bom e bem-nascido, ainda que ingênuo, e a quem a Santa Sé concedeu o título de conde. A outra filosofia combinava um pessimismo quase suicida no que diz respeito às condições étnicas e sociais do Brasil com um sôfrego amor pela Europa, vista com uma espécie de veneração filial, como se Londres e Paris, Lisboa e Berlim, tivesse cada uma um papa a quem os brasileiros devessem seguir cegamente nos seus estudos de direito ou de sociologia ou na composição dos seus poemas e dos seus romances.

Entre esses dois extremos apareceram uns poucos livros como *Os sertões*, de Euclides da Cunha, e *Canaã*, de Graça Aranha, e algumas das melhores páginas de críticos sociais e literários como José Veríssimo,[32] Sílvio Romero e Alberto Torres.[33] Foram vanguardeiros dispersos e às vezes contraditórios de uma nova fase da literatura brasileira: a fase moderna.

Em 1919 publicou-se em São Paulo *Urupês*, que, apesar de mais pessimista do que otimista nas suas opiniões sobre as condições sociais do Brasil, estava contudo muito longe de ser um livro colonial, acadêmico, subeuropeu ou ortodoxo à *la française* no seu estilo, na sua forma ou na sua linguagem. Era vigorosamente brasileiro, cheio de brasileirismos, fazendo-se notar ainda pelo seu à vontade em relação às regras gramaticais rígidas. Monteiro Lobato[34] escrevera esse livro.

Urupês é uma coleção de contos sobre as populações pobres ou decadentes do Brasil rural, comumente desdenhado pelos políticos e pelos literatos convencionais, embora em *Os sertões* de Euclides da Cunha já se encontre um estudo vigoroso e antecipado do Brasil central: tema dramático não só para a literatura como também para a sociologia, a antropologia e a geografia humana. Mas a personalidade do autor de *Urupês* – mais mesmo do que os seus livros – é que havia de tornar-se um verdadeiro centro de revolução intelectual e cultural no Brasil. Dinâmico, sugestivo, estimulante, Lobato veio a ser crítico literário tanto como social; e artista criador ao mesmo tempo que editor.

Durante vários anos publicou ensaios, novelas, poemas, estudos sociológicos e históricos escritos por jovens de talento, os melhores dos quais mostravam vigorosa honestidade intelectual e um grande realismo no tratar os assuntos brasileiros, seguindo Lobato no seu corajoso uso de brasileirismos e, ainda, no seu desdém da Europa como absoluta soberana, intelectual e cultural, do Brasil.

Em São Paulo e depois no Rio, seguiu-se ao movimento de Lobato outra revolução literária de forte significação como tentativa no sentido de exprimir o *éthos* brasileiro e, até certo ponto, para refletir as condições sociais e étnicas extraeuropeias da América portuguesa. Refiro-me ao movimento que tomou o nome de "modernismo", no Brasil. Um dos chefes mais importantes desse movimento, Mário de Andrade,[35] lamentou recentemente que o "modernismo" brasileiro permanecesse só uma revolução literária ou estreitamente artística, e não fosse mais longe no desenvolvimento das suas consequências sociais. O que não resta dúvida é que esse movimento muito fez para despertar nos brasileiros uma consciência do Brasil. Em seus extremos de reação ao artificialismo acadêmico, o "modernismo" às vezes tornou-se também artificial. Mas abriu o caminho para uma nova maneira brasileira de escrever que influiu e está ainda influindo no próprio português que se escreve em Portugal.

Independentemente do "modernismo" do Rio e de São Paulo, houve um movimento também de revolução cultural – e não apenas literária – na mais velha região do Brasil: no Nordeste. Igualmente exprimiu uma revolta contra o estreito colonialismo, dominante nos meios intelectuais e artísticos, ainda que não repudiasse a experiência brasileira nem a integração dos valores europeus e extraeuropeus durante a época colonial no conjunto da cultura brasileira em formação. Proclamava a necessidade de atitudes e valores extraeuropeus sem deixar de reconhecer a necessidade que tinha o Brasil de íntimo contato com a Europa e com o seu próprio passado europeu. O Brasil devia eleger da sua herança colonial – isto sim – uma série de valores em harmonia com a paisagem tropical e com as condições brasileiras de vida. Daí a importância que deram alguns dos líderes do movimento à cozinha tradicional, à confeitaria e à arquitetura tradicionais, aos móveis antigos e à arte popular – não para preservá-los como coisas sagradas sob a forma de relíquias mas para utilizá-los como bons motivos ou sugestões, no desenvolvimento de uma arte e de uma maneira de viver realmente brasileiras. Não uma tradição única e exclusiva – a da Europa ariana – mas uma combinação de valores tradicionais – dos árabes e mouros, dos judeus, da África, da Ásia. Valores para serem seguidos tomando-se principalmente como base do desenvolvimento brasileiro a experiência dos portugueses e a herança dos ameríndios. Opondo-se ao convencionalismo dominante no século XIX e no começo do XX, quando brasileiros sofisticados tanto se envergonhavam dos seus melhores valores e tradições extraeuropeus, os líderes do movimento do Nordeste sustentavam que o Brasil devia conservar e desenvolver valores e tradições já harmonizados com as condições tropicais e com as condições de vida mestiça do Brasil, em vez de esquecê-los ou abandoná-los para reduzir a América Portuguesa a uma simples e passiva província cultural da Europa ou dos Estados Unidos.

Por força dessa ideia é que se reuniu em 1925 no Recife, capital intelectual do Nordeste, o Congresso Regionalista, com Odilon Nestor,[36] José Lins do Rego, Morais Coutinho,[37] Aníbal Fernandes,[38] Luís Cedro;[39] Júlio Bello[40] e outros. Foi esse o primeiro Congresso Regionalista do Brasil e talvez da América. O seu manifesto literário e artístico não foi menos sociológico e político. A variedade dentro da unidade foi a característica principal do seu programa não só quanto às suas ideias básicas mas também quanto às pessoas que o compunham. Incluía homens de várias idades e gerações, de temperamentos e de profissões diversas. Pode-se dizer que o grupo de pessoas que se reuniu nesse congresso – algumas delas ainda estudantes ou formadas recentemente – e aquelas que desde a reunião do congresso foram por ele direta ou indiretamente influenciadas produziram algumas das obras de literatura e de crítica social e literária mais interessantes e mais vitalmente significativas do Brasil moderno.

Resistindo à ideia de que o progresso material e técnico deve ser tomado como a medida da grandeza do Brasil, os regionalistas brasileiros viam no amor à província, à região, ao município, à cidade ou à aldeia nativa condição básica para obras honestas, autênticas, genuinamente criadoras e não um fim em si estreito. Reconhecem que a interdependência entre as diversas regiões do mundo é essencial para uma vida intelectual e artística mais humana e, por isso mesmo, mais necessitada de interpenetração de esforços nacionais. Alguns críticos os têm acusado de reacionários; outros os têm chamado de "comunistas" ou "anarquistas" que não querem reconhecer a necessidade de centralização ou de rígida uniformidade em um país como o Brasil. A verdade é que a obra já realizada por muitos dos mais notáveis dentre eles – José Lins do Rego, José Américo,[41] Cícero Dias, Luís Jardim,[42] Mário Marroquim,[43] Álvaro Lins,[44] Jorge de Lima, Odorico Tavares, Aurélio Buarque de Holanda,[45] Júlio Bello, Olívio Montenegro,[46] Aníbal Fernandes, Estêvão Pinto,[47] Luís Viana,[48] Sílvio Rabelo[49] – é vigorosamente construtiva.[50] Muito tem contribuído não só para desenvolver melhor compreensão inter-regional no Brasil, como para fazer do Brasil uma parte vital de um mundo novo e mais harmônico.

O mesmo poderia dizer-se da revolução cultural realizada com um sucesso literário e artístico mais imediato pelos "modernistas" do Rio e de São Paulo – Mário de Andrade, Oswald de Andrade,[51] Graça Aranha, Alcântara Machado, Manuel Bandeira, Sérgio Buarque,[52] Prudente de Morais Neto,[53] Ribeiro Couto e outros a que já me referi.[54] Pois do chamado "modernismo" resultou para o desenvolvimento intelectual e artístico do Brasil uma fase ousadamente experimental, em torno, principalmente, do mesmo desejo de autenticidade característico dos esforços dos regionalistas do Nordeste.

Esses dois movimentos ficarão, provavelmente, como os mais importantes que têm revolucionado as letras e a vida do Brasil no sentido não só da autenticidade como da espontaneidade na criação intelectual ou cultural e da autoconfiança entre os brasileiros. No sentido da libertação intelectual e artística do Brasil dos excessos de subordinação colonial à Europa ou aos Estados Unidos.[55]

Notas do organizador

1   O título deste capítulo na edição mexicana de 1964 é "A literatura moderna e os problemas sociais".

2   Passagem extremamente interessante de *Interpretação do Brasil*, que salienta a preocupação do autor com temas que fazem referência direta à psicanálise – e que já haviam aparecido em sua obra anterior –, tais como "inconsciente", "sadismo" e "masoquismo".

3   Domenikos Theotokopoulos, ou El Greco (1541-1614) foi pintor espanhol de origem grega, nascido em Cândia, perto de Creta. Em meados da década de 1570, já se encontrava em Toledo, na Espanha, onde desenvolveu sua pintura pessoal e seu especial vigor expressivo. Passou para a história como um dos grandes mestres da pintura espanhola de todos os tempos.

4   Diego Rivera (1886-1957) foi um dos expoentes do muralismo mexicano, movimento artístico diretamente associado ao nacionalismo característico do processo iniciado pela Revolução de 1910. Nos anos que a sucederam, as guerras civis e os inúmeros conflitos de natureza política foram acompanhados de uma grande efervescência artística, em meio à qual se fazia sentir o desejo de afirmação de uma cultura nacional que dignificasse os indígenas, as culturas pré-hispânicas e os heróis da Revolução. O mural parecia reunir as condições necessárias para a constituição de uma arte pública que pudesse ser contemplada por todos e que não se restringisse ao espaço reservado do museu ou fosse limitada pelo poder econômico dos colecionadores privados; cumpria ainda a função pedagógica de dotar de memória sensível o povo mexicano, que poderia se identificar com os heróis e com a massa representada.

5   José Clemente Orozco (1883-1949) foi outro grande representante do movimento muralista mexicano. Sua obra, como a de Diego Rivera, vai além do muralismo: como Rivera, aventurou-se por artes de outras dimensões, e sua obra deve ser compreendida no interior de um movimento cultural e político mais amplo, que envolveu grandes homens públicos, artistas plásticos (como Siqueiros, Frida Kahlo e Rufino Tamaio), músicos, arquitetos, críticos e romancistas.

6   Cândido Portinari (1903-1962) é associado ao modernismo brasileiro, tendo participado de diversos movimentos de vanguarda no país. Como outros de sua geração, tinha como propósito incorporar elementos das vanguardas europeias e de outros movimentos latino-americanos a uma pintura "genuinamente nacional".

7   Jorge Amado (1912-2001), nascido em Itabuna, Bahia foi talvez, o mais popular dos romancistas brasileiros e aquele cuja obra mais se aproximou do ideal social construído pelo próprio Gilberto Freyre: o das mulatas sensuais e sedutoras, de uma sociedade hierárquica, violenta mas relacional. Uma sociedade marcada, ao mesmo tempo, pelo amor e pela servidão, pela desigualdade social e pela democracia racial (expressão que Freyre não utiliza nas suas primeiras obras). Entrou para a literatura na década de 1930, sendo um dos expoentes do que se convencionou chamar de "regionalismo". Participou da vida política do país e tornou-se personagem público em Salvador, onde passou a viver.

8   Rachel de Queiroz (1910-2003), nascida em Fortaleza, destacou-se na literatura regionalista com obras como *O quinze*, e em 1977 tornou-se membro da Academia Brasileira de Letras.

9   Manuel Bandeira (1886-1968), nascido em Recife, é reconhecido como um dos grandes poetas brasileiros do século XX.

10 Jorge Mateus de Lima (1895-1953) nasceu em União dos Palmares, Alagoas, e mudou-se para o Rio de Janeiro para estudar medicina. Na década de 1920 aderiu ao modernismo com *O mundo do menino impossível,* de 1925. Depois iniciou sua fase religiosa, trabalhando com Murilo Mendes em *Tempo e eternidade,* de 1935, tornando-se também pintor e escultor.

11 Murilo Monteiro Mendes (1901-1975) nasceu em Juiz de Fora, Minas Gerais, e, depois de um início de carreira marcadamente modernista, converteu-se fervorosamente ao catolicismo, tendo sua obra a partir de então um viés bastante religioso.
12 Vinicius de Moraes (1913-1980) nasceu na cidade do Rio de Janeiro. Sua obra divide-se entre crônicas, narrativas e, sobretudo, poesia e música.
13 Odorico Montenegro Tavares da Silva (1912-1980) nasceu em Timbaúba, Pernambuco. Foi poeta, jornalista e diplomata. Publicou, entre outros, *26 poemas* (1934), *A sombra do mundo* (1939) e *Bahia, imagens da terra e do povo* (1967).
14 Heitor Villa-Lobos (1887-1959) nasceu no Rio de Janeiro. Viajou pelo interior do Brasil pesquisando seu folclore, e entrou em contato com músicas, tipos e ritmos diferentes: modas caipiras, tocadores de viola e tantos outros tipos universalizados mais tarde em suas obras. Em 1922, participou da Semana de Arte Moderna, e a partir de 1923 começou a ser reconhecido na Europa, em particular na França.
15 Gregório de Matos Guerra (1623-1696) nasceu em Salvador e é considerado o grande poeta do período colonial brasileiro. Suas poesias, ricas em formas e conteúdos satíricos, renderam-lhe o apelido de Boca do Inferno.
16 Vilfredo Pareto (1848-1923), sociólogo e economista italiano, integra-se tardiamente no campo das ciências sociais, após longa experiência nas ciências exatas, em função de seu interesse pelas implicações da economia nas questões políticas de seu tempo. Trata-se de um dos primeiros a pôr em questão os pressupostos clássicos do positivismo de Spencer, sem romper com eles completamente.
17 Hermes Rodrigues da Fonseca (1855-1923) nasceu em São Gabriel, Rio Grande do Sul. Foi eleito presidente em 1910 e permaneceu no cargo até 1914, tendo um mandato conturbado, em que enfrentou diversas revoltas pelo país, entre elas a Guerra do Contestado, em Santa Catarina.
18 Washington Luís Pereira de Sousa (1870-1952) nasceu em Macaé, Rio de Janeiro, mas seguiu sua carreira política em São Paulo. Em 1926 foi eleito presidente da República, mas seu mandato foi bastante conturbado, processo que se agravou com a crise econômica de 1929. Foi deposto com a Revolução de 1930.
19 Euclides Rodrigues Pimenta da Cunha (1866-1909) nasceu no distrito de Santa Rita do Rio Negro, hoje Euclidelândia, município de São José do Rio Pardo, no Rio de Janeiro. Em 1897, o jornal *O Estado de S. Paulo* convidou-o a acompanhar, como correspondente especial, a campanha de Canudos, e as notas colhidas ao longo desses meses serviriam de base para sua grande obra *Os sertões*.
20 William Faulkner (1897-1962) foi um escritor norte-americano que retratou em termos épicos sua região natal, o Mississippi, criando o condado imaginário de Yoknapatawpha, onde a fatalidade é a mola propulsora de um universo trágico a castigar o Sul do país, destruído pela Guerra de Secessão.
21 Capitão Vitorino Carneiro da Cunha é personagem do romance *Fogo morto*, de José Lins do Rego. Primo do coronel José Paulino, não possui terras e passa a vida levando notícias de um engenho a outro. Suas características marcantes são o ideal de justiça e as posições contrárias à violência dos poderosos, numa região injusta e desigual como o Nordeste. Por essa razão, é associado à figura de Dom Quixote.
22 Antônio Balduíno, personagem de *Jubiabá*, de Jorge Amado.

23 Amando Fontes (1899-1967) nasceu em Santos, São Paulo, e foi escritor e político, tendo integrado o Movimento Regionalista de 1930. Ficou conhecido como o primeiro romancista de temas urbanos do movimento, com obras como *Os corumbás*, de 1933, e *Rua do Siriri*, de 1937.

24 Vianna Moog (1906-1988) foi advogado, jornalista, romancista e ensaísta. Nasceu em São Leopoldo, Rio Grande do Sul, e morreu no Rio de Janeiro. Como tantos outros de sua geração, combinou a produção intelectual com a atividade política e, em 1932, participou da Revolução Constitucionalista, o que lhe valeu o desterro em Manaus e em Teresina. Entre suas obras, destacam-se os ensaios *Heróis da decadência*, de 1939, *Uma interpretação da literatura brasileira*, de 1942, o romance *Um rio imita o Reno*, de 1938, e o estudo social *Bandeirantes e pioneiros*, de 1954.

25 Érico Veríssimo (1905-1975) nasceu em Cruz Alta, Rio Grande do Sul. Começou escrevendo em jornais e teve seu primeiro grande sucesso com *Olhai os lírios do campo*. Sua obra máxima, que aborda seu tema predileto – a reconstituição romanceada da história e dos costumes do Sul do Brasil –, é a trilogia *O tempo e o vento: O continente*, de 1949, *O retrato*, de 1951, e *O arquipélago*, de 1962.

26 Na edição de 1964, Freyre também menciona Guimarães Rosa, Otávio de Faria, Lúcio Cardoso, Osman Lins e Permínio Asfora.

27 José Pereira da Graça Aranha (1868-1931) nasceu, em São Luís do Maranhão, e faleceu no Rio de Janeiro. Um dos fundadores da Academia Brasileira de Letras, publicou em 1902 *Canaã*, um grande sucesso editorial. Participou de forma entusiasmada da Semana de Arte Moderna de 1922.

28 Gustave Le Bon (1841-1931), psicólogo social francês, aceitava e propagava a ênfase dada por Gobineau ao conceito de raça para a compreensão da evolução da civilização. Escreveu, entre outros, *La psychologie des foules* (1925). Sua obra teve grande impacto entre antropólogos e médicos higienistas.

29 Herbert Spencer (1820-1903) foi um dos principais filósofos sociais britânicos e um dos pais fundadores da sociologia. Seu diálogo implícito com Darwin é evidente, e Spencer concebeu a ideia de "seleção natural" (de uma perspectiva sociológica) antes do naturalista inglês. Publicou, entre outros, *Principles of sociology*, em três volumes (1876-96), e *The man versus the State* (1844).

30 Referência à família Rothschild, importante por suas atividades banqueiras internacionais entre o final do século XVIII e o século XIX. A distribuição estratégica da família, entre Frankfurt, Paris, Viena e Nápoles, revelava não apenas o caráter internacional de sua atuação, mas serviu para o crescimento do ódio antissemita, que associava os judeus ao capital internacional a serviço de interesses antinacionais e particularistas.

31 Afonso Celso de Assis Figueiredo Júnior (1860-1938) nasceu na cidade de Ouro Preto, Minas Gerais, e faleceu no Rio de Janeiro. Fez o curso de direito em São Paulo, onde se tornou advogado em 1880. Ainda durante o Império, foi eleito quatro vezes deputado por Minas Gerais; a proclamação da República o afastou da vida política. Após o exílio em Portugal, dedicou-se ao magistério e ao jornalismo. Ingressou no Instituto Histórico e Geográfico Brasileiro em 1892, do qual foi eleito presidente perpétuo em 1912. Merecem destaque, na sua vasta obra, os livros *Oito anos de Parlamento* e *Por que me ufano de meu país*.

32 José Veríssimo (1857-1916) foi jornalista, professor e, sobretudo, crítico e historiador literário. Além de ensaios e de suas obras sobre a Amazônia, destaca-se sua *História da literatura brasileira* (1916).

33 Alberto de Seixas Martins Torres (1865-1917) foi jornalista e ocupou diferentes cargos políticos ao longo da sua vida – deputado federal (1893), ministro do Interior (1896), presidente do estado do Rio de Janeiro (1898-1900). Foi um dos principais representantes da vertente conservadora do pensamento brasileiro. Publicou, entre outros, *A organização nacional* (1914) e *O problema nacional brasileiro* (1914).

34 José Bento Monteiro Lobato (1882-1948) nasceu em Taubaté, e morreu em São Paulo. Crítico do movimento modernista, foi criador de uma importante obra infantojuvenil, sendo lembrado por personagens como o Jeca-Tatu.

35 Mário de Andrade (1893-1945) nasceu em São Paulo e destacou-se no movimento modernista paulista com obras como *Macunaíma*, além de contos, romances e poemas. Atuou como gestor cultural, tendo sido diretor do Departamento de Cultura da cidade de São Paulo.

36 Odilon Nestor (1874-1968) nasceu na Paraíba. Foi poeta, jornalista, professor e político.

37 Morais Coutinho participou ativamente do I Congresso Regionalista do Nordeste (1926). É autor do romance *Os novos bárbaros*.

38 Aníbal Fernandes foi membro da Comissão de Festas e Fogos na Paraíba, parte do I Congresso Regionalista do Nordeste (1926).

39 Luís Cedro foi outro participante da Comissão de Festas e Fogos na Paraíba.

40 Júlio Bello (1873-1951) tornou-se conhecido como memorialista ao publicar, em 1938, *Memórias de um senhor de engenho*.

41 José Américo de Almeida (1887-1903) nasceu em Areia, Paraíba. Em 1928, publicou *A bagaceira*, que o transformou num autor de destaque do regionalismo.

42 Luís Jardim (1901-1987) dedicou-se ao conto, à literatura infantil, ao romance e ao desenho. Publicou, entre outros, *Maria Perigosa* (1938), *O boi Aruá* (1940) e *As confissões do meu tio Gonzaga* (1949).

43 Mário Marroquim (1896-1975) foi figura intelectual de Alagoas na primeira metade do século XX, escreveu *A língua do Nordeste*.

44 Álvaro Lins (1912-1975) nasceu em Caruaru, Pernambuco, e destacou-se na docência, na política, na diplomacia, no jornalismo, na crítica literária e no ensaísmo.

45 Aurélio Buarque de Holanda (1910-1989), alagoano, foi crítico, ensaísta, tradutor, filósofo e lexicógrafo. Conhecido por seu *Novo dicionário da língua portuguesa*, que, desde 1975, vem ganhando sucessivas edições.

46 Olívio Montenegro (1896-1962) dedicou-se à docência na Faculdade de Filosofia da Universidade do Recife, à crítica, ao ensaio e à ficção.

47 Estevão Pinto (1895-1968) foi importante figura intelectual alagoana, publicou *Os indígenas do Nordeste brasileiro*.

48 Luís Viana Filho (1908-1990) foi professor, jornalista, político, historiador e biógrafo. Destacam-se suas biografias de Rui Barbosa e Euclides da Cunha.

49 Sílvio Rabelo (1899-1979) foi ensaísta, crítico, biógrafo e memorialista. Publicou, entre outros, *Itinerário de Sílvio Romero* (1944); *Euclides da Cunha* (1948) *Tempo ao tempo memória e depoimentos* (1979).

50 A segunda edição mexicana acrescenta os nomes de Aderbal Jurema, Herberto Sales e Valdemar Cavalcanti.
51 Oswald de Andrade (1890-1954) encabeçou, junto a outros intelectuais e artistas, a Semana de Arte Moderna de 1922. Publicou em 1928 o *Manifesto pau-brasil*.
52 Sérgio Buarque de Holanda (1902-1982) foi um dos autores clássicos da "geração de 1930" e, com Gilberto Freyre e Caio Prado Jr., foi responsável por uma grande renovação no campo das ideias sobre o Brasil. Conjugou o trabalho de historiador com uma profunda e coerente reflexão política voltada para a transformação do país.
53 Prudente de Morais Neto (1904-1977) foi poeta e jornalista ligado aos modernistas, tendo mantido correspondência com alguns deles. Dirigiu, com Sérgio Buarque de Holanda, a revista *Estética*.
54 Na edição de 1964, Freyre menciona ainda Tristão de Ataíde, Sérgio Milliet e Renato Almeida.
55 O texto da edição de 1964 prossegue: "As letras brasileiras continuam animadas por escritores mais jovens que, sem deixar de ser fundamentalmente escritores, se preocupam com os problemas sociais do seu país e do seu tempo, dando expressão literária ou artística a essas preocupações. Que nenhum desses jovens de vigorosa expressão literária seja sectário desta ou daquela ideologia política, sectarismo que turve sua arte, como chegou a acontecer, entre escritores hoje já veteranos, com a literatura de um Jorge Amado ou de um Plínio Salgado, transformando alguns de seus livros em subliteratura. João Cabral de Melo Neto – brasileiro influenciado pelas constantes espanholas de expressão poética – é um dos melhores poetas que tem o Brasil; isso sem que o crítico social que há nesse artista comprometa sua arte com deformações ideológicas, que também não se encontram num Mauro Neto, num Ledo Ivo, num Antônio Olavo, num Guimarães Rosa, num Ciro dos Anjos, num Antônio Callado, num Lúcio Cardoso, num José Condé; ou em críticos literários mais jovens – ou de atividade mais recente que a dos "modernistas" – como Álvaro Lins, Roberto Alvim Correa, Antonio Candido, Wilson Martins, Renato Campos, Eduardo Portela, Luiz Costa Lima, Franklin de Oliveira, César Leal (também poeta), Gama e Melo, Adonias Filho (também romancistas), Josué Montelo (também romancista), Oscar Pimentel (também romancista e dramaturgo), Francisco de Assis Barbosa, Cassiano Nunes, para citar apenas alguns; não podemos esquecer de um Astrogildo Pereira, de um Moisés Vellinho, ainda em atividade, por vezes vibrante. Destaque-se, também, que não faltam aos jovens renovadores das letras e da arte teatral no Brasil tais preocupações – as sociais, na crítica literária, no ensaio e em outras expressões da literatura –, sem que essa arte ou essa literatura sejam deformadas por uma lamentável propaganda ou apologia de alguma seita política. Merecem ser mencionadas, particularmente, as contribuições, de valor poético e excelência artística às vezes notáveis e, ao mesmo tempo, marcadas por uma sensibilidade mais real que ostensiva às condições sociais da vida do homem brasileiro, para o desenvolvimento no Brasil de um teatro brasileiro, de Nelson Rodrigues, Osman Lins, Luís Jardim, Rachel de Queiroz, José Carlos Cavalcanti Borges e, sobretudo, Ariano Suassuna, autor da obra-prima que é o *Auto da compadecida*."

História bibliográfica de
Interpretação do Brasil

1945 *Interpretación del Brasil*. Trad. Teodoro Ortiz. México, Fondo de Cultura Económica. *Brazil:* an interpretation. Nova York, Alfred A. Knopf; reed.: 1947, 1951, 1963.

1947 *Interpretação do Brasil*: aspectos da formação social brasileira como processo de amalgamento de raças e culturas. Trad. e introd. Olívio Montenegro. Rio de Janeiro, José Olympio. 2. ed. Org. Omar Ribeiro Thomaz. São Paulo: Companhia das Letras, 2001.

1951 *Interpretação do Brasil*: aspectos da formação social brasileira como processo de amalgamento de raças e culturas. Pref. José Osório de Oliveira. Lisboa, Livros do Brasil.

1954 *Interpretazione del Brasile*. Trad. Franco Lo Prestí Seminerio. Milão, Frattelli Bocca.

1964 *Interpretación del Brasil*. Trad. Teodoro Ortiz e Demetrio Aguilera-Malta. 2. ed. rev. e ampl. México, Fondo de Cultura Económica; reimpr.: 1987.

Bibliografia sobre Gilberto Freyre

AMADO, Gilberto et al. *Gilberto Freyre*: sua ciência, sua filosofia, sua arte. Rio de Janeiro: José Olympio, 1962.

ARAÚJO, Ricardo Benzaquen de. *Guerra e paz*: *Casa-grande & senzala* e a obra de Gilberto nos anos 30. Rio de Janeiro: Editora 34, 1994.

BASTOS, Élide Rugai. Gilberto Freyre e a formação da sociedade brasileira. Tese (Doutorado em Ciências Sociais) – PUC, São Paulo, 1986.

_____ Gilberto Freyre e a questão nacional. In: MORAES, Reginaldo, FERRANTE, Ricardo e ANTUNES, Vera (Orgs.). *Inteligência brasileira*. São Paulo: Brasiliense, 1986.

_____ Gilberto Freyre e o luso-tropicalismo. In: MORAES, Reginaldo, FERRANTE, Ricardo e ANTUNES, Vera (Orgs.). *Inteligência brasileira*. São Paulo: Brasiliense, 1986.

CANDIDO, Antonio. Aquele Gilberto. In: _____. *Recortes*. São Paulo, Companhia das Letras, 1993.

_____. O significado de *Raízes do Brasil*. In: HOLLANDA, Sérgio Buarque de. *Raízes do Brasil*. Rio de Janeiro: José Olympio, 1986.

CARDOSO, Fernando Henrique. Livros que inventaram o Brasil. *Novos Estudos Cebrap*, n. 37, nov. 1993.

CHACON, Vamireh. *Gilberto Freyre*: uma biografia intelectual. Recife: Fundação Joaquim Nabuco/ Editora Massangana, 1993.

COSTA LIMA, Luiz. A versão solar do patriarcalismo: *Casa-grande & senzala*. In: _____. *A aguarrás do tempo*. Rio de Janeiro: Rocco, 1989.

DAMATTA, Roberto. A originalidade de Gilberto Freyre, *Boletim Informativo e Bibliográfico de Ciências Sociais*, n. 24, 1987.

D'ANDREA, Moema Selma. *A tradição redescoberta*: Gilberto Freyre e a literatura regionalista. Campinas: Editora da Unicamp, 1992.

FONSECA, Edson Nery da. *Um livro completa meio século*. Recife: Massangana, 1983.

_____ (Org.). Casa-grande & senzala *e a crítica brasileira de 1933 a 1944*. Recife: Cia. Editora de Pernambuco, 1983.

_____ (Ed.). *Novas perspectivas em* Casa-grande & senzala: conferências de um ciclo promovido conjuntamente pela Fundação Joaquim Nabuco e pelo governo do estado de Pernambuco. Recife: Fundação Joaquim Nabuco/Editora Massangana, 1985.

_____ Gilberto Freyre conciliador de contrários. *Ciência & Trópico*, v. 15, n. 2, jul.-dez. 1987.

FRESTON, Paul. A carreira de Gilberto Freyre. *Textos Idesp*, n. 3, São Paulo, IDESP, 1987.

MARCONDES, J. V. Freitas. Gilberto Freyre, *Casa-grande & senzala* e a escravidão negra. *Ciência & Trópico*, v. 15, n. 1, jan.-jun. 1987.

MEDEIROS, Maria Alice. *O elogio da dominação*: relendo *Casa-grande & senzala*. Rio de Janeiro: Achiamé, 1984.

MOTA, Carlos Guilherme. *Ideologia da cultura brasileira (1933-1974)*. São Paulo: Ática, 1977.

PAULA, Silvana Gonçalves de. Gilberto Freyre e a construção da modernidade brasileira. Dissertação (Mestrado – CPDA/UFRJ), Rio de Janeiro, 1990.

SANTOS, Luiz Antônio de Castro. A casa-grande e o sobrado na obra de Gilberto Freyre. *Anuário Antropológico*, 1985.

Biobibliografia de Gilberto Freyre

1900 Nasce no Recife, em 15 de março, na antiga Estrada dos Aflitos (hoje Avenida Rosa e Silva), esquina de Rua Amélia (o portão da hoje residência da família Costa Azevedo está assinalado por uma placa), filho do dr. Alfredo Freyre – educador, juiz de direito e catedrático de Economia Política da Faculdade de Direito do Recife – e de Francisca de Mello Freyre.

1906 Tenta fugir de casa, abrigando-se na materna Olinda, desde então, cidade muito de seu amor e da qual escreveria, em 1939, *Olinda, 2º guia prático, histórico e sentimental de cidade brasileira*.

1908 Entra no jardim de infância do Colégio Americano Gilreath. Lê as *Viagens de Gulliver* com entusiasmo. Não consegue aprender a escrever, fazendo-se notar pelos desenhos. Tem aulas particulares com o pintor Telles Júnior, que reclama contra sua insistência em deformar os modelos. Começa a aprender a ler e escrever em inglês com Mr. Williams, que elogia seus desenhos.

1909 Primeira experiência da morte: a da avó materna, que muito o mimava por supor que o neto tinha *deficit* de aprendizado, pela dificuldade em aprender a escrever. Temporada no engenho São Severino do Ramo, pertencente a parentes seus. Primeiras experiências rurais de menino de engenho. Mais tarde escreverá sobre essa temporada uma das suas melhores páginas, incluída em *Pessoas, coisas & animais*.

1911 Primeiro verão na Praia de Boa Viagem, onde escreve um soneto camoniano e enche muitos cadernos com desenhos e caricaturas.

1913 Dá as primeiras aulas no colégio. Lê José de Alencar, Machado de Assis, Gonçalves Dias, Castro Alves, Victor Hugo, Emerson, Longfellow, alguns dramas de Shakespeare, Milton, César, Virgílio, Camões e Goethe.

1914 Ensina latim, que aprendeu com o próprio pai, conhecido humanista recifense. Toma parte ativa nos trabalhos da sociedade literária do colégio. Torna-se redator-chefe do jornal impresso do colégio *O Lábaro*.

1915 Tem lições particulares de francês com Madame Meunieur. Lê La Fontaine, Pierre Loti, Molière, Racine, *Dom Quixote*, a Bíblia, Eça de Queirós, Antero de Quental, Alexandre Herculano, Oliveira Martins.

1916 Corresponde-se com o jornalista paraibano Carlos Dias Fernandes, que o convida a proferir palestra na capital do estado vizinho. Como o dr. Freyre não apreciava Carlos Dias Fernandes, pela vida boêmia que levava, viaja autorizado pela mãe e lê no Cine-Teatro Pathé sua primeira conferência pública, dissertando sobre Spencer e o problema da educação no Brasil. O texto foi publicado no jornal *O Norte*, com elogios de Carlos Dias Fernandes. Influenciado pelos mestres do colégio e pela leitura do *Peregrino,* de Bunyan, e de uma biografia do dr. Livingstone, toma parte em atividades evangélicas e visita a gente miserável dos mucambos recifenses. Interessa-se pelo socialismo cristão, mas lê, como espécie de antídoto a seu misticismo, autores como Spencer e Comte. É eleito presidente do Clube de Informações Mundiais, fundado pela Associação Cristã de Moços do Recife. Lê ainda, nesse período, Rui Barbosa, Joaquim Nabuco, Oliveira Lima, Nietzsche e Sainte-Beuve.

1917 Conclui o curso de Bacharel em Ciências e Letras do Colégio Americano Gilreath, fazendo-se notar pelo discurso que profere como orador da turma, cujo paraninfo é o historiador Oliveira Lima, daí em diante seu amigo (ver referência ao primeiro encontro com Oliveira Lima no prefácio à edição de suas *Memórias*, escrito a convite da viúva e do editor José Olympio). Leitura de Taine, Renan, Darwin, Von Ihering, Anatole France, William James, Bergson, Santo Tomás de Aquino, Santo Agostinho, São João da Cruz, Santa Teresa, Padre Vieira, Padre Bernardes, Fernão Lopes, São Francisco de Assis, São Francisco de Sales e Tolstói. Começa a estudar grego. Torna-se membro da Igreja Evangélica, desagradando a mãe e a família católica.

1918 Segue, no início do ano, para os Estados Unidos, fixando-se em Waco (Texas) para matricular-se na Universidade de Baylor. Começa a ler Stevenson, Pater, Newman, Steele e Addison, Lamb, Adam Smith, Marx, Ward, Giddings, Jane Austen, as irmãs Brönte, Carlyle, Mathew Arnold, Pascal, Montaigne, Euclides da Cunha e Monteiro Lobato. Inicia sua colaboração no *Diário de Pernambuco*, com a série de cartas intituladas "Da outra América".

1919 Ainda na Universidade de Baylor, auxilia o geólogo John Casper Branner no preparo do texto português da *Geologia do Brasil*. Ensina francês a jovens oficiais norte-americanos convocados para a guerra. Estuda Geologia com Pace, Biologia com Bradbury, Economia com Wright, Sociologia com Dow, Psicologia com Hall e Literatura com A. J. Armstrong, professor de Literatura e crítico literário especializado na filosofia e na poesia de Robert Browning. Escreve os primeiros artigos em inglês publicados por um jornal de Waco. Divulga suas primeiras caricaturas.

1920 Conhece pessoalmente, por intermédio do professor Armstrong, o poeta irlandês William Butler Yeats (ver, no livro *Artigos de jornal*, um capítulo sobre esse poeta), os "poetas novos" dos Estados Unidos: Vachel Lindsay, Amy Lowell e outros. Escreve em inglês sobre Amy Lowell. Como estudante de Sociologia, faz pesquisas sobre a vida dos negros de Waco e dos mexicanos marginais do Texas. Conclui, na Universidade de Baylor, o curso de Bacharel em Artes, mas não comparece à solenidade da formatura: contra as praxes acadêmicas, a Universidade envia-lhe o diploma por intermédio de um portador. Segue para Nova York e ingressa na Universidade de Colúmbia. Lê Freud, Westermarck, Santayana, Sorel, Dilthey, Hrdlicka, Keith, Rivet, Rivers, Hegel, Le Play, Brunhes e Croce. Segundo notícia publicada no *Diário de Pernambuco* de 5 de junho, a Academia Pernambucana de Letras, por proposta de França Pereira, elege-o sócio-correspondente.

1921 Segue, na Faculdade de Ciências Políticas (inclusive as Ciências Sociais Jurídicas) da Universidade de Colúmbia, cursos de graduação e pós-graduação dos professores Giddings, Seligman, Boas, Hayes, Carl van Doren, Fox, John Basset Moore e outros. Conhece pessoalmente Rabindranath Tagore e o príncipe de Mônaco (depois reunidos no livro *Artigos de jornal*), Valle-Inclán e outros intelectuais e cientistas famosos que visitam a Universidade de Colúmbia e a cidade de Nova York. A convite de Amy Lowell, visita-a em Boston (ver, sobre essas visitas, artigos incluídos no livro *Vida, forma e cor*). Segue, na Universidade de Colúmbia, o curso do professor Zimmern, da Universidade de Oxford, sobre a escravidão na Grécia. Visita a Universidade de Harvard e o Canadá. É hóspede da Universidade de Princeton, como representante dos estudantes da América Latina que ali se reúnem em congresso. Lê Patrick Geddes, Ganivet, Max Weber, Maurras, Péguy, Pareto, Rickert, William Morris, Michelet, Barrès, Huysmans, Verlaine, Rimbaud, Baudelaire, Dostoiévski, John Donne, Coleridge, Xenofonte, Homero, Ovídio, Ésquilo, Aristóteles e Ratzel. Torna-se editor associado da revista *El Estudiante Latinoamericano*, publicada mensalmente em Nova York pelo Comitê de Relações Fraternais entre Estudantes Estrangeiros. Publica diversos artigos no referido periódico.

1922 Defende tese para o grau de M. A. (*Magister Artium* ou *Master of Arts*) na Universidade de Colúmbia sobre *Social life in Brazil in the middle of the 19th century*, publicada em Baltimore pela *Hispanic American Historical Review* (v. 5, n. 4, nov. 1922) e recebida com elogios pelos professores Haring, Shepherd, Robertson, Martin, Oliveira Lima e H. L. Mencken, que aconselha o autor a expandir o trabalho em livro. Deixa de comparecer à cerimônia de formatura, seguindo imediatamente para a Europa, onde recebe o diploma, enviado pelo reitor Nicholas Murray Butler. Vai para a França, a Alemanha, a Bélgica, tendo antes passado pela Inglaterra, estabelecendo-se em Oxford. Vai para a França, atravessa a Espanha e conhece Portugal, onde se fixa. Lê Simmel, Poincaré, Havelock Ellis, Psichari, Rémy de Gourmont, Ranke, Bertrand Russell, Swinburne, Ruskin, Blake, Oscar Wilde, Kant e Gracián. Tem o retrato pintado pelo modernista brasileiro Vicente do Rego Monteiro. Convive com ele e com outros artistas modernistas brasileiros, como Tarsila do Amaral e Brecheret. Na Alemanha conhece o Expressionismo; na Inglaterra, estabelece contato com o ramo inglês do Imagismo, já seu conhecido nos Estados Unidos. Na França, conhece o anarcossindicalismo de Sorel e o federalismo monárquico de Maurras. Convidado por Monteiro Lobato – a quem fora apresentado por carta de Oliveira Lima –, inicia sua colaboração na *Revista do Brasil* (n. 80, p. 363-371, agosto de 1922).

1923 Continua em Portugal, onde conhece João Lúcio de Azevedo, o Conde de Sabugosa, Fidelino de Figueiredo, Joaquim de Carvalho e Silva Gaio. Regressa ao Brasil e volta a colaborar no *Diário de Pernambuco*. Da Europa escreve artigos para a *Revista do Brasil* (São Paulo), a pedido de Monteiro Lobato.

1924 Reintegra-se no Recife, onde conhece José Lins do Rego, incentivando-o a escrever romances, em vez de artigos políticos (ver referências ao encontro e início da amizade entre o sociólogo e o futuro romancista do Ciclo da Cana-de-Açúcar no prefácio que este escreveu para o livro *Região e tradição*). Conhece José Américo de Almeida através de José Lins do Rego. Funda-se no Recife, a 28 de abril, o Centro Regionalista do Nordeste, com Odilon Nestor, Amaury de Medeiros, Alfredo Freyre, Antônio Inácio, Morais Coutinho, Carlos Lyra Filho, Pedro Paranhos, Júlio Bello e outros. Excursões pelo interior do estado de Pernambuco e pelo Nordeste com Pedro Paranhos, Júlio Bello (que a seu pedido escreveria as *Memórias de um senhor de engenho*) e seu irmão, Ulysses Freyre. Lê, na capital do estado da Paraíba, conferência publicada no mesmo ano: Apologia pro generatione sua (incluída no livro *Região e tradição*).

1925 Encarregado pela direção do *Diário de Pernambuco*, organiza o livro comemorativo do primeiro centenário de fundação do referido jornal, *Livro do Nordeste*, onde foi publicado pela primeira vez o poema modernista de Manuel Bandeira "Evocação do Recife", escrito a seu pedido (ver referências no capítulo sobre Manuel Bandeira no livro *Perfil de Euclides e* *outros perfis*). O *Livro do Nordeste* consagra, também, o até então desconhecido pintor Manuel Bandeira e publica desenhos modernistas de Joaquim Cardoso e Joaquim do Rego Monteiro. Lê na Biblioteca Pública do Estado de Pernambuco uma conferência sobre Dom Pedro II, publicada no ano seguinte.

1926 Conhece a Bahia e o Rio de Janeiro, onde faz amizade com o poeta Manuel Bandeira, os escritores Prudente de Morais Neto (Pedro Dantas), Rodrigo M. F. de Andrade, Sérgio Buarque de Holanda, o compositor Villa-Lobos e o mecenas Paulo Prado. Por intermédio de Prudente, conhece Pixinguinha, Donga e Patrício e se inicia na nova música popular brasileira em noitadas boêmias. Escreve um extenso poema, modernista ou imagista e ao mesmo tempo regionalista e tradicionalista, do qual Manuel Bandeira dirá depois que é um dos mais saborosos do ciclo das cidades brasileiras: "Bahia de todos os santos e de quase todos os pecados" (publicado no Recife, no mesmo ano, em edição da *Revista do Norte*, reeditado em 20 de junho de 1942, na revista *O Cruzeiro* e incluído no livro *Talvez poesia*). Segue para os Estados Unidos como delegado do *Diário de Pernambuco*, ao Congresso Panamericano de Jornalistas. Convidado para redator-chefe do mesmo jornal e para oficial de gabinete do governador eleito de Pernambuco, então vice-presidente da República. Colabora (artigos humorísticos) na *Revista do Brasil* com o pseudônimo de J. J. Gomes Sampaio. Publica-se no Recife a conferência lida, no ano anterior, na Biblioteca Pública do Estado de Pernambuco: A propósito de Dom Pedro II (edição da *Revista do Norte*, incluída, em 1944, no livro *Perfil de Euclides e outros perfis*). Promove no Recife o 1º Congresso Brasileiro de Regionalismo.

1927 Assume o cargo de oficial de gabinete do novo governador de Pernambuco, Estácio de Albuquerque Coimbra, casado com a prima de Alfredo Freyre, Joana Castelo Branco de Albuquerque Coimbra. Conhece Mário de Andrade no Recife e proporciona-lhe um passeio de lancha no rio Capibaribe.

1928 Dirige, a pedido de Estácio Coimbra, o jornal *A Província*, onde passam a colaborar os novos escritores do Brasil. Publica no mesmo jornal artigos e caricaturas com diferentes pseudônimos: Esmeraldino Olímpio, Antônio Ricardo, Le Moine, J. Rialto e outros. Lê Proust e Gide. Nomeado pelo governador Estácio Coimbra, por indicação do diretor A. Carneiro Leão, torna-se professor da Escola Normal do Estado de Pernambuco: primeira cadeira de Sociologia que se estabelece no Brasil com moderna orientação antropológica e pesquisas de campo.

1930 Acompanhando Estácio Coimbra ao exílio, visita novamente a Bahia, conhece parte do continente africano (Dacar, Senegal) e inicia, em Lisboa, as pesquisas e os estudos em que se basearia *Casa-grande & senzala* ("Em outubro de 1930 ocorreu-me a aventura do exílio. Levou-me primeiro à Bahia; depois a Portugal, com escala pela África. O tipo de viagem ideal para os estudos e as preocupações que este ensaio reflete.", como escreverá no prefácio do mesmo livro).

1931 A convite da Universidade de Stanford, segue para os Estados Unidos, como professor extraordinário daquela universidade. Volta, no fim do ano, para a Europa, permanecendo algum tempo na Alemanha, em novos contatos com seus museus de antropologia, de onde regressa ao Brasil.

1932 Continua, no Rio de Janeiro, as pesquisas para a elaboração de *Casa-grande & senzala* em bibliotecas e arquivos. Recusando convites para empregos feitos pelos membros do novo governo brasileiro – um deles José Américo de Almeida –, vive, então, com grandes dificuldades financeiras, hospedando-se em casas de amigos e em pensões baratas do Distrito Federal. Estimulado pelo seu amigo Rodrigo M. F. de Andrade, contrata com o poeta Augusto Frederico Schmidt – então editor – a publicação do livro por 500 mil-réis mensais, que recebe com irregularidades constantes. Regressa ao Recife, onde continua a escrever *Casa-grande & senzala*, na casa do seu irmão, Ulysses Freyre.

1933 Conclui o livro, enviando os originais ao editor Schmidt, que o publica em dezembro.

1934 Aparecem em jornais do Rio de Janeiro os primeiros artigos sobre *Casa-grande & senzala*, escritos por Yan de Almeida Prado, Roquette-Pinto, João Ribeiro e Agrippino Grieco, todos elogiosos. Organiza no Recife o 1º Congresso de Estudos Afro-Brasileiros. Recebe o prêmio da Sociedade Felipe d'Oliveira pela publicação de *Casa-grande & senzala*. Lê na mesma sociedade conferência sobre O escravo nos anúncios de jornal do tempo do Império, publicada na revista *Lanterna Verde* (v. 2, fev. 1935). Regressa ao Recife e lê, no dia 24 de maio, na Faculdade de Direito e a convite de seus estudantes, conferência publicada, no mesmo ano, pela Editora Momento: O estudo das ciências sociais nas universidades americanas. Publica-se no Recife (Oficinas Gráficas The Propagandist, edição de amigos do autor, tiragem de apenas 105 exemplares em papel especial e coloridos a mão por Luís Jardim) o *Guia prático, histórico e sentimental da cidade do Recife*, inaugurando, em todo o mundo, um novo estilo de guia de cidade, ao mesmo tempo lírico e informativo e um dos primeiros livros para bibliófilos publicados no Brasil. Nomeado em dezembro diretor do *Diário de Pernambuco*, cargo que exerceu por apenas quinze dias por causa da proibição, por Assis Chateaubriand, da publicação de uma entrevista de João Alberto Lins de Barros.

1935 A pedido dos alunos da Faculdade de Direito do Recife e por designação do ministro da Educação, inicia na referida escola superior um curso de Sociologia com orientação antropológica e ecológica. Segue, em setembro, para o Rio de Janeiro, onde, a convite de Anísio Teixeira, dirige na Universidade do Distrito Federal o primeiro Curso de Antropologia Social e Cultural da América Latina (ver texto das aulas no livro *Problemas brasileiros de antro-*

pologia). Publica-se no Recife (Edições Mozart) o livro *Artigos de jornal*. Profere, a convite de estudantes paulistas de Direito, no Centro XI de Agosto, da Faculdade de Direito de São Paulo, a conferência Menos doutrina, mais análise, tendo sido saudado pelo estudante Osmar Pimentel.

1936 Publica-se no Rio de Janeiro (Companhia Editora Nacional, v. 64 da Coleção Brasiliana) *Sobrados e mucambos* o livro que é uma continuação da série iniciada com *Casa-grande & senzala*. Viagem à Europa, permanecendo algum tempo na França e em Portugal.

1937 Viaja de novo à Europa, dessa vez como delegado do Brasil ao Congresso de Expansão Portuguesa no Mundo, reunido em Lisboa. Lê conferências nas Universidades de Lisboa, Coimbra e Porto e na de Londres (King's College), publicadas no Rio de Janeiro no ano seguinte. Regressa ao Recife e lê conferência política no Teatro Santa Isabel, a favor da candidatura de José Américo de Almeida à presidência da República. A convite de Paulo Bittencourt inicia colaboração semanal no *Correio da Manhã*. Publica-se no Rio de Janeiro (José Olympio) o livro *Nordeste: aspectos da influência da cana sobre a vida e a paisagem do Nordeste do Brasil*.

1938 É nomeado membro da Academia Portuguesa de História pelo presidente Oliveira Salazar. Segue para os Estados Unidos como lente extraordinário da Universidade de Colúmbia, onde dirige seminário sobre sociologia e história da escravidão. Publica-se no Rio de Janeiro (Serviço Gráfico do Ministério da Educação e Saúde) o livro *Conferência na Europa*.

1939 Faz primeira viagem ao Rio Grande do Sul. Segue, depois, para os Estados Unidos, como professor extraordinário da Universidade de Michigan. Publica-se no Rio de Janeiro (José Olympio) a primeira edição do livro *Açúcar* e no Recife (edição do autor, para bibliófilos) *Olinda, 2º guia prático, histórico e sentimental de cidade brasileira*. Publica-se em Nova York (Instituto de las Españas en los Estados Unidos) a obra do historiador Lewis Hanke, *Gilberto Freyre, vida y obra*.

1940 A convite do governo português, lê no Gabinete Português de Leitura do Recife a conferência (publicada no Recife, no mesmo ano, em edição particular) Uma cultura ameaçada: a luso-brasileira. E, em Aracaju, na instalação da 2ª Reunião da Sociedade de Neurologia, Psiquiatria e Higiene Mental do Nordeste, lê conferência publicada no ano seguinte pela mesma sociedade; no dia 29 de outubro, na Biblioteca do Ministério das Relações Exteriores e a convite da Casa do Estudante do Brasil, profere conferência sobre Euclides da Cunha, publicada no ano seguinte; no dia 19 de novembro, na Biblioteca do Estado do Rio Grande do Sul, faz uma conferência por ocasião das comemorações do bicentenário da cidade de Porto

Alegre, publicada em 1943. Participa do 3º Congresso Sul-Rio-Grandense de História e Geografia, ao qual apresenta, a pedido do historiador Dante de Laytano, o trabalho Sugestões para o estudo histórico-social do sobrado no Rio Grande do Sul, publicado no mesmo ano pela Editora Globo e incluído, posteriormente, no livro *Problemas brasileiros de antropologia*. Publica-se em Nova York (Columbia University Press) o opúsculo Some aspects of the social development on Portuguese America, separata da obra coletiva *Concerning Latin American culture*. Publicam-se no Rio de Janeiro (José Olympio) os livros *Um engenheiro francês no Brasil* e *O mundo que o português criou*, com longos prefácios, respectivamente, de Paul Arbousse-Bastide e Antônio Sérgio. Prefacia e anota o *Diário íntimo do engenheiro Vauthier*, publicado no mesmo ano pelo Serviço do Patrimônio Histórico e Artístico Nacional.

1941 Casa-se no Mosteiro de São Bento do Rio de Janeiro com a senhorita Maria Magdalena Guedes Pereira. Viaja ao Uruguai, Argentina e Paraguai. Torna-se colaborador de *La Nación* (Buenos Aires), dos *Diários Associados*, do *Correio da Manhã* e de *A Manhã* (Rio de Janeiro). Prefacia e anota as *Memórias de um Cavalcanti*, do seu parente Félix Cavalcanti de Albuquerque Melo, publicadas pela Companhia Editora Nacional (volume 196 da Coleção Brasiliana). Publica-se no Recife (Sociedade de Neurologia, Psiquiatria e Higiene Mental do Nordeste) a conferência Sociologia, psicologia e psiquiatria, depois ampliada e incluída no livro *Problemas brasileiros de antropologia*, contribuição para uma psiquiatria social brasileira que seria destacada pela Sorbonne ao doutourá-lo H.C. Publica-se no Rio de Janeiro (Casa do Estudante do Brasil) e em Buenos Aires a conferência Atualidade de Euclides da Cunha (incluída, em 1944, no livro *Perfil de Euclides e outros perfis*). Ao ensejo da publicação, no Rio de Janeiro (José Olympio), do livro *Região e tradição*, recebe homenagem de grande número de intelectuais brasileiros, com um almoço no Jóquei Clube, em 26 de junho, do qual foi orador o jornalista Dario de Almeida Magalhães.

1942 É preso no Recife, por ter denunciado, em artigo publicado no Rio de Janeiro, atividades nazistas e racistas no Brasil, inclusive as de um padre alemão a quem foi confiada, pelo governo do estado de Pernambuco, a formação de jovens escoteiros. Com seu pai reage à prisão, quando levado para "a imunda Casa de Detenção do Recife", sendo solto, no dia seguinte, por interferência direta de seu amigo general Góes Monteiro. Recebe convite da Universidade de Yale para ser professor de Filosofia Social, que não pôde aceitar. Profere, no Rio de Janeiro, discurso como padrinho de batismo de avião oferecido pelo jornalista Assis Chateaubriand ao Aeroclube de Porto Alegre. É eleito para o Conselho Consultivo da American Philosophical Association. É designado pelo Conselho da Faculdade de Filosofia da Universidade de Buenos Aires Adscrito Honorário de Sociologia e eleito membro correspondente da Academia Nacional de História do Equador. Discursa no Rio de Janeiro, em nome do sr. Samuel Ribeiro, doador do avião Taylor à campanha de Assis Chateaubriand. Publica-se em Buenos Aires (Comisión Revisora de Textos de Historia y Geografía Americana) a 1ª edição de *Casa-grande & senzala* em espanhol, com introdução de Ricardo Saenz Hayes. Publicam-se no Rio de Janeiro (José Olympio) o livro *Ingleses* e a 2ª edição de *Guia prático, histórico e sentimental da cidade do Recife*. A Casa do Estudante do Brasil divulga, em 2ª edição, a conferência Uma cultura ameaçada: a luso-brasileira, proferida no Gabinete Português de Leitura do Recife (1940).

1943 Visita a Bahia, a convite dos estudantes de todas as escolas superiores do estado, que lhe prestam excepcionais homenagens, às quais se associa quase toda a população de Salvador. Lê na Faculdade de Medicina da Bahia, a convite da União dos Estudantes Baianos, a conferência Em torno de uma classificação sociológica e no Instituto Histórico da Bahia, por iniciativa da Faculdade de Filosofia do mesmo estado, a conferência A propósito da filosofia social e suas relações com a sociologia histórica (ambas incluídas, com os discursos proferidos nas homenagens recebidas na Bahia, no livro *Na Bahia em 1943*, que teve quase toda a sua tiragem apreendida, nas livrarias do Recife, pela Polícia do Estado de Pernambuco). Recusa, em carta altiva, o convite para ser catedrático de Sociologia da Universidade do Brasil. Inicia colaboração no *O Estado de S. Paulo* em 30 de setembro. Por intermédio do Itamaraty, recebe convite da Universidade de Harvard para ser seu professor, que também recusa. Publicam-se em Buenos Aires (Espasa-Calpe Argentina) as 1ªˢ edições, em espanhol, de *Nordeste* e de *Uma cultura ameaçada* e a 2ª, na mesma língua, de *Casa-grande & senzala*. Publicam-se no Rio de Janeiro (Casa do Estudante do Brasil) o livro *Problemas brasileiros de antropologia* e o opúsculo Continente e ilha (conferência lida, em Porto Alegre, no ano de 1940 e incluída na 2ª edição de *Problemas brasileiros de antropologia*). Publica-se também, no Rio de Janeiro (Livros de Portugal), uma edição de *As farpas*, de Ramalho Ortigão e Eça de Queirós, selecionadas e prefaciados por ele, bem como a 4ª edição de *Casa-grande & senzala*, livro publicado a partir desse ano pelo editor José Olympio.

1944 Visita Alagoas e Paraíba, a convite de estudantes desses estados. Lê na Faculdade de Direito de Alagoas conferência sobre Ulysses Pernambucano, publicada no ano seguinte. Deixa de colaborar nos *Diários Associados* e em *La Nación*, em virtude da violação e do extravio constantes de sua correspondência. Em 9 de junho de 1944, comparece à Faculdade de Direito do Recife, a convite dos alunos dessa escola, para uma manifestação de regozijo em face da invasão da Europa pelos Exércitos Aliados. Lê em Fortaleza a conferência Precisa-se do Ceará. Segue para os Estados Unidos, onde profere, na Universidade do Estado de Indiana, seis conferências promovidas pela Fundação Patten e publicadas no ano seguinte, em Nova York, no livro *Brazil:* an interpretation. Publicam-se no Rio de Janeiro os livros *Perfil de Euclides e outros perfis* (José Olympio), *Na Bahia em 1943* (edição particular) e a 2ª edição do guia *Olinda*. A Casa do Estudante do Brasil publica, no Rio de Janeiro, o livro *Gilberto Freyre*, de Diogo Melo Menezes, com prefácio consagrador de Monteiro Lobato.

1945 Toma parte ativa, ao lado dos estudantes do Recife, na campanha pela candidatura do brigadeiro Eduardo Gomes à presidência da República. Fala em comícios, escreve artigos, anima os estudantes na luta contra a ditadura. No dia 3 de março, por ocasião do primeiro comício daquela campanha no Recife, começa a discursar, na sacada da redação do *Diário de Pernambuco*, quando tomba a seu lado, assassinado pela Polícia Civil do Estado, o estudante de Direito Demócrito de Sousa Filho. A UDN oferece, em sua representação na futura Assembleia Nacional Constituinte, um lugar aos estudantes do Recife, que preferem que seu representante seja o bravo escritor. A Polícia Civil do Estado de Pernambuco empastela e proíbe a circulação do *Diário de Pernambuco*, impedindo-o de noticiar a chacina em que morreram o estudante Demócrito e um popular. Com o jornal fechado, o retrato de Demócrito é inaugurado na redação, com memorável discurso de Gilberto Freyre: Quiseram matar o dia seguinte (cf. *Diário de Pernambuco*, 10 de abril de 1945). Em 9 de junho, comparece à Faculdade de Direito do Recife, como orador oficial da sessão contra a ditadura. Publicam-se no Recife (União dos Estudantes de Pernambuco) o opúsculo de sua autoria em apoio à candidatura de Eduardo Gomes: *Uma campanha maior do que a da abolição* e a conferência lida, no ano anterior, em Maceió: Ulysses. Publica-se em Fortaleza (edição do autor) a obra *Gilberto Freyre e alguns aspectos da antropossociologia no Brasil*, de autoria do médico Aderbal Sales. Publica-se em Nova York (Knopf) o livro *Brazil: an interpretation*. A Editora mexicana Fondo de Cultura Económica publica *Interpretación del Brasil*, com orelhas escritas por Alfonso Reyes.

1946 Eleito deputado federal, segue para o Rio de Janeiro, a fim de participar nos trabalhos da Assembleia Constituinte. Em 17 de junho, profere discurso de críticas e sugestões ao projeto da Constituição, publicado em opúsculo: Discurso pronunciado na Assembleia Nacional Constituinte (incluído na 2ª edição do livro *Quase política*). Em 22 de junho lê no Teatro Municipal de São Paulo, a convite do Centro Acadêmico XI de Agosto, conferência publicada no mesmo ano pela referida organização estudantil Modernidade e modernismo na arte política (incluída, em 1965, no livro *6 conferências em busca de um leitor*). Em 16 de julho, na Faculdade de Direito de Belo Horizonte, a convite de seus alunos, apresenta conferência publicada no mesmo ano: Ordem, liberdade, mineralidade (incluída em 1965, no livro *6 conferências* *em busca de um leitor*). Em agosto inicia colaboração no *Diário Carioca*. Em 29 de agosto profere na Assembleia Constituinte outro discurso de crítica ao projeto da Constituição (incluído na 2ª edição do livro *Quase política*). Em novembro, a Comissão de Educação e Cultura da Câmara dos Deputados indica, com aplauso do escritor Jorge Amado, membro da Comissão, o nome de Gilberto Freyre para o Prêmio Nobel de Literatura de 1947, com o apoio de numerosos intelectuais brasileiros. Publica-se no Rio de Janeiro a 5ª edição de *Casa-grande & senzala* e em Nova York (Knopf), a edição do mesmo livro em inglês, *The masters and the slaves*.

1947 Apresenta à Mesa da Câmara dos Deputados, para ser dado como lido, discurso sobre o centenário de nascimento de Joaquim Nabuco, publicado no ano seguinte. Em 22 de maio, lê no auditório da Associação Brasileira de Imprensa, a convite da Sociedade dos Amigos da América, conferência sobre Walt Whitman, publicada no ano seguinte. Trabalha ativamente na Comissão de Educação e Cultura da Câmara dos Deputados. É convidado para representar o Brasil no 19º Congresso dos Pen Clubes Mundiais, reunido em Zurique. Publica-se em Londres a edição inglesa de *The masters and the slaves*, em Nova York, a 2ª impressão de *Brazil: an interpretation* e no Rio de Janeiro, a edição brasileira deste livro, em tradução de Olívio Montenegro: *Interpretação do Brasil* (José Olympio). Publica-se em Montevidéu a obra *Gilberto Freyre y la sociología brasileña*, de Eduardo J. Couture.

1948 A convite da Unesco, toma parte, em Paris, no conclave de oito notáveis cientistas e pensadores sociais (Gurvitch, Allport e Sullivan, entre eles), reunidos pela referida Organização das Nações Unidas por iniciativa do então diretor Julian Huxley para estudar as Tensões que afetam a compreensão internacional, trabalho em conjunto depois publicado em inglês e francês. Lê, no Ministério das Relações Exteriores, a convite do Instituto Brasileiro de Educação, Ciência e Cultura (Comissão Nacional da Unesco), conferência sobre o conclave de Paris. Repete na Escola de Comando do Estado-Maior do Exército a conferência lida no Ministério das Relações Exteriores. Inicia em 18 de setembro sua colaboração em *O Cruzeiro*. Em dezembro, profere na Câmara dos Deputados discurso justificando a criação do Instituto Joaquim Nabuco de Pesquisas Sociais, com sede no Recife (incluído na 2ª edição do livro *Quase política*). Lê no Museu de Arte de São Paulo duas conferências: uma sobre Emílio Cardoso Ayres e outra sobre d. Veridiana Prado. Apresenta mais uma conferência na Escola de Comando do Estado-Maior do Exército. Publicam-se no Rio de Janeiro (José Olympio) o livro *Ingleses no Brasil* e os opúsculos O camarada Whitman (incluído, em 1965, no livro *6 conferências em busca de um leitor*), Joaquim Nabuco (incluído, em 1966, na 2ª edição do livro *Quase política*) e *Guerra, paz e ciência* (este editado pelo Ministério das Relações Exteriores). Inicia sua colaboração no *Diário de Notícias*.

1949 Segue para os Estados Unidos, a fim de participar, na categoria de ministro, como delegado parlamentar do Brasil, na 4ª Conferência Internacional da Organização das Nações Unidas. Lê conferências na Universidade Católica da América (Washington, D.C.) e na Universidade de Virgínia. Profere, em 12 de abril, na Associação de Cultura Franco-Brasileira do Recife, conferência sobre Emílio Cardoso Ayres (apenas pequeno trecho foi publicado no *Bulletin* da Associação). Em 18 de agosto, apresenta na Faculdade de Direito do Recife conferência sobre Joaquim Nabuco, na sessão comemorativa do centenário de nascimento do estadista pernambucano (incluída no livro *Quase política*). Em 30 de agosto, profere na Câmara dos Deputados discurso de saudação ao Visconde Jowitt, presidente da Câmara dos Lordes do Reino Unido da Grã-Bretanha e Irlanda do Norte (incluído em *Quase política*). No mesmo dia, lê, no Instituto Histórico e Geográfico Brasileiro, conferência sobre Joaquim Nabuco. Publica-se, no Rio de Janeiro (José Olympio), a conferência apresentada no ano anterior, na Escola de Comando do Estado-Maior do Exército: Nação e Exército (incluída, em 1965, no livro *6 conferências em busca de um leitor*).

1950 Profere na Câmara dos Deputados, em 17 de janeiro, discurso sobre o pernambucano Joaquim Arcoverde, primeiro cardeal da América Latina, por ocasião da passagem do primeiro centenário de seu nascimento (incluído em *Quase política*). Apresenta na Câmara dos Deputados, em 5 de abril, discurso sobre o centenário de nascimento de José Vicente Meira de Vasconcelos, constituinte de 1891 (incluído em *Quase política*). Profere na Câmara dos Deputados, em 28 de abril, discurso de definição de atitude na vida pública (incluído em *Quase política*). Discursa na Câmara dos Deputados, em 2 de maio, sobre o centenário da morte de Bernardo Pereira de Vasconcelos (incluído em *Quase política*). Profere na Câmara dos Deputados, em 2 de junho, discurso contrário à emenda parlamentarista (incluído em *Quase política*). Apresenta na Câmara dos Deputados, em 26 de junho, discurso no qual transmite apelo que recebeu de três parlamentares ingleses, em favor de um governo supranacional (incluído em *Quase política*). Discursa na Câmara dos Deputados, em 8 de agosto, sobre o centenário de nascimento de José Mariano (incluído em *Quase política*). Profere no Parque 13 de Maio, do Recife, discurso em favor da candidatura do deputado João Cleofas de Oliveira ao governo do estado de Pernambuco (incluído na 2ª edição de *Quase política)*. Em 11 de setembro inicia colaboração diária no *Jornal Pequeno*, do Recife, sob o título Linha de fogo, em prol da candidatura João Cleofas ao governo do estado de Pernambuco. Profere, em 8 de novembro, na Câmara dos Deputados, discurso de despedida por não ter sido reeleito para o período seguinte (incluído na 2ª edição de *Quase política*). Publica-se em Urbana (University of Illinois Press) a obra coletiva *Tensions that cause wars*, em Paris, em 1948, tendo como contribuição de Gilberto Freyre: Internationalizing social sciences. Publicam-se no Rio de Janeiro (José Olympio) a 1ª edição do livro *Quase política* e a 6ª de *Casa-grande & senzala*.

1951 Publicam-se no Rio de Janeiro (José Olympio) a seguinte edição de *Nordeste* e de *Sobrados e mucambos* (esta refundida e acrescida de cinco novos capítulos). A convite da Universidade de Londres, escreve, em inglês, estudo sobre a situação do professor no Brasil, publicado, no mesmo ano, pelo *Year book of education*. Publica-se em Lisboa (Livros do Brasil) a edição portuguesa de *Interpretação do Brasil*.

1952 Lê, na sala dos capelos da Universidade de Coimbra, em 24 de janeiro, conferência publicada, no mesmo ano, pela Coimbra Editora: Em torno de um novo conceito de tropicalismo. Publica-se em Ipswich (Inglaterra) o opúsculo editado pela revista *Progress* de Londres com o ensaio: Human factors behind Brazilian development. Publica-se no Recife (Edições Região) o *Manifesto regionalista de 1926*. Publicam-se no Rio de Janeiro (Serviço de Documentação do Ministério da Educação e Cultura) o opúsculo *José de Alencar* (José Olympio) e a 7ª edição de *Casa-grande & senzala* em francês, organizada pelo professor Roger Bastide, com prefácio de Lucien Fèbvre: *Maîtres et esclaves* (volume 4 da Coleção La Croix du Sud, dirigida por Roger Caillois). Viaja a Portugal e às províncias ultramarinas. Em 16 de abril, inicia colaboração no *Diário Popular* de Lisboa e no *Jornal do Comércio* do Recife.

1953 Publicam-se no Rio de Janeiro (José Olympio) os livros *Aventura e rotina* (escritos durante a viagem a Portugal e às províncias luso-asiáticas, "à procura das constantes portuguesas de caráter e ação") e *Um brasileiro em terras portuguesas* (contendo conferências e discursos proferidos em Portugal e nas províncias ultramarinas, com extensa "Introdução a uma possível luso-tropicologia").

1954 Escolhido pela Comissão das Nações Unidas para o estudo da situação racial na união sul-africana, como o antropólogo estrangeiro mais capacitado a opinar sobre essa situação, visita o referido país e apresenta à Assembleia Geral da ONU um estudo publicado pela organização nessa nação em: *Elimination des conflits et tensions entre les races*. Publica-se no Rio de Janeiro a 8ª edição de *Casa-grande & senzala*; no Recife (Edições Nordeste), o opúsculo Um estudo do prof. Aderbal Jurema e, em Milão (Fratelli Bocca), a 1ª edição, em italiano, de *Interpretazione del Brasile*. Em agosto é encenada no Teatro Santa Isabel a dramatização de *Casa-grande & senzala*, feita por José Carlos Cavalcanti Borges. O professor Moacir Borges de Albuquerque defende, em concurso para provimento efetivo de uma das cadeiras de português do Instituto de Educação de Pernambuco, tese sobre *Linguagem de Gilberto Freyre*.

1955 Lê, na sessão inaugural do 4º Congresso Brasileiro de Neurologia, Psiquiatria e Higiene Mental, conferência sobre Aspectos da moderna convergência médico-social e antropocultural (incluída na 2ª edição de *Problemas brasileiros de antropologia*). Em 15 de maio profere no encerramento do curso de treinamento de professores rurais de Pernambuco discurso publicado no ano seguinte. Comparece, como um dos quatro conferencistas principais (os outros foram o alemão Von Wreie, o inglês Ginsberg e o francês Davy) e na alta categoria de convidado especial, ao 3º Congresso Mundial de Sociologia, realizado em Amsterdã, no qual apresenta a comunicação, publicada em Louvain, no mesmo ano, pela Associação Internacional de Sociologia: *Morals and social change*. Para discutir *Casa-grande & senzala* e outras obras, ideias e métodos de Gilberto Freyre, reúnem-se em Cerisy-La-Salle os escritores e professores M. Simon, R. Bastide, G. Gurvitch, Leon Bourdon, Henri Gouhier, Jean Duvignaud, Tavares Bastos, Clara Mauraux, Nicolas Sombart e Mário Pinto de Andrade: talvez a maior homenagem já prestada na Europa a um intelectual brasileiro; os demais seminários de Cerisy foram dedicados a filósofos da história, como Toynbee e Heidegger. Publicam-se no Recife (Secretaria de Educação e Cultura) os opúsculos Sugestões para uma nova política no Brasil: a rurbana (incluído, em 1966, na 2ª edição de *Quase política*) e Em torno da situação do professor no Brasil; em Nova York (Knopf) a 2ª edição de *Casa-grande & senzala*, em inglês: *The masters and the slaves*, e em Paris (Gallimard) a 1ª edição de *Nordeste* em francês: *Terres du sucre* (volume 14 da Coleção La Croix du Sud, dirigida por Roger Caillois).

1957 Lê, em 4 de agosto, na Escola de Belas Artes da Universidade Federal de Pernambuco, em solenidade comemorativa do 25º aniversário de fundação daquela instituição, conferência publicada no mesmo ano: Arte, ciência social e sociedade. Dirige, em outubro, curso sobre Sociologia da Arte na mesma escola. Colabora novamente no *Diário Popular* de Lisboa, atendendo a insistentes convites do seu diretor, Francisco da Cunha Leão. Publicam-se no Recife os opúsculos Palavras às professoras rurais do Nordeste (Secretaria de Educação e Cultura do Estado de Pernambuco) e Importância para o Brasil dos institutos de pesquisa científica (Instituto Joaquim Nabuco de Pesquisas Sociais); no Rio de Janeiro (José Olympio), a 2ª edição de *Sociologia*; no México (Editorial Cultural), o opúsculo A experiência portuguesa no trópico americano; em Lisboa (Livros do Brasil), a 1ª edição portuguesa de *Casa--grande & senzala* e a obra *Gilberto Freyre's "lusotropicalism"*, de autoria de Paul V. Shaw (Centro de Estudos Políticos Sociais da Junta de Investigações do Ultramar).

1958 Lê, no Fórum Roberto Simonsen, conferência publicada no mesmo ano pelo Centro e Federação das Indústrias do Estado de São Paulo: Sugestões em torno de uma nova orientação para as relações intranacionais no Brasil. Publicam-se em Lisboa (Centro de Estudos Políticos e Sociais da Junta de Investigações do Ultramar) o livro, com texto em português e inglês, *Integração portuguesa nos trópicos/Portuguese integration in the tropics*, e no Rio de Janeiro (José Olympio), a 9ª edição brasileira de *Casa-grande & senzala*.

1959 Lê, em abril, conferências no Instituto Joaquim Nabuco de Pesquisas Sociais, iniciando e concluindo cursos de Ciências Sociais promovidos pelo referido órgão. Em julho, apresenta na Faculdade de Direito da Universidade Federal de Minas Gerais conferência publicada pela mesma universidade, no ano seguinte. Publicam-se em Nova York (Knopf) *New world in the tropics*, cujo texto contém, grandemente expandido e praticamente reescrito, o livro (publicado em 1945 pelo mesmo editor) *Brazil: an interpretation*; na Guatemala (Editorial de Ministério de Educación Pública José de Pineda Ibarra), o opúsculo Em torno a algunas tendencias actuales de la antropología; no Recife (Arquivo Público do Estado de Pernambuco), o opúsculo A propósito de Mourão, Rosa e Pimenta: sugestões em torno de uma possível hispano-tropicalologia; no Rio de Janeiro (José Olympio), a 1ª edição do livro *Ordem e progresso* (terceiro volume da Série Introdução à história patriarcal no Brasil, iniciada com *Casa-grande & senzala*, continuada com *Sobrados e mucambos* e finalizada com *Jazigos e covas rasas*, livro nunca concluído) e *O velho Félix e suas memórias de um Cavalcanti* (2ª edição, ampliada, da introdução ao livro *Memórias de um Cavalcanti*, publicado em 1940); em Salvador (Universidade da Bahia), o livro *A propósito de frades* e o opúsculo Em torno de alguns túmulos afrocristãos de uma área africana contagiada pela cultura brasileira; e em São Paulo (Instituto Brasileiro de Filosofia), o ensaio A filosofia da história do Brasil na obra de Gilberto Freyre, de autoria de Miguel Reale.

1960 Viaja pela Europa, nos meses de agosto e setembro, lendo conferências em universidades francesas, alemãs, italianas e portuguesas. Publicam-se em Lisboa (Livros do Brasil) o livro *Brasis, Brasil e Brasília*; em Belo Horizonte (edições da *Revista Brasileira de Estudos Políticos*), a conferência Uma política transnacional de cultura para o Brasil de hoje; no Recife (Imprensa Universitária), o opúsculo Sugestões em torno do Museu de Antropologia do Instituto Joaquim Nabuco de Pesquisas Sociais, e no Rio de Janeiro (José Olympio), a 3ª edição do livro *Olinda*.

1961 Em 24 de fevereiro recebe em sua casa de Apipucos a visita do escritor norte-americano Arthur Schlesinger Junior, assessor e enviado especial do presidente John F. Kennedy. Em 20 de abril profere na Faculdade de Medicina da Universidade Federal de Pernambuco uma conferência sobre Homem, cultura e trópico, iniciando as atividades do Instituto de Antropologia Tropical, criado naquela faculdade por sugestão sua. Em 25 de abril é filmado e entrevistado em sua residência pela equipe de televisão e cinema do Columbia Broadcasting System. Em junho viaja aos Estados Unidos, onde faz conferência no Conselho Americano de Sociedades Científicas, no Centro de Corning, no Centro de Estudos de Santa Bárbara e nas Universidades de Princeton e Colúmbia. De volta ao Brasil, recebe, em agosto, a pedido da Comissão

Educacional dos Estados Unidos da América no Brasil (Comissão Fulbright), para uma palestra informal sobre problemas brasileiros, os professores norte-americanos que participam do II Seminário de Verão promovido pela referida comissão. Em outubro, lê, no Instituto Joaquim Nabuco de Pesquisas Sociais, quatro conferências sobre sociologia da vida rural. Ainda em outubro e a convite dos corpos docente e discente da Escola de Engenharia da Universidade Federal de Pernambuco, lê na mesma escola três conferências sobre Três engenharias inter-relacionadas: a física, a social e a chamada humana. Viaja a São Paulo e lê, em 27 de outubro, no auditório da Academia Paulista de Letras, sob os auspícios do Instituto Hans Staden, conferência intitulada Como e porque sou sociólogo. Em 1º de novembro, apresenta no auditório da ABI e sob os auspícios do Instituto Cultural Brasil-Alemanha, conferências sobre Harmonias e desarmonias na formação brasileira. Em dezembro, segue para a Europa, permanecendo três semanas na Alemanha Ocidental, para participar, como representante do Brasil, no encontro germano-hispânico de sociólogos. Publicam-se em Tóquio (Ministério da Agricultura do Japão, série de Guias para os emigrantes em países estrangeiros), a edição japonesa de *New world in the tropics*: Atsuitai no sin sekai; em Lisboa (Comissão Executiva das Comemorações do V Centenário da Morte do Infante Dom Henrique) – em português, francês e inglês –, o livro *O luso e trópico*: les Portugais et les tropiques e *The portuguese and the tropics* (edições separadas); no Recife (Imprensa Universitária), a obra *Sugestões de um novo contato com universidades europeias*; no Rio de Janeiro (José Olympio), a 3ª edição brasileira de *Sobrados e mucambos* e a 10ª edição brasileira (11ª em língua portuguesa) de *Casa-grande & senzala*.

1962 Em fevereiro, a Escola de Samba de Mangueira desfila, no Carnaval do Rio de Janeiro, com enredo inspirado em *Casa-grande & senzala*. Em março é eleito presidente do Comitê de Pernambuco do Congresso Internacional para a Liberdade da Cultura. Em 10 de junho, lê, no Gabinete Português de Leitura do Rio de Janeiro, a convite da Federação das Associações Portuguesas do Brasil, conferência publicada, no mesmo ano, pela referida entidade: *O Brasil em face das Áfricas negras e mestiças*. Em agosto reúne-se em Porto Alegre o 1º Colóquio de Estudos Teuto-Brasileiros, organizado por sugestão sua. Ainda em agosto é admitido pelo Presidente da República como Comandante do Corpo de Graduação da Ordem do Mérito Militar. Por iniciativa do Banco Interamericano de Desenvolvimento, o professor Leopoldo Castedo profere em Washington, D.C., no curso Panorama da Civilização Ibero-Americana, conferência sobre La valorización del tropicalismo en Freyre. Em outubro, torna-se editor-associado do *Journal of Interamerican Studies*. Em novembro, dirige na Faculdade de Letras da Universidade de Coimbra um curso de seis lições sobre Sociologia da História. Ainda na Europa, lê conferências em universidades da França, da Alemanha Ocidental e da

Espanha. Em 19 de novembro recebe o grau de Doutor *Honoris Causa* pela Faculdade de Letras de Coimbra. Publicam-se no Rio de Janeiro (José Olympio) os livros *Talvez poesia* e *Vida, forma e cor*, a 2ª edição de *Ordem e progresso* e a 3ª de *Sociologia*; em São Paulo (Livraria Martins Editora), o livro *Arte, ciência e trópico*; em Lisboa (Livros do Brasil), as edições portuguesas de *Aventura e rotina* e de *Um brasileiro em terras portuguesas*; no Rio de Janeiro (José Olympio), a obra coletiva *Gilberto Freyre: sua ciência, sua filosofia, sua arte* (ensaios sobre o autor de *Casa-grande & senzala* e sua influência na moderna cultura do Brasil, comemorativos do vigésimo quinto aniversário de publicação desse livro).

1963 Em 10 de junho, inaugura-se no Teatro Santa Isabel do Recife uma exposição sobre *Casa--grande & senzala*, organizada pelo colecionador Abelardo Rodrigues. Em 20 de agosto, o governo de Pernambuco promulga a Lei Estadual nº 4.666, de iniciativa do deputado Paulo Rangel Moreira, que autoriza a edição popular, pelo mesmo estado, de *Casa-grande & senzala*. Publicam-se em *The American Scholar*, Chapel Hill (United Chapters of Phi Beta Kappa e University of North Caroline), o ensaio On the Iberian concept of time; em Nova York (Knopf), a edição de *Sobrados e mucambos* em inglês, com introdução de Frank Tannenbaum: *The mansions and the shanties (the making of modern Brazil)*; em Washington, D.C. (Pan American Union), o livro *Brazil*; em Lisboa, a 2ª edição do opúsculo Americanism and latinity America (em inglês e francês); em Brasília (Editora Universidade de Brasília), a 12ª edição brasileira de *Casa-grande & senzala* (13ª edição em língua portuguesa) e no Recife (Imprensa Universitária), o livro *O escravo nos anúncios de jornais brasileiros do século XIX* (reedição muito ampliada da conferência lida, em 1935, na Sociedade Felipe d'Oliveira). O professor Thomas John O'Halloran apresenta à Graduate School of Arts and Science, da New York University, dissertação sobre *The life and master writings of Gilberto Freyre*. As Editoras A. A. Knopf e Random House publicam em Nova York a 2ª edição (como livro de bolso) de *New world in the tropics*.

1964 A convite do governo do estado de Pernambuco, lê na Escola Normal do mesmo estado, em 13 de maio, conferência como orador oficial da solenidade comemorativa do centenário de fundação daquela Escola. Recebe em Natal, em julho, as homenagens da Fundação José Augusto pelo trigésimo aniversário da publicação de *Casa-grande & senzala*. Recebe, em setembro, o Prêmio Moinho Santista para Ciências Sociais. Viaja aos Estados Unidos e participa, em dezembro, como conferencista convidado, do seminário latino-americano promovido pela Universidade de Colúmbia. Publicam-se em Nova York (Knopf) uma edição abreviada (*paperback*) de *The masters and the slaves*; em Madri (separata da *Revista de la Universidad de Madrid*) o opúsculo De lo regional a lo universal en la interpretación de los complejos socioculturales; no Recife (Instituto Joaquim Nabuco de Pesquisas Sociais), em tradução de Waldemar Valente, a tese universitária de 1922, *Vida social no Brasil nos meados do século XIX* e o opúsculo (Imprensa Universitária) *O estado de Pernambuco e expressão no poder nacional: aspectos de um assunto complexo*; no Rio de Janeiro (José Olympio), a seminovela *Dona Sinhá e o filho padre*, o livro *Retalhos de jornais velhos* (2ª edição, consideravelmente ampliada, de *Artigos de jornal*), o opúsculo *A Amazônia brasileira e uma possível luso-tropicologia* (Superintendência do Plano de Valorização Econômica da Amazônia) e a 11ª edição brasileira de *Casa-grande & senzala*. Recusa convite do presidente Castelo Branco para ser ministro da Educação e Cultura.

1965 Viaja a Campina Grande, onde lê, em 15 de março, na Faculdade de Ciências Econômicas, a conferência (publicada no mesmo ano pela Universidade Federal da Paraíba) *Como e porque sou escritor*. Participa no Simpósio sobre Problemática da Universidade Federal de Pernambuco (março/abril), com uma conferência sobre a conveniência da introdução na mesma universidade, de "Um novo tipo de seminário (Tannenbaum)". Viaja ao Rio de Janeiro, onde recebe, em cerimônia realizada no auditório de *O Globo*, diploma com o qual o referido jornal homenageou, no seu quadragésimo aniversário, a vida e a obra dos Notáveis do Brasil: brasileiros vivos que, "por seu talento e capacidade de trabalho de todas as formas invulgares, tenham tido uma decisiva participação nos rumos da vida brasileira, ao longo dos quarenta anos conjuntamente vividos". Em 9 de novembro, gradua-se, *in absentia*, doutor pela Universidade de Paris (Sorbonne), em solenidade na qual também foram homenageados outros sábios de categoria internacional, em diferentes campos do saber, sendo a consagração por obra que vinha abrindo "novos caminhos à filosofia e às ciências do homem". A consagração cultural pela Sorbonne juntou-se à recebida das Universidades da Colúmbia e de Coimbra e às quais se somaram as de Sussex (Inglaterra) e Münster (Alemanha), em solenidade prestigiada por nove magníficos reitores alemães. Publicam-se em Berlim (Kiepenheur & Witsch) a 1ª edição de *Casa-grande & senzala* em alemão: *Herrenhaus und sklavenhütte (ein bild der Brasilianischen gesellschaft)*; no Recife (Imprensa Oficial do Estado de Pernambuco), o opúsculo *Forças Armadas e outras forças*, e no Rio de Janeiro (José Olympio), o livro *6 conferências em busca de um leitor*.

1966 Viaja ao Distrito Federal, a convite da Universidade de Brasília, onde lê, em agosto, seis conferências sobre Futurologia, assunto que foi o primeiro a desenvolver no Brasil. Por solicitação das Nações Unidas, apresenta ao United Nations Human Rights Seminar on Apartheid (realizado em Brasília, de 23 de agosto a 5 de setembro) um trabalho de base sobre *Race mixture and cultural interpenetration: the Brazilian example*, distribuído na mesma ocasião em inglês, francês, espanhol e russo. Por sugestão sua, inicia-se na Universidade Federal de Pernambuco o Seminário de Tropicologia, de caráter interdisciplinar e inspirado pelo seminário do mesmo tipo, iniciado na Universidade de Colúmbia pelo professor Frank Tannenbaum. Publicam-se em Barnet, Inglaterra, *The racial factor in contemporary politics*; no Rio de Janeiro (José Olympio), a 13ª edição do mesmo livro; e no Recife (governo do estado de Pernambuco), o primeiro tomo da 14ª edição brasileira (15ª em língua portuguesa) de *Casa-grande & senzala* (edição popular, para ser comercializada a preços acessíveis, de acordo com a Lei Estadual nº 4.666, de 20 de agosto de 1963).

1967 Em 30 de janeiro, lançamento solene, no Palácio do Governo do Estado de Pernambuco, do primeiro volume da edição popular de *Casa-grande & senzala*. Em julho, viaja aos Estados Unidos, para receber, no Instituto Aspen de Estudos Humanísticos, o Prêmio Aspen do ano (30 mil dólares e isento de imposto sobre a renda) "pelo que há de original, excepcional e de valor permanente em sua obra ao mesmo tempo de filósofo, escritor literário e antropólogo". Recebe o Nobel dos Estados Unidos na presença de embaixador, enviado especial do presidente Lyndon B. Johnson, que se congratula com Gilberto Freyre pela honraria na qual o autor foi precedido por apenas três notabilidades internacionais: o compositor Benjamin Britten, a dançarina Martha Graham e o urbanista Constantino Doxiadis por obras reveladoras de "criatividade genial". Em dezembro, lê na Academia Brasileira de Letras, no Instituto Histórico e Geográfico Brasileiro e no Instituto Joaquim Nabuco de Pesquisas Sociais, conferências sobre Oliveira Lima, em sessões solenes comemorativas do centenário de nascimento daquele historiador (ampliadas no livro *Oliveira Lima, Dom Quixote gordo*). Publicam-se em Lisboa (Fundação Calouste Gulbenkian) o livro *Sociologia da medicina*; em Nova York (Knopf), a tradução da "seminovela" *Dona Sinhá e o filho padre*: *mother and son*: a Brazilian tale; no Recife (Instituto Joaquim Nabuco de Pesquisas Sociais), a 2ª edição de *Mucambos do Nordeste* e a 3ª edição do *Manifesto Regionalista de 1926*; em São Paulo (Arquimedes Edições), o livro *O Recife, sim! Recife não!*, e no Rio de Janeiro (José Olympio), a 4ª edição de *Sociologia*.

1968 Em 9 de janeiro, lê, no Palácio do Governo do Estado de Pernambuco, a primeira da série de conferências promovidas pelo governador do estado para comemorar o centenário de nascimento de Oliveira Lima (incluída no livro *Oliveira Lima, Dom Quixote gordo*, publicado no mesmo ano pela Imprensa da Universidade de Recife). Viaja à Argentina onde faz conferência sobre Oliveira Lima na Universidade do Rosário, e à Alemanha Ocidental, onde recebe o título de Doutor *Honoris Causa* pela Universidade de Münster por sua obra comparada à de Balzac. Publicam-se em Lisboa (Academia Internacional da Cultura Portuguesa) o livro em dois volumes, *Contribuição para uma sociologia da biografia (o exemplo de Luís de Albuquerque, governador de Mato Grosso no fim do século XVII)*; no Distrito Federal (Editora Universidade de Brasília), o livro *Como e porque sou e não sou sociólogo*, e no Rio de Janeiro (Record), as 2ᵃˢ edições dos livros *Região e tradição* e *Brasis, Brasil e Brasília*. Ainda no Rio de Janeiro, publicam-se (José Olympio) as 4ᵃˢ edições dos livros *Guia prático, histórico e sentimental da cidade do Recife* e *Olinda, 2º guia prático, histórico e sentimental de cidade brasileira*.

1969 Recebe o Prêmio Internacional de Literatura La Madonnina por "incomparável agudeza na descrição de problemas sociais, conferindo-lhes calor humano e otimismo, bondade e sabedoria", através de uma obra de "fulgurações geniais". Lê conferência, no Conselho Federal de Cultura, em sessão dedicada à memória de Rodrigo M. F. de Andrade. A Universidade Federal de Pernambuco lança os dois primeiros volumes do seminário de Tropicologia, relativos ao ano de 1966: *Trópico & colonização, nutrição, homem, religião, desenvolvimento, educação e cultura, trabalho e lazer, culinária, população*. Lê no Instituto Joaquim Nabuco de Pesquisas Sociais quatro conferências sobre Tipos antropológicos no romance brasileiro. Publicam-se no Recife (Instituto Joaquim Nabuco de Pesquisas Sociais) o ensaio Sugestões em torno da ciência e da arte da pesquisa social, e no Rio de Janeiro (José Olympio), a 15ª edição brasileira de *Casa-grande & senzala*.

1970 Completa setenta anos de idade residindo na província e trabalhando como se fosse um intelectual ainda jovem: escrevendo livros, colaborando em jornais e revistas nacionais e estrangeiros, dirigindo cursos, proferindo conferências, presidindo o conselho diretor e incentivando as atividades do Instituto Joaquim Nabuco de Pesquisas Sociais, presidindo o Conselho Estadual de Cultura, dirigindo o Centro Regional de Pesquisas Educacionais e o Seminário de Tropicologia da Universidade Federal de Pernambuco, comparecendo às reuniões mensais do Conselho Federal de Cultura e atendendo a convites de universidades europeias e norte-americanas, onde é sempre recebido como o embaixador intelectual do Brasil. A Editora A. A. Knopf publica em Nova York *Order and progress*, com texto traduzido e refundido por Rod W. Horton.

1971 Recebe a 26 de novembro, em solenidade no Gabinete Português de Leitura, do Recife, e tendo como paraninfo o ministro Mário Gibson Barbosa, o título de Doutor *Honoris Causa* pela Universidade Federal de Pernambuco. Discursa como orador oficial da solenidade de inauguração, pelo presidente Emílio Garrastazu Médici, do Parque Nacional dos Guararapes, no Recife. A rainha Elizabeth lhe confere o título de *Sir* (Cavaleiro Comandante do Império Britânico) e a Universidade Federal do Rio de Janeiro, o grau de Doutor *Honoris Causa* em filosofia. Publicam-se a 1ª edição da *Seleta para jovens* (José Olympio) e a obra *Nós e a*

Europa germânica (Grifo Edições). Continua a receber visitas de estrangeiros ilustres na sua casa de Apipucos, devendo-se destacar as de embaixadores do Reino Unido, França, Estados Unidos, Bélgica e as de Aldous Huxley, George Gurvitch, Shelesky, John dos Passos, Jean Duvignaud, Lincoln Gordon e Roberto Kennedy, a quem oferece jantar a pedido desse visitante. A Companhia Editora Nacional publica em São Paulo, como volume 348 de sua coleção Brasiliana, a 1ª edição brasileira de *Novo mundo nos trópicos*.

1972 Preside o Primeiro Encontro Inter-Regional de Cientistas Sociais do Brasil, realizado em Fazenda Nova, Pernambuco, de 17 a 20 de janeiro, sob os auspícios do Instituto Joaquim Nabuco de Pesquisas Sociais. Recebe o título de Cidadão de Olinda, conferido por Lei Municipal nº 3.774, de 8 de março de 1972, e em sessão solene da Assembleia Legislativa do Estado de Pernambuco, a Medalha Joaquim Nabuco, conferida pela Resolução nº 871, de 28 de abril de 1972. Em 14 de junho profere no Instituto Joaquim Nabuco de Pesquisas Sociais palestra sobre José Bonifácio e no Instituto Joaquim Nabuco de Pesquisas Sociais as duas primeiras conferências da série comemorativa do centenário de Estácio Coimbra. Em 15 de dezembro, inaugura-se na Praia de Boa Viagem, no Recife, o Hotel Casa-grande & senzala. A Editora Giulio Einaudi publica em Turim a edição italiana de *Casa-grande & senzala: Case e catatecchie*.

1973 Recebe em São Paulo o Troféu Novo Mundo, "por obras notáveis em sociologia e história", e o Troféu Diários Associados, pela "maior distinção anual em artes plásticas". Realizam-se exposições de telas de sua autoria, uma no Recife, outra no Rio, esta na residência do casal José Maria do Carmo Nabuco, com apresentação de Alfredo Arinos de Mello Franco. Por decreto do presidente Médici, é reconduzido ao Conselho Federal de Cultura. Viaja a Angola, em fevereiro. A 10 de maio, a convite da Assembleia Legislativa do Estado de Pernambuco, profere discurso no Cemitério de Santo Amaro, diante do túmulo de Joaquim Nabuco, em comemoração ao Sesquicentenário do Poder Legislativo no Brasil. Recebe em setembro, em João Pessoa, o título de Doutor *Honoris Causa* pela Universidade Federal da Paraíba. Profere na Câmara dos Deputados, em 29 de novembro, conferência sobre Atuação do Parlamento no Império e na República, na série comemorativa do Sesquicentenário do Poder Legislativo no Brasil e na Universidade de Brasília, palestra em inglês para o corpo diplomático, sob o título de Some remarks on how and why Brazil is different. Em 13 de dezembro é operado pelo professor Euríclides de Jesus Zerbini, no Hospital da Beneficência Portuguesa de São Paulo.

1974 Recebe em São Paulo o Troféu Novo Mundo, conferido pelo Centro de Artes Novo Mundo. Faz sua primeira exposição de pintura em São Paulo, com quarenta telas adquiridas imediatamente. A 15 de março, o Instituto Joaquim Nabuco de Pesquisas Sociais comemora com exposição e sessão solene os quarenta anos da publicação de *Casa-grande & senzala*. Em 20 de julho profere no Instituto Joaquim Nabuco de Pesquisas Sociais conferência sobre a Importância dos retratos para os estudantes biográficos: o caso de Joaquim Nabuco. A 29 de agosto, a Universidade Federal de Pernambuco inaugura no saguão da reitoria uma placa comemorativa dos quarenta anos de *Casa-grande & senzala*. A 12 de outubro recebe a Medalha de Ouro José Vasconcelos, outorgada pela Frente de Afirmación Hispanista do México, para distinguir, a cada ano, uma personalidade dos meios culturais hispano-americanos. O cineasta Geraldo Sarno realiza documentário de cinco minutos intitulado *Casa-grande & senzala*, de acordo com uma ideia de Aldous Huxley. O editor Alfred A. Knopf publica em Nova York a obra *The Gilberto Freyre Reader*.

1975 Diante da violência de uma enchente do rio Capibaribe, em 17 e 18 de julho, lidera com Fernando de Mello Freyre, diretor do Instituto Joaquim Nabuco, um movimento de estudo interdisciplinar sobre as enchentes em Pernambuco. Profere, em 10 de outubro, conferência no Clube Atlético Paulistano sobre O Brasil como nação hispano-tropical. Recebe em 15 de outubro, do Sindicato dos Professores do Ensino Primário e Secundário de Pernambuco e da Associação dos Professores do Ensino Oficial, o título de Educador do Ano, por relevantes serviços prestados à comunidade nordestina no campo da educação e da pesquisa social. Profere em 7 de novembro, no Teatro Santa Isabel, do Recife, conferência sobre o Sesquicentenário do *Diário de Pernambuco*. O Instituto do Açúcar e do Álcool lança, em 15 de novembro, o Prêmio de Criatividade Gilberto Freyre, para os melhores ensaios sobre aspectos socioeconômicos da zona canavieira do Nordeste. Publicam-se no Rio de Janeiro suas obras *Tempo morto e outros tempos, O brasileiro entre os outros hispanos* (José Olympio) e *Presença do açúcar na formação brasileira* (IAA).

1976 Viaja à Europa em setembro, fazendo conferências em Madri (Instituto de Cultura Hispânica) e em Londres (Conselho Britânico). É homenageado com a esposa, em Londres, com banquete pelo embaixador Roberto Campos e esposa (presentes vários dos seus amigos ingleses, como Lord Asa Briggs). Em Paris, como hóspede do governo francês, é entrevistado pelo sociólogo Jean Duvignaud, na rádio e na televisão francesas, sobre Tendências atuais da cultura brasileira. É homenageado com banquete pelo diretor de *Le Figaro*, seu amigo, escritor e membro da Academia Francesa, Jean d'Ormesson, presentes Roger Caillois e outros intelectuais franceses. Em Viena, identifica mapas inéditos do Brasil no período holandês, existentes na Biblioteca Nacional da Áustria. Na Espanha, como hóspede do governo, realiza palestra no Instituto de Cultura Hispânica, presidido pelo Duque de Cadis. Em Lisboa é homenageado com banquete pelo secretário de estado de Cultura, com a presença de intelectuais, ministros e diplomatas. Em 7 de outubro, lê em Brasília, a convite do ministro da Previdência Social, conferência de encerramento do Seminário sobre Problemas de Idosos. A Livraria José Olympio Editora publica as 16ª e 17ª edições de *Casa-grande & senzala*, e o IJNPS, a 6ª edição do *Manifesto regionalista*. É lançada em Lisboa 2ª edição portuguesa de *Casa-grande & senzala*.

1977 Estreia em janeiro no Nosso Teatro (Recife) a peça *Sobrados e mucambos*, adaptada por Hermilo Borba Filho e encenada pelo Grupo Teatral Vivencial. Recebe em fevereiro, do embaixador Michel Legendre, a faixa e as insígnias de Comendador das Artes e Letras da França. Profere em março, no Seminário de Tropicologia, conferência sobre O Recife eurotropical e, na Câmara dos Deputados, em Brasília, conferência de encerramento do ciclo comemorativo do Bicentenário da Independência dos Estados Unidos. Exibição, na Biblioteca Municipal Mário de Andrade, em São Paulo, de um documentário cinematográfico sobre sua vida e obra, *Da palavra ao desenho da palavra*, com debates dos quais participam Freitas Marcondes, Leo Gilson Ribeiro, Osmar Pimentel e Egon Schaden. Profere conferências na Câmara dos Deputados, em Brasília, em 19 de agosto, sobre A terra, o homem e a educação, no Seminário sobre Ensino Superior, promovido pela Comissão de Educação e Cultura, e no Teatro José de Alencar de Fortaleza, em 24 de setembro, sobre O Nordeste visto através do tempo. Lançamento em São Paulo, em 10 de novembro, do álbum *Casas-grandes & senzalas*, com guaches de Cícero Dias. Apresenta, no Arquivo Público Estadual de Pernambuco, conferência de encerramento do Curso sobre o Sesquicentenário da Elevação do Recife à Condição de Capital, sobre O Recife e a sua autobiografia coletiva. É acolhido como sócio-honorário do Pen Clube do Brasil. Inicia em outubro colaboração semanal na *Folha de S.Paulo*. A Livraria José Olympio Editora publica *O outro amor do dr. Paulo*, seminovela, continuação de *Dona Sinhá e o filho padre*. A Editora Nova Aguilar publica, em dezembro, a *Obra escolhida*, volume em papel-bíblia que inclui *Casa-grande & senzala*, *Nordeste* e *Novo mundo nos trópicos*, com introdução de Antônio Carlos Villaça, cronologia da vida e da obra e bibliografia ativa e passiva, por Edson Nery da Fonseca. A Editora Ayacucho lança em Caracas a 3ª edição em espanhol de *Casa-grande & senzala*, com introdução de Darcy Ribeiro. As Ediciones Cultura Hispánica publicam em Madri a edição espanhola da *Seleta para jovens*, com o título de *Antología*. A Editora Espasa-Calpe publica, em Madri, *Más allá de lo moderno*, com prefácio de Julián Marías. A Livraria José Olympio Editora lança a 5ª edição de *Sobrados e mucambos* e a 18ª edição brasileira de *Casa-grande & senzala*.

1978 Viaja a Caracas para proferir três conferências no Instituto de Assuntos Internacionais do Ministério das Relações Exteriores da Venezuela. Abre no Arquivo Público Estadual, em 30 de março, ciclo de conferências sobre escravidão e abolição em Pernambuco, fazendo Novas considerações sobre escravos em anúncios de jornal em Pernambuco. Profere conferência sobre O Recife e sua ligação com estudos antropológicos no Brasil, na instalação da XI Reunião Brasileira de Antropologia, no auditório da Universidade Federal de Pernambuco, em 7 de maio. Em 22 de maio, abre em Natal a I Semana de Cultura do Nordeste. Profere em Curitiba, em 9 de junho, conferência sobre O Brasil em nova perspectiva antropossocial, numa promoção da Associação dos Professores Universitários do Paraná; em Cuiabá, em 16 de setembro, conferência sobre A dimensão ecológica do caráter nacional; na Academia Paulista de Letras, em 4 de dezembro, conferência sobre Tropicologia e realidade social, abrindo o 1º Seminário Internacional de Estudos Tropicais da Fundação Escola de Sociologia e Política. Publica-se *Recife & Olinda*, com desenhos de Tom Maia e Thereza Regina. Publicam-se as seguintes obras: *Alhos e bugalhos* (Nova Fronteira); *Prefácios desgarrados* (Cátedra); *Arte e ferro* (Ranulpho Editora de Arte), com pranchas de Lula Cardoso Ayres. O Conselho Federal de Cultura lança *Cartas do próprio punho sobre pessoas e coisas do Brasil e do estrangeiro*. A Editora Gallimard publica a 14ª edição de *Maîtres et esclaves*, na Coleção TEL. A Livraria Editora José Olympio publica a 19ª edição brasileira de *Casa-grande & senzala*, e a Fundação Cultural do Mato Grosso, a 2ª edição de *Introdução a uma sociologia da biografia*.

1979 O Arquivo Estadual de Pernambuco publica, em março, a edição fac-similar do *Livro do Nordeste*. Participa, no auditório da Biblioteca Municipal de São Paulo, em 30 de março, da Semana do Escritor Brasileiro. Recebe em Aracaju, em 17 de abril, o título de Cidadão Sergipano, outorgado pela Assembleia Legislativa de Sergipe. É homenageado pelo 44º Congresso Mundial de Escritores do Pen Clube Internacional, reunido no Rio de Janeiro, quando recebe a medalha Euclides da Cunha, sendo saudado pelo escritor Mário Vargas Llosa. Recebe o grau de Doutor *Honoris Causa* pela Faculdade de Ciências Médicas da Fundação do Ensino Superior de Pernambuco – Universidade de Pernambuco, em setembro. Viaja à Europa em outubro. Profere conferência na Fundação Calouste Gulbenkian, em 22 de outubro, sobre Onde o Brasil começou a ser o que é. Abre o ciclo de conferências comemorativo do 20º aniversário da Sudene, em dezembro, falando sobre Aspectos sociais do desenvolvimento regional. Recebe nesse mês o Prêmio Caixa Econômica Federal, da Fundação Cultural do Distrito Federal, pela obra *Oh de casa!*. Profere na Universidade de Brasília conferência sobre Joaquim Nabuco: um novo tipo de político. A Editora Artenova publica *Oh de casa!*. A Editora Cultrix publica *Heróis e vilões no romance brasileiro*. A MPM Propaganda publica *Pessoas, coisas & animais*, em edição não comercial. A Editora Ibrasa publica *Tempo de aprendiz*.

1980 Em 24 de janeiro, a Academia Pernambucana de Letras inicia as comemorações do octogésimo aniversário do autor, com uma conferência de Gilberto Osório de Andrade sobre Gilberto Freyre e o trópico. Em 25 de janeiro, a Codepe inicia seu Seminário Permanente de

Desenvolvimento, dedicando-o ao estudo da obra de Gilberto Freyre. O Arquivo Público Estadual comemora a efeméride, em 26 e 27 de fevereiro, com duas conferências de Edson Nery da Fonseca. Recebe em São Paulo, em 7 de março, a medalha de Ordem do Ipiranga, maior condecoração do estado. Em 26 de março, recebe a medalha José Mariano, da Câmara Municipal do Recife. Por decreto de 15 de abril, o governador do estado de Sergipe lhe confere o galardão de Comendador da Ordem do Mérito Aperipê. Em homenagem ao autor, são realizados diversos eventos, como: missa cantada na Catedral de São Pedro dos Clérigos, do Recife, mandada celebrar pelo governo do estado de Pernambuco, sendo oficiante monsenhor Severino Nogueira e regente o padre Jayme Diniz. Inauguração, na redação do *Diário de Pernambuco*, de placa comemorativa da colaboração de Gilberto Freyre, iniciada em 1918. Almoço na residência de Fernando Freyre. *Open house* na vivenda Santo Antônio. Sorteio de bilhete da Loteria Federal da Praça de Apipucos. Desfile de clubes e blocos carnavalescos e concentração popular em Apipucos. Sessão solene do Congresso Nacional, em 15 de abril, às 15 horas, para homenagear o escritor Gilberto Freyre pelo transcurso do seu octogésimo aniversário. Discursos do presidente, senador Luís Viana Filho, dos senadores Aderbal Jurema e Marcos Freire e do deputado Thales Ramalho. Viaja a Portugal em junho, a convite da Câmara Municipal de Lisboa, para participar nas comemorações do Quarto Centenário da Morte de Camões. Profere conferência A tradição camoniana ante insurgências e ressurgências atuais. É homenageado, em 6 de julho, durante a 32ª Reunião Anual da Sociedade Brasileira para o Progresso da Ciência, realizada no Rio de Janeiro, e em 25 de julho, pelo XII Congresso Brasileiro de Língua e Literatura, promovido pelas universidades estaduais do Rio de Janeiro e Universidade Federal do Rio de Janeiro. Em 11 de agosto, recebe do embaixador Hansjorg Kastl a Grã-Cruz do Mérito da República Federativa da Alemanha. Ainda em agosto, é homenageado pelo IV Seminário Paraibano de Cultura Brasileira. Recebe o título de Cidadão Benemérito de João Pessoa, outorgado pela Câmara Municipal da capital paraibana. Recebe o título do sócio-honorário do Instituto Histórico e Geográfico da Paraíba. Em 2 de setembro, é homenageado pelo Pen Clube do Brasil com um painel sobre suas ideias, no auditório do Palácio da Cultura, no Rio de Janeiro. Encenação, no Teatro São Pedro de São Paulo, da peça de José Carlos Cavalcanti Borges *Casa-grande & senzala*, sob a direção de Miroel Silveira, pelo grupo teatral da Escola de Comunicação e Artes da USP. Em 10 de outubro, apresenta conferência da Fundação Luisa e Oscar Americano, de São Paulo, sobre Imperialismo cultural do Conde Maurício. De 13 a 17 de outubro, profere simpósio internacional promovido pela Universidade de Brasília e pelo Ministério da Educação e Cultura, com a participação, como conferencistas, do historiador social inglês Lord Asa Briggs, do filósofo espanhol Julián Marías, do poeta e ensaísta português David Mourão-Ferreira, do antropólogo francês Jean Duvignaud e do historiador mexicano Silvio Zavala. Recebe o Prêmio Jabuti, de São Paulo, em 28 de outubro. Recebe, em 11 de dezembro, o grau de Doutor *Honoris Causa* pela Universidade Católica de Pernambuco. Em 12 de dezembro, recebe o Prêmio Moinho Recife. São publicadas diversas obras do autor, como: o álbum *Gilberto poeta*: algumas confissões, com serigrafias de Aldemir Martins, Jenner Augusto, Lula Cardoso Ayres, Reynaldo Fonseca e Wellington Virgolino e posfácio de José Paulo Moreira da Fonseca (Ranulpho Editora de Arte); *Poesia reunida* (Edições Pirata, Recife); 20ª edição brasileira de *Casa-grande & senzala*, com prefácio do ministro Eduardo Portella; 5ª edição de *Olinda*; 3ª edição da *Seleta para jovens*; 2ª edição brasileira de *Aventura e rotina* (todas pela Editora José Olympio); e a 2ª edição de *O escravo nos anúncios de jornais brasileiros do século XIX* (Companhia Editora Nacional). A Editora Greenwood Press, de Westport, Conn., publica, sem autorização do autor, a reimpressão de *New world in the tropics*.

1981 A Classe de Letras da Academia de Ciências de Lisboa reúne-se, em fevereiro, para a comunicação do escritor David Mourão-Ferreira sobre Gilberto Freyre, criador literário. Encenação, em março, no Teatro Santa Isabel, da peça-balé de Rubens Rocha Filho *Tempos perdidos, nossos tempos*. Em 25 de março, o autor recebe do embaixador Jean Beliard a *rosette* de Oficial da Légion d'Honneur. Inauguração de seu retrato, em 21 de abril, no Museu do Trem da Superintendência Regional da Rede Ferroviária Federal. Em 29 de abril, o Conselho Municipal de Cultura lança, no Palácio do Governo, um álbum de desenhos de sua autoria. Inauguração, em 7 de maio, no Museu Nacional da Quinta da Boa Vista, da edição quadrinizada de *Casa-grande & senzala*, numa promoção da Universidade Federal do Rio de Janeiro, Museu Nacional e Editora Brasil-América. Profere conferência, em 15 de maio, no auditório Benício Dias da Fundação Joaquim Nabuco, sobre Atualidade de Lima Barreto. Viaja à Espanha, em outubro, para tomar posse no Conselho Superior do Instituto de Cooperação Ibero-Americana, nomeado pelo rei João Carlos I.

1982 Recebe em janeiro a medalha comemorativa dos trinta anos do Conselho Nacional de Desenvolvimento Científico e Tecnológico (CNPq). Profere na Academia Pernambucana de Letras a conferência Luís Jardim Autodidata?, comemorativa do octogésimo aniversário do pintor e escritor pernambucano. Na abertura do III Congresso Afro-Brasileiro, em 20 de setembro, apresenta conferência no teatro Santa Isabel. Em setembro, é entrevistado pela Rede Bandeirantes de Televisão, no programa *Canal Livre*. Recebe do embaixador Javier Vallaure, na Embaixada da Espanha em Brasília, a Grã-Cruz de Alfonso, El Sabio (outubro), e no auditório do Palácio da Cultura, em 9 de novembro, profere conferência sobre Villa-Lobos revisitado. Profere no Nacional Club de São Paulo, em 11 de novembro, conferência sobre

Brasil: entre passados úteis e futuros renovados. A Editora Massangana publica *Rurbanização: o que é?* A Editora Klett-Cotta, de Stuttgart, publica a 1ª edição alemã de *Das land in der stadt. die entwicklung der urbanem gesellschaft Brasiliens* (*Sobrados e mucambos*) e a 2ª edição de *Herrenhaus und sklavenhütte* (*Casa-grande & senzala*).

1983 Iniciam-se em 21 de março — Dia Internacional das Nações Unidas Contra a Discriminação Racial — as comemorações do cinquentenário da publicação de *Casa-grande & senzala*, com sessão solene no auditório Benício Dias, presidida pelo governador Roberto Magalhães e com a presença da ministra da Educação, Esther de Figueiredo Ferraz, e do diretor-geral da Unesco, Amadou M'Bow, que lhe entrega a medalha Homenagem da Unesco. Recebe em 15 de abril, da Associação Brasileira de Relações Públicas, Seção de Pernambuco, o Troféu Integração por destaque cultural de 1982. Em abril, expõe seus últimos desenhos e pinturas na Galeria Aloísio Magalhães. Viaja a Lisboa, em 25 de outubro, para receber, do ministro dos Negócios Estrangeiros, a Grã-Cruz de Santiago da Espada. Em 27 de outubro, participa de sessão solene da Academia de Ciências de Lisboa e da Academia Portuguesa de História, comemorativa do cinquentenário da publicação de *Casa-grande & senzala*. A Fundação Calouste Gulbenkian promove em Lisboa um ciclo de conferências sobre *Casa-grande & senzala* (2 de novembro a 4 de dezembro). É homenageado pela Feira Internacional do Livro do Rio de Janeiro, em 9 de novembro. O Seminário de Tropicologia reúne-se, em 29 de novembro, para a conferência de Edson Nery da Fonseca, intitulada Gilberto Freyre, cultura e trópico. Recebe em 7 de dezembro, no Liceu Literário Português do Rio de Janeiro, a Grã-Cruz da Ordem Camoniana. A Editora Massangana publica *Apipucos: que há num nome?*, a Editora Globo lança *Insurgências e ressurgências atuais* e *Médicos, doentes e contextos sociais* (2ª edição de *Sociologia da medicina*). Realiza-se na Fundação Joaquim Nabuco, de 19 a 30 de setembro, um ciclo de conferências comemorativo dos cinquenta anos de *Casa-grande & senzala*, promovido com apoio do governo do estado e de outras entidades pernambucanas (anais editados por Edson Nery da Fonseca e publicados em 1985 pela Editora Massangana: *Novas perspectivas em Casa-grande & senzala*). A José Olympio Editora publica no Rio de Janeiro o livro de Edilberto Coutinho *A imaginação do real: uma leitura da ficção de Gilberto Freyre*, tese de doutoramento defendida na Universidade Federal do Rio de Janeiro. A Editora Record lança no Rio de Janeiro *Homens, engenharias e rumos sociais*.

1984 Lançamento, em 20 de janeiro, de selo postal comemorativo do cinquentenário de *Casa-grande & senzala*. Viaja a Salvador, em 14 de março, para receber homenagem do governo do estado pelo cinquentenário de *Casa-grande & senzala*. Inauguração, no Museu de Arte Moderna da Bahia, da exposição itinerante sobre a obra. Conferência de Edson Nery da

Fonseca sobre Gilberto Freyre, *Casa-grande & senzala* e a Bahia. Convidado pelo governador Tancredo Neves, profere em Ouro Preto, em 21 de abril, o discurso oficial da Semana da Inconfidência. Profere em 8 de maio, na antiga Reitoria da UFRJ, conferência sobre Alfonso X, o sábio, ponte de culturas. Recebe da União Cultural Brasil-Estados Unidos, em 7 de junho, a medalha de merecimento por serviços relevantes prestados à aproximação entre o Brasil e os Estados Unidos. Convidado pelo Conselho da Comunidade Portuguesa do Estado de São Paulo, lê no Clube Atlético Paulistano, em 8 de junho (Dia de Portugal) a conferência Camões: vocação de antropólogo moderno?, publicada no mesmo ano pelo conselho. Em setembro, o Balé Studio Um realiza no Recife o espetáculo de dança *Casa-grande & senzala*, sob a direção de Eduardo Gomes e com música de Egberto Gismonti. Recebe a Medalha Picasso da Unesco, desenhada por Juan Miró em comemoração do centenário do pintor espanhol. Em setembro, homenageado por Richard Civita no Hotel 4 Rodas de Olinda, com banquete presidido pelo governador Roberto Magalhães e entrega de passaportes para o casal se hospedar em qualquer hotel da rede. Participa, na Arquidiocese do Rio de Janeiro, em outubro, do Congresso Internacional de Antropologia e Práxis, debatedor do tema *Cultura e redenção*, desenvolvido por D. Paul Poupard. É homenageado no Teatro Santa Isabel do Recife, em 31 de novembro, pelo cinquentenário do 1º Congresso Afro-Brasileiro, ali realizado em 1934. Lê no Museu de Arte Sacra de Pernambuco (Olinda) a conferência Cultura e museus, publicada no ano seguinte pela Fundarpe.

1985 Recebe da Fundação do Patrimônio Histórico e Artístico de Pernambuco (Fundarpe) a Homenagem à Cultura Viva de Pernambuco, em 18 de março. Viaja em maio aos Estados Unidos, para receber, na Baylor University, o prêmio consagrador de notáveis triunfos (Distinguished Achievement Award). Profere em 21 de maio, na Harvard University, conferência sobre My first contacts with american intellectual life, promovida pelo Departamento de Línguas e Literaturas Românicas e pela Comissão de Estudos Latino-Americanos e Ibéricos. Realiza exposição na Galeria Metropolitana Aloísio Magalhães do Recife: Desenhos a cor: figuras humanas e paisagens. Recebe, em agosto, o grau de Doutor *Honoris Causa* em Direito e em Letras pela Universidade Clássica de Lisboa. É nomeado em setembro, pelo presidente da República, para compor a Comissão de Estudos Constitucionais. Recebe o título de Cidadão de Manaus, em 6 de setembro. Profere, em 29 de outubro, conferência na inauguração do Instituto Brasileiro de Altos Estudos (Ibrae) de São Paulo, subordinada ao título À beira do século XX. Em 20 de novembro, é apresentado, no Cine Bajado, de Olinda, o filme de Kátia Mesel *Oh de casa!*. Em dezembro viaja a São Paulo, sendo hospitalizado no Incor para cirurgia de um divertículo de Zenkel (hérnia de esôfago). A José Olympio Editora publica a 7ª edição de *Sobrados e mucambos* e a 5ª edição de *Nordeste*. Por iniciativa do Centro de

Estudos Latino-Americanos da Universidade da Califórnia em Los Angeles, a editora da universidade publica em Berkeley reedições em brochuras do mesmo formato *The masters and the slaves*, *The mansions and the shanties* e *Order and progress*, com introduções de David H. E. Mayburt-Lewis e Ludwig Lauerhass Jr., respectivamente.

1986 Em janeiro, submete-se a uma cirurgia do esôfago para retirada de um divertículo de Zenkel, no Incor. Regressa ao Recife em 16 de janeiro, dizendo: "agora estou em casa, meu Apipucos". Em 22 de fevereiro, retorna a São Paulo para uma cirurgia de próstata no Incor, realizada em 24 de fevereiro. Recebe em 24 de abril, em sua residência de Apipucos, do embaixador Bernard Dorin, a comenda de Grande Oficial da Legião de Honra, no grau de Cavaleiro. Em maio, é agraciado com o Prêmio Cavalo-Marinho, da Empitur. Em agosto, recebe o título de Cidadão de Aracaju. Em 24 de outubro, reencontra-se no Recife com a dançarina Katherine Dunhm. Em 28 de outubro é eleito para ocupar a cadeira 23 da Academia Pernambucana de Letras, vaga com a morte de Gilberto Osório de Andrade. Toma posse em 11 de dezembro na Academia Pernambucana de Letras. Recebe, em 16 de dezembro, o título de Pesquisador Emérito do Instituto de Pesquisas Sociais da Fundação Joaquim Nabuco. Publica-se em Budapeste a edição húngara de *Casa-grande & senzala: udvarház es szolgaszállás*. A professora Élide Rugai Bastos defende na Pontifícia Universidade Católica de São Paulo (PUC) a tese de doutoramento *Gilberto Freyre e a formação da sociedade brasileira*, orientada pelo professor Octavio Ianni. A Áries Editora publica em São Paulo o livro de Pietro Maria Bardi, *Ex-votos de Mário Cravo*, e a Editora Creficullo lança o livro do mesmo autor *40 anos de Masp*, ambos prefaciados por Gilberto Freyre.

1987 Instituição, em 11 de março, da Fundação Gilberto Freyre. Em 30 de março, recebe em Apipucos a visita do presidente Mário Soares. Em 7 de abril, submete-se a uma cirurgia para implantação de marca-passo no Incor do Hospital Português. Em 18 de abril, Sábado Santo, recebe de d. Basílio Penido, OSB, os sacramentos da Reconciliação, da Eucaristia e da Unção dos Enfermos. Morre no Hospital Português, às 4 horas de 18 de julho, aniversário de Magdalena. Sepultamento no Cemitério de Santo Amaro, às 18 horas, com discurso do ministro Marcos Freire. Em 20 de julho, o senador Afonso Arinos ocupa a tribuna da Assembleia Nacional Constituinte para homenagear sua memória. Em 19 de julho o jornal *ABC de Madri* publica um artigo de Julián Marías: Adiós a um brasileño universal. Em 24 de julho, missas concelebradas, no Recife, por Dom José Cardoso Sobrinho e Dom Heber Vieira da Costa, OSB, e em Brasília, por Dom Hildebrando de Melo e pelos vigários da catedral e do Palácio da Alvorada com coral da Universidade de Brasília. Missa celebrada no seminário, com canto gregoriano a cargo das Beneditinas de Santa Gertrudes, de Olinda. A Editora Record publica

Modos de homem e modas de mulher e a 2ª edição de *Vida, forma e cor*; *Assombrações do Recife Velho* e *Perfil de Euclides e outros perfis*; a José Olympio Editora, a 25ª edição brasileira de *Casa-grande & senzala*. O Círculo do Livro lança nova edição de *Dona Sinhá e o filho padre*, e a Editora Massangana publica *Pernambucanidade consagrada* (discursos de Gilberto Freyre e Waldemar Lopes na Academia Pernambucana de Letras). Ciclo de conferências promovido pela Fundação Joaquim Nabuco em memória de Gilberto Freyre, tendo como conferencistas Julián Marías, Adriano Moreira, Maria do Carmo Tavares de Miranda e José Antônio Gonsalves de Mello (convidado, deixou de vir, por motivo de doença, o antropólogo Jean Duvignaud). Ciclo de conferências promovido em Maceió pelo governo do estado de Alagoas, a cargo de Maria do Carmo Tavares de Miranda, Odilon Ribeiro Coutinho e José Antônio Gonsalves de Mello. Homenagem do Conselho Latino-Americano de Ciências Sociais, na abertura de sua XIV Assembleia Geral, realizada no Recife, de 16 a 21 de novembro. A editora mexicana Fondo de Cultura Económica publica a 2ª edição, como livro de bolso, de *Interpretación del Brasil*. A revista *Ciência e Cultura* publica em seu número de setembro o necrológio de Gilberto Freyre, solicitado por Maria Isaura Pereira de Queiroz a Edson Nery da Fonseca.

1988 Em convênio com a Fundação Gilberto Freyre e sob os auspícios do Grupo Gerdau, a Editora Record publica no Rio de Janeiro a obra póstuma *Ferro e civilização no Brasil*.

1989 Em sua 26ª edição, *Casa-grande & senzala* passa a ser publicada pela Editora Record, até a 46ª edição, em 2002.

1990 A Fundação das Artes e a Empresa Gráfica da Bahia publicam em Salvador *Bahia e baianos*, obra póstuma organizada e prefaciada por Edson Nery da Fonseca. A Editora Klett-Cotta lança em Stuttgart a 2ª edição alemã de *Sobrados e mucambos* (*Das land in der Stadt*). Realiza-se na Fundação Joaquim Nabuco o seminário O cotidiano em Gilberto Freyre, organizado por Fátima Quintas (anais publicados no mesmo ano pela Editora Massangana).

1994 A Câmara dos Deputados publica, como volume 39 de sua Coleção Perfis Parlamentares, *Discursos parlamentares*, de Gilberto Freyre, texto organizado, anotado e prefaciado por Vamireh Chacon. A Editora Agir publica no Rio de Janeiro a antologia *Gilberto Freyre*, organizada por Edilberto Coutinho como volume 117 da Coleção Nossos Clássicos, dirigida por Pedro Lyra. A Editora 34 publica no Rio de Janeiro a tese de doutoramento de Ricardo Benzaquen de Araújo *Guerra e paz:* Casa-grande & senzala e a obra de Gilberto Freyre nos anos 30.

1995 Realiza-se na Fundação Joaquim Nabuco a semana de estudos comemorativos dos 95 anos de Gilberto Freyre, com conferências reunidas e apresentadas por Fátima Quintas na obra coletiva *A obra em tempos vários*, publicada em 1999 pela Editora Massangana. A Fundação de Cultura da Cidade do Recife e a Imprensa Universitária da Universidade Federal de Pernambuco publicam no Recife *Novas conferências em busca de leitores*, obra póstuma organizada e prefaciada por Edson Nery da Fonseca. A Editora Massangana publica o livro de Sebastião Vila Nova, *Sociologias e pós-sociologia em Gilberto Freyre*.

1996 Realiza-se na Fundação Joaquim Nabuco o simpósio Que somos nós?, organizado por Maria do Carmo Tavares de Miranda em comemoração aos sessenta anos de *Sobrados e mucambos* (anais publicados pela Editora Massangana em 2000).

1997 Comemorando seu septuagésimo quinto aniversário, a revista norte-americana *Foreign Affairs* publica o resultado de um inquérito destinado à escolha de 62 obras "que fizeram a cabeça do mundo a partir de 1922". *Casa-grande & senzala* é apontada como uma delas pelo professor Kenneth Maxwell. A Companhia das Letras publica em São Paulo a 4ª edição de *Açúcar*, livro reimpresso em 2002 por iniciativa da Usina Petribu.

1999 Por iniciativa da Fundação Oriente, da Universidade da Beira Interior e da Sociedade de Geografia de Lisboa, iniciam-se em Portugal as comemorações do centenário de nascimento de Gilberto Freyre, com o colóquio realizado na Sociedade de Geografia de Lisboa, de 11 e 12 de fevereiro, Lusotropicalismo revisitado, sob a direção dos professores Adriano Moreira e José Carlos Venâncio. A Fundação Oriente institui um prêmio anual de 1 milhão de escudos para "galardoar trabalhos de investigação na área da perspectiva gilbertiana sobre o Oriente". As comemorações pernambucanas são iniciadas em 14 de março, com missa solene concelebrada na Basílica do Mosteiro de São Bento de Olinda, com canto gregoriano pelas Beneditinas Missionárias da Academia Santa Gertrudes. Pelo Decreto nº 21.403, de 7 de maio, o governador de Pernambuco declara, no âmbito estadual, Ano Gilberto Freyre 2000. Pelo Decreto de 13 de julho, o presidente da República institui o ano 2000 como Ano Gilberto Freyre. A UniverCidade do Rio de Janeiro institui, por sugestão da Editora Topbooks, o prêmio de 20 mil dólares para o melhor ensaio sobre Gilberto Freyre.

2000 Por iniciativa da TV Cultura de São Paulo, são elaborados os filmes *Gilbertianas I e II*, dirigidos pelo cineasta Ricardo Miranda com a colaboração do antropólogo Raul Lody. Em 13 de março, ocorre o lançamento nacional da produção, numa promoção do Shopping Center Recife/UCI Cinemas/Weston Táxi Aéreo. Em 21 de março são lançados, na sala Calouste Gulbenkian da Fundação Joaquim Nabuco, no Núcleo de Estudos Freyrianos, no governo do estado de Pernambuco, na Sudene e no Ministério da Cultura. Por iniciativa do Canal GNT, VideoFilmes e Regina Filmes, o cineasta Nelson Pereira dos Santos dirige quatro documentários intitulados genéricos de *Casa-grande & senzala*, tendo Edson Nery da Fonseca como corroteirista e narrador. Filmados no Brasil, em Portugal e na Universidade de Colúmbia em Nova York, o primeiro, *O Cabral moderno*, exibido pelo canal GNT a partir de 21 de abril. Os demais, *A cunhã:* mãe da família brasileira, *O português:* colonizador dos trópicos e *O escravo na vida sexual e de família do brasileiro*, são exibidos pelo mesmo canal, a partir de 2001. As Editoras Letras e Expressões e Abregraph publicam a 2ª edição de *Casa-grande & senzala em quadrinhos*, com ilustrações de Ivan Wasth Rodrigues colorizadas por Noguchi. A Editora Topbooks lança a 2ª edição brasileira de *Novo mundo nos trópicos*, prefaciada por Wilson Martins. A revista *Novos Estudos Cebrap*, n. 56, publica o dossiê Leituras de Gilberto Freyre, com apresentação de Ricardo Benzaquen de Araújo, incluindo as introduções de Fernand Braudel à edição italiana de *Casa-grande & senzala*, de Lucien Fèbvre à edição francesa, de Antonio Sérgio a *O mundo que o português criou* e de Frank Tannembaum à edição norte-americana de *Sobrados e mucambos*. Em 15 de março, realiza-se na Maison de Sciences de l'Homme et de la Science o colóquio Gilberto Freyre e a França, organizado pela professora Ria Lemaire, da Universidade de Poitiers. Em 15 de março o arcebispo de Olinda e Recife, José Cardoso, celebra missa solene na Igreja de São Pedro dos Clérigos, com cantos do coral da Academia Pernambucana de Música. Na tarde de 15 de março, é apresentada, na sala Calouste Gulbenkian, em projeção de VHF, a Biblioteca Virtual Gilberto, disponível imediatamente na Internet: <http://prossiga.bvgf.fgf.org.br>. De 21 a 24 de março realiza-se na Fundação Gilberto Freyre o Seminário Internacional Novo Mundo nos Trópicos (anais publicados com título homônimo). De 28 a 31 de março é apresentado no Centro Cultural Banco do Brasil do Rio de Janeiro o ciclo de palestras A propósito de Gilberto Freyre (não reunidas em livro). De 14 a 16 de agosto realiza-se o seminário Gilberto Freyre: patrimônio brasileiro, promovido conjuntamente pela Fundação Roberto Marinho, pela UniverCidade do Rio de Janeiro, pelo Colégio do Brasil, pela Academia Brasileira de Letras, pela *Folha de S.Paulo* e pelo Instituto de Estudos Avançados da USP. Iniciado no auditório da Academia Brasileira de Letras e num dos *campi* da Universidade, é concluído no auditório da *Folha de S.Paulo* e na cidade universitária da USP. Em 18 de outubro, realiza-se no anfiteatro da História da USP o seminário multidisciplinar Relendo Gilberto Freyre, organizado pelo Centro Angel Rama da Faculdade de Filosofia, Letras e Ciências Humanas na mesma universidade. Em 20 de outubro realiza-se na embaixada do Brasil em Paris o seminário Gilberto Freyre e as ciências sociais no Brasil, promovido pelo Ministério das Relações Exteriores e Fundação Gilberto Freyre. Em 30 de outubro realiza-se em Buenos Aires o seminário À la busqueda de la identidad: el ensayo de interpretación nacional en Brasil y Argentina. De 6 a 9 de novembro é realizada no Sun Valley Park Hotel, em Marília (SP), a Jornada de Estudos Gilberto Freyre, organizada pela

Faculdade de Filosofia e Ciências da Unesp. Em 21 de novembro, na Universidade de Essex, ocorre o seminário *The english in Brazil:* a study in cultural encounters, dirigido pela professora Maria Lúcia Pallares-Burke. Em 27 de novembro, realiza-se na Universidade de Cambridge o seminário Gilberto Freyre & história social do Brasil, dirigido pelos professores Peter Burke e Maria Lúcia Pallares-Burke. De 27 a 30 de novembro, acontece no Centro de Ciências Humanas, Letras e Artes da Universidade Federal da Paraíba o simpósio Gilberto Freyre: interpenetração do Brasil, organizado pela professora Elisalva Madruga Dantas e pelo poeta e multiartista Jomard Muniz de Brito (anais com título homônimo publicados pela editora Universitária em 2002). De 28 a 30 de novembro, ocorre na sala Calouste Gulbenkian da Fundação Joaquim Nabuco o seminário internacional Além do apenas moderno. De 5 a 7 de dezembro é apresentado no auditório João Alfredo da Universidade Federal de Pernambuco o seminário Outros Gilbertos, organizado pelo Laboratório de Estudos Avançados de Cultura Contemporânea do Departamento de Antropologia da mesma universidade. Publica-se em São Paulo, pelo Grupo Editorial Cone Sul, o ensaio de Gustavo Henrique Tuna: Gilberto Freyre – entre tradição & ruptura, premiado na categoria "ensaio" do 3º Festival Universitário de Literatura, organizado pela Xerox do Brasil e pela revista *Livro Aberto*. Por iniciativa do deputado Aldo Rebelo a Câmara dos Deputados reúne no opúsculo Gilberto Freyre e a formação do Brasil, prefaciado por Luís Fernandes, ensaios do próprio deputado, de Otto Maria Carpeaux e de Regina Maria A. F. Gadelha. A Editora Comunigraf publica no Recife o livro de Mário Hélio *O Brasil de Gilberto Freyre:* uma introdução à leitura de sua obra, com ilustrações de José Cláudio e prefácio de Edson Nery da Fonseca. A Editora Casa Amarela publica em São Paulo a 2ª edição do ensaio de Gilberto Felisberto Vasconcellos *O xará de Apipucos*. A Embaixada do Brasil em Bogotá publica o opúsculo Imagens, com texto e ilustrações selecionadas por Nora Ronderos.

2001 A Companhia das Letras publica em São Paulo a 2ª edição de *Interpretação do Brasil*, organizada e prefaciada por Omar Ribeiro Thomaz (nº 19 da Coleção Retratos do Brasil). A Editora Topbooks publica no Rio de Janeiro a obra coletiva *O imperador das ideias*: Gilberto Freyre em questão, organizada pelos professores Joaquim Falcão e Rosa Maria Barboza de Araújo, reunindo conferências do seminário realizado no Rio de Janeiro e em São Paulo de 14 a 17 de agosto de 2000. A Editora Topbooks e UniverCidade publicam no Rio de Janeiro a 2ª edição de *Além do apenas moderno*, prefaciada por José Guilherme Merquior e as 3ªˢ edições de *Aventura e rotina*, prefaciada por Alberto da Costa e Silva, e de *Ingleses no Brasil*, prefaciada por Evaldo Cabral de Melo. A Editora da Universidade do Estado de Pernambuco publica, como nº 18 de sua Coleção Nordestina, o livro póstumo *Antecipações*, organizado e prefaciado por Edson Nery da Fonseca. A Editora Garamond publica no Rio de Janeiro o livro de Helena

Bocayuva *Erotismo à brasileira:* o excesso sexual na obra de Gilberto Freyre, prefaciado pelo professor Luis Antonio de Castro Santos. O *Diário Oficial da União* de 28 de dezembro de 2001 publica, à página 6, a Lei no 10.361, de 27 de dezembro de 2001, que confere o nome de Aeroporto Internacional Gilberto Freyre ao Aeroporto Internacional dos Guararapes do Recife. O Projeto de Lei é de autoria do deputado José Chaves (PMDB-PE).

2002 Publica-se no Rio de Janeiro, em coedição da Fundação Biblioteca Nacional e Zé Mário Editor, o livro de Edson Nery da Fonseca *Gilberto Freyre de A a Z*. É lançada em Paris, sob os auspícios da ONG da Unesco Allca XX e como volume 55 da Coleção Archives, a edição crítica de *Casa-grande & senzala*, organizada por Guillermo Giucci, Enrique Rodríguez Larreta e Edson Nery da Fonseca.

2003 O governo instalado no Brasil em 1º de janeiro extingue, sem nenhuma explicação, o Seminário de Tropicologia criado em 1966 pela Universidade Federal de Pernambuco, por sugestão de Gilberto Freyre e incorporado em 1980 à estrutura da Fundação Joaquim Nabuco. Gustavo Henrique Tuna defende, no Departamento de História do Instituto de Filosofia e Ciências Humanas da Unicamp, a dissertação de mestrado *Viagens e viajantes em Gilberto Freyre*. A Editora da Universidade de Brasília publica, em coedição com a Imprensa Oficial do Estado de São Paulo, as seguintes obras póstumas, organizadas por Edson Nery da Fonseca: *Palavras repatriadas* (prefácio e notas do organizador); *Americanidade e latinidade da América Latina e outros textos afins*, *Três histórias mais ou menos inventadas* (com prefácio e posfácio de César Leal) e *China tropical*. A Global Editora publica a 47ª edição de *Casa-grande & senzala* (com apresentação de Fernando Henrique Cardoso). No mesmo ano, lança a 48ª edição da obra-mestra de Freyre. A mesma editora publica a 14ª edição de *Sobrados e mucambos* (com apresentação de Roberto DaMatta). Publica-se pela Edusc, Editora da Unesp e Fapesp o livro *Gilberto Freyre em quatro tempos* (organização de Ethel Volfzon Kosminsky, Claude Lépine e Fernanda Arêas Peixoto), reunindo comunicações apresentadas na Jornada de Estudos Gilberto Freyre, realizada em Marília (SP), em 2000. É lançada pela Edusc, Editora Sumaré e Anpocs o livro de Élide Rugai Bastos *Gilberto Freyre e o pensamento hispânico:* entre Dom Quixote e Alonso El Bueno.

2004 A Global Editora publica a 6ª edição de *Ordem e progresso* (apresentação de Nicolau Sevcenko), a 7ª edição de *Nordeste* (com apresentação de Manoel Correia de Oliveira Andrade), a 15ª edição de *Sobrados e mucambos* e a 49ª edição de *Casa-grande & senzala*. Em conjunto com a Fundação Gilberto Freyre, a editora lança o Concurso Nacional de Ensaios – Prêmio Gilberto Freyre 2004/2005, destinado a premiar e a publicar ensaio que aborde "qualquer dos aspectos relevantes da obra do escritor Gilberto Freyre".

2005 Em 15 de março é premiado o trabalho de Élide Rugai Bastos intitulado *As criaturas de Prometeu:* Gilberto Freyre e a formação da sociedade brasileira, vencedor do Concurso Nacional de Ensaios – Prêmio Gilberto Freyre 2004/2005, promovido pela Fundação Gilberto Freyre e pela Global Editora. Esta publica a 50ª edição (edição comemorativa) de *Casa--grande & senzala*, em capa dura. Em agosto, o grupo de teatro Os Fofos Encenam, sob a direção de Newton Moreno, estreia a peça *Assombrações do Recife Velho*, adaptação da obra homônima de Gilberto Freyre, no Casarão do Belvedere, situado no bairro Bela Vista, em São Paulo. Em 18 de outubro, na Livraria Cultura do Shopping Villa-Lobos, em São Paulo, é lançado *Gilberto Freyre: um vitoriano dos trópicos*, de Maria Lúcia Pallares-Burke, pela Editora da Unesp, em mesa-redonda com a participação dos professores Antonio Dimas, José de Souza Martins, Élide Rugai Bastos e a autora do livro. A Global Editora publica a 3ª edição de *Casa-grande & senzala em quadrinhos*, com ilustrações de Ivan Wasth Rodrigues colorizadas por Noguchi.

2006 Realiza-se em 15 de março na 19ª Bienal Internacional do Livro de São Paulo, sediada no Pavilhão de Exposições do Anhembi, no salão A-Mezanino, a mesa de debate setenta anos de *Sobrados e mucambos*, de Gilberto Freyre, com a presença dos professores Roberto DaMatta, Élide Rugai Bastos, Enrique Rodríguez Larreta e mediação de Gustavo Henrique Tuna. No evento, é lançado o 2º Concurso Nacional de Ensaios – Prêmio Gilberto Freyre 2006/2007, organizado pela Global Editora e pela Fundação Gilberto Freyre que aborda qualquer aspecto referente à obra *Sobrados e mucambos*. A Global Editora publica a 2ª edição, revista, de *Tempo morto e outros tempos*, prefaciada por Maria Lúcia Garcia Pallares-Burke. Realiza-se no auditório do Instituto de Filosofia e Ciências Humanas da Unicamp, nos dias 25 e 26 de abril, o Simpósio Gilberto Freyre: produção, circulação e efeitos sociais de suas ideias, com a presença de inúmeros estudiosos do Brasil e do exterior da obra do sociólogo pernambucano.

A Global Editora publica *As criaturas de Prometeu – Gilberto Freyre e a formação da sociedade brasileira*, de Élide Rugai Bastos, trabalho vencedor da 1ª edição do Concurso Nacional de Ensaios/ Prêmio Gilberto Freyre 2004/2005, promovido pela editora e pela Fundação Gilberto Freyre.

2007 Publicam-se em São Paulo, pela Global Editora: a 5ª edição do livro *Açúcar*, apresentada por Maria Lecticia Monteiro Cavalcanti; a 5ª edição revista, atualizada e aumentada por Antonio Paulo Rezende do livro *Guia prático, histórico e sentimental da cidade do Recife*; a 6ª edição revista e atualizada por Edson Nery da Fonseca do livro *Olinda: 2º guia prático, histórico e sentimental de cidade brasileira*. Publica-se no Rio de Janeiro, pela Civilização Brasileira, o primeiro volume da obra *Gilberto Freyre, uma biografia cultural*, dos pesquisadores uruguaios Enrique Rodrigues Larreta e Guillermo Giucci, em tradução de Josely Vianna Baptista. Publica-se no Recife, pela Editora Massangana, o livro de Edson Nery da Fonseca *Em torno de Gilberto Freyre*.

2008   O Museu da Língua Portuguesa de São Paulo encerra em 4 de maio a exposição, iniciada em 27 de novembro de 2007, *Gilberto Freyre intérprete do Brasil*, sob a curadoria de Élide Rugai Bastos, Júlia Peregrino e Pedro Karp Vasquez. Publicam-se em São Paulo, pela Global Editora: a 4ª edição revista do livro *Vida social no Brasil nos meados do século XIX*, com apresentação e índices de Gustavo Henrique Tuna; e a 6ª edição do livro *Assombrações do Recife Velho*, com apresentação de Newton Moreno, autor da adaptação teatral representada com sucesso em São Paulo. O editor Peter Lang de Oxford publica o livro de Peter Burke e Maria Lúcia G. Pallares-Burke *Gilberto Freyre: social theory in the tropics*, versão de *Gilberto Freyre, um vitoriano nos Trópicos*, publicado em 2005 pela Editora da Unesp, que em 2006 recebeu os Prêmios Senador José Ermírio de Morais da ABL (Academia Brasileira de letras) e Jabuti, na categoria Ciências Humanas.

A Global Editora publica *Ensaio sobre o jardim*, de Solange de Aragão, trabalho vencedor da 2ª edição do Concurso Nacional de Ensaios – Prêmio Gilberto Freyre 2006/2007, promovido pela editora e pela Fundação Gilberto Freyre.

2009   A Global Editora publica a 2ª edição de *Modos de homem & modas de mulher* com texto de apresentação de Mary Del Priore. A É Realizações Editora publica em São Paulo a 6ª edição do livro *Sociologia: introdução ao estudo dos seus princípios*, com prefácio de Simone Meucci e posfácio de Vamireh Chacon, e a 4ª edição de *Sociologia da medicina*, com prefácio de José Miguel Rasia. O Diário de Pernambuco edita a obra *Crônicas do cotidiano: a vida cultural de Pernambuco nos artigos de Gilberto Freyre*, antologia organizada por Carolina Leão e Lydia Barros. A Editora da Unesp publica, em tradução de Fernanda Veríssimo, o livro de Peter Burke e Maria Lúcia G. Pallares-Burke *Repensando os trópicos: um retrato intelectual de Gilberto Freyre*, com prefácio à edição brasileira.

2010   Publica-se pela Global Editora o livro *Nordeste semita – Ensaio sobre um certo Nordeste que em Gilberto Freyre também é semita*, de autoria de Caesar Sobreira, trabalho vencedor da 3ª edição do Concurso Nacional de Ensaios – Prêmio Gilberto Freyre 2008/2009, promovido pela editora e pela Fundação Gilberto Freyre. A Global Editora publica a 4ª edição de *O escravo nos anúncios de jornais brasileiros do século XIX*, com apresentação de Alberto da Costa e Silva. A É Realizações publica a 4ª edição de *Aventura e rotina*, a 2ª edição de *Homens, engenharias e rumos sociais*, as 2ªˢ edições de *O luso e o trópico*, *O mundo que o português criou*, *Uma cultura ameaçada e outros ensaios* (versão ampliada de *Uma cultura ameaçada*: a luso-brasileira), *Um brasileiro em terras portuguesas* (a 1ª edição publicada no Brasil) e a 3ª edição de *Vida forma e cor*. A Editora Girafa publica *Em torno de Joaquim Nabuco*, reunião de textos que Gilberto Freyre escreveu sobre o abolicionista organizada por Edson Nery da Fonseca com colaboração de Jamille Cabral Pereira Barbosa. Gilberto Freyre é o autor homenageado da 10ª edição da Feira Nacional do Livro de Ribeirão Preto, realizada entre os dias 14 e 18 de junho. É também o autor homenageado da 8ª edição da Festa Literária Internacional de Paraty (Flip), ocorrida na cidade carioca entre os dias 4 e 8 de agosto. Para a homenagem, foram organizadas mesas com convidados nacionais e do exterior. A conferência de abertura, em 4 de agosto, é lida pelo ex-presidente Fernando Henrique Cardoso e debatida pelo historiador Luiz Felipe de Alencastro; no dia 5 realiza-se a mesa Ao correr da pena, com Moacyr Scliar, Ricardo Benzaquen e Edson Nery da Fonseca, com mediação de Ángel Gurría-Quintana; no dia 6 ocorre a mesa Além da casa-grande, com Alberto da Costa e Silva, Maria Lúcia Pallares-Burke e Ângela Alonso, com mediação de Lilia Schwarcz; no dia 8 realiza-se a mesa Gilberto Freyre e o século XXI, com José de Souza Martins, Peter Burke e Hermano Vianna, com mediação de Benjamim Moser. É lançado na Flip o tão esperado inédito de Gilberto Freyre *De menino a homem*, espécie de livro de memórias do pernambucano, pela Global Editora. A edição, feita com capa dura, traz um rico caderno iconográfico, conta com texto de apresentação de Fátima Quintas e notas de Gustavo Henrique Tuna. O lançamento do tão aguardado relato autobiográfico até então inédito de Gilberto Freyre realiza-se na noite do dia 5 de agosto, na Casa da Cultura de Paraty, ocasião em que o ator Dan Stulbach lê trechos da obra para o público presente. O Instituto Moreira Salles publica uma edição especial para a Flip de sua revista *Serrote*, com poemas de Gilberto Freyre comentados por Eucanaã Ferraz. A Funarte publica o volume 5 da coleção Pensamento crítico intitulado *Gilberto Freyre*, uma coletânea de escritos do sociólogo pernambucano sobre arte, organizada por Clarissa Diniz e Gleyce Heitor.

2011 Realiza-se entre os dias 31 de março e 1º de abril na Universidade Lusófona, em Lisboa, o colóquio Identidades, hibridismos e tropicalismos: leituras pós-coloniais de Gilberto Freyre, com a participação de importantes intelectuais portugueses como Diogo Ramada Curto, Pedro Cardim, António Manuel Hespanha, Cláudia Castelo, entre outros. A Global Editora publica *Perfil de Euclides e outros perfis*, com texto de apresentação de Walnice Nogueira Galvão. O livro *De menino a homem* é escolhido vencedor na categoria Biografia da 53ª edição do Prêmio Jabuti. A cerimônia de entrega do prêmio ocorre em 30 de novembro na Sala São Paulo, na capital paulista. A 7ª edição da Fliporto (Festa Literária Internacional de Pernambuco), realizada entre os dias 11 e 15 de novembro na Praça do Carmo, em Olinda, tem Gilberto Freyre como autor homenageado, com mesas dedicadas a discutir a obra do sociólogo. Participam das mesas no Congresso Literário da Fliporto intelectuais como Edson Nery da Fonseca, Fátima Quintas, Raul Lody, João Cezar de Castro Rocha, Vamireh Chacon, José Carlos Venâncio, Valéria Torres da Costa e Silva, Maria Lecticia Cavalcanti, entre outros. Dentro da programação da Feira, a Global Editora lança os livros *China tropical*, com texto de apresentação de Vamireh Chacon e *O outro Brasil que vem aí*, publicação voltada para o público infantil que traz o poema de Gilberto Freyre ilustrado por Dave Santana. No mesmo evento, é lançado pela Editora Cassará o livro *O grande sedutor: escritos sobre Gilberto Freyre de 1945 até hoje*, reunião de vários textos de Edson Nery da Fonseca a respeito da obra do sociólogo. Publica-se pela Editora Unesp o livro *Um estilo de história – a viagem, a memória e o ensaio*: sobre *Casa--grande & senzala e a representação do passado*, de autoria de Fernando Nicolazzi, originado da tese vencedora do Prêmio Manoel Luiz Salgado Guimarães de teses de doutorado na área de História promovido no ano anterior pela Anpuh.

2012 A edição de março da revista do Sesc de São Paulo publica um perfil de Gilberto Freyre. A Global Editora publica a 2ª edição de *Talvez poesia*, com texto de apresentação de Lêdo Ivo e dois poemas inéditos: "Francisquinha" e "Atelier". Pela mesma editora, publica-se a 2ª edição do livro *As melhores frases de Casa-grande & senzala:* a obra-prima de Gilberto Freyre, organizado por Fátima Quintas. Publica-se pela Topbooks o livro *Caminhos do açúcar*, de Raul Lody, que reúne temas abordados pelos trabalhos do sociólogo pernambucano. A Editora da Unesp publica o livro *O triunfo do fracasso: Rüdiger Bilden, o amigo esquecido de Gilberto Freyre*, de Maria Lúcia Pallares-Burke, com texto de orelha de José de Souza Martins. A Fundação Gilberto Freyre promove em sua sede, em 10 de dezembro, o debate "A alimentação na obra de Gilberto Freyre, com presença de Maria Lecticia Monteiro Cavalcanti, pesquisadora em assuntos gastronômicos.

2013 Publica-se pela Fundação Gilberto Freyre o livro *Gilberto Freyre e as aventuras do paladar*, de autoria de Maria Lecticia Monteiro Cavalcanti. Vanessa Carnielo Ramos defende, no Departamento de História do Instituto de Ciências Humanas e Sociais da Universidade Federal de Ouro Preto, a dissertação de mestrado *À margem do texto*: estudo dos prefácios e notas de rodapé de *Casa-grande & senzala*. A Global Editora e a Fundação Gilberto Freyre abrem as inscrições para o 5º Concurso Nacional de Ensaios – Prêmio Gilberto Freyre 2013/2014, que tem como tema Família, mulher e criança. Em 4 de outubro, inaugura-se no Centro Cultural dos Correios, no Recife, a exposição Recife: Freyre em frames, com fotografias de Max Levay Reis e co-curadoria de Raul Lody, baseada em textos do livro *Guia prático, histórico e sentimental da cidade do Recife*, de Gilberto Freyre. Publica-se pela Global Editora uma edição comemorativa de *Casa-grande & senzala*, por ocasião dos oitenta anos de publicação do livro, completados no mês de dezembro. Feita em capa dura, a edição traz nova capa com foto do Engenho Poço Comprido, localizado no município pernambucano de Vicência, de autoria de Fabio Knoll, e novo caderno iconográfico, contendo imagens relativas à história da obra-mestra de Gilberto Freyre e fortuna crítica. Da tiragem da referida edição, foram separados e numerados 2013 exemplares pela editora.

2014 Nos dias 4 e 5 de fevereiro, no auditório Manuel Correia de Andrade do Centro de Filosofia e Ciências Humanas da Universidade Federal de Pernambuco, realiza-se o evento Gilberto Freyre: vida e obra em comemoração aos 15 anos da criação da Cátedra Gilberto Freyre, contemplando palestras, mesas redondas e distribuição de brindes. No dia 23 de maio, em evento da FLUPP (Festa Literária Internacional das UPPs) realizado no Centro Cultural da Juventude, sediado na capital paulista, o historiador Marcos Alvito profere aula sobre Gilberto Freyre. Entre os dias 12 e 15 de agosto, no auditório do Instituto Ricardo Brennand, no Recife, Maria Lúcia Pallares-Burke ministra o VIII Curso de Extensão Para ler Gilberto Freyre. Realiza-se em 11 de novembro no Empório Eça de Queiroz, na Madalena, o lançamento do livro *Caipirinha: espírito, sabor e cor do Brasil*, de Jairo Martins da Silva. A publicação bilíngue (português e inglês), além de ser prefaciada por Gilberto Freyre Neto, traz capítulo dedicado ao sociólogo pernambucano intitulado "Batidas: a drincologia do mestre Gilberto Freyre".

Nota: após o falecimento de Edson Nery da Fonseca em 22 de junho de 2014, autor deste minucioso levantamento biobibliográfico, sua atualização está sendo realizada por Gustavo Henrique Tuna e tenciona seguir os mesmos critérios empregados pelo profundo estudioso da obra gilbertiana e amigo do autor.

Índice onomástico

A

ABEND, Hallet, 157
AFONSO III, Dom, 67
ALBUQUERQUE, Jerônimo de, 60, 68
ALBUQUERQUE, Matias de, 66
ALEIJADINHO, 183, 184, 185, 186, 187, 188, 190
ALENCAR, José de, 143, 151
ALLEN, Charles H., 138
ALLSTON, coronel, 95
ALMEIDA, irmãos, 130
ALMEIDA, José Américo de, 201, 205
ALMEIDA, Renato, 206
ALVES, Rodrigues, 151
AMADO, Jorge, 185, 186, 190, 191, 202, 206
AMARAL, Afrânio do, 130, 150
AMARAL, Tarsila do, 122
AMARO, João, 79
ANDERSON, Ruth, 38
ANDRADE, Carlos Drummond de, 116, 117, 121
ANDRADE, Mário de, 98, 121, 122, 199, 201, 205
ANDRADE, Oswald de, 122, 201, 206
ANJOS, Ciro dos, 206
ARANHA, Graça, 193, 194, 195, 197, 198, 201, 204
ARCOVERDE, cardeal, 142
ARMSTRONG, A. J., 65
ASFORA, Permínio, 204
ATAÍDE, Tristão de, 206
AZEVEDO, João Lúcio de, 49, 52, 66

B

BAKER, Joseph E., 102
BALDUÍNO, 191, 203
BANDEIRA, Manuel, 121, 185, 201, 202
BARBALHO, José Joaquim Maia e, 171
BARBOSA, Francisco de Assis, 206
BARBOSA, Rui, 205
BARROS, Moreira de, 136
BARTIRA, 68
BATES, Henry Walter, 125, 148, 162
BEALS, Carleton, 158
BELL, Aubrey F. G., 44, 56, 66
BELLO, Júlio, 200, 201, 205
BERRY, J. W., 103
BILDEN, Rüediger, 162
BINGHAM, Hiram, 160
BOAS, Franz, 78, 97
BOLÍVAR, Simon, 159, 171, 179
BONN, professor, 103
BORGES, José Carlos Cavalcanti, 206
BRAZIL, Vital, 130, 150
BRYCE, James, 128, 149, 165
BURTON, Richard, 128, 149

C

CALLADO, Antônio, 206
CALVINO, João, 159
CÂMARA, coronel Lima, 146

CAMÕES, Luís de, 65, 78
CAMPOS, Renato, 206
CANDIDO, Antonio, 206
CARDOSO, Lúcio, 204, 206
CARNEIRO, Gomes, 144
CASCUDO, Luís da Câmara, 99
CAVALCANTI, Valdemar, 206
CEDRO, Luís, 200, 205
CELSO, Afonso, 198, 204
CHAGAS, Carlos, 130, 149, 150
CHATEAUBRIAND, François René, 159, 179
CID, El, 159, 179
CLARK, reverendo Hamlet, 81
CLELAND, professor, 38
CLIFF, José, 82
CLOUGH, Shepard Bancroft, 62
COELHO, Duarte de Albuquerque, 48, 66
COLE, Charles Woolsey, 62
COLTON, Walter, 162
COMTE, Augusto, 132, 150, 194
CONDÉ, José, 206
CONSTANT, Benjamim, 150, 159, 179
COOPER, James F., 143, 151
CORREA, Roberto Alvim, 206
COTTERIL, R. S., 88
COUTINHO, Afrânio, 101
COUTINHO, Morais, 200, 205
COUTO, Ribeiro, 116, 201
CREARY, reverendo, 81
CRISTO, Jesus, 184
CRUZ, Oswaldo, 130, 149, 150
CUNHA, Euclides da, 190, 197, 198, 203, 205
CUNHA, Manuela Carneiro da, 99
CUNHA, Vitorino Carneiro da, 191, 203

D

DALGADO, D. G., 46
DAMPIER, William Cecil, 78
DANGERFIELD, coronel, 88
DANTAS, Júlio, 169, 181
DANTON, George Jacques, 159, 179
DARWIN, Charles, 99, 148, 204
DEWEY, John, 106, 121
DIAS, Cícero, 96, 100, 185, 201

DÍAZ, Porfirio, 161, 180
DICKENS, Charles, 81
DIXON, Roland B., 78, 97
DURNING, Catherine, 78

E

ELLIOTT, L. E., 79, 139, 141, 146
ENGEL, professor, 38
EWBANK, Thomas, 126, 127, 128, 148, 187

F

FALSTAFF, 56
FARIA, Otávio de, 204
FAULKNER, William, 190, 203
FELÍCIA, dona, 86
FERNANDES, Aníbal, 200, 201, 205
FERNANDO, D., 50, 66
FILHO, Adonias, 206
FILIPE II, rei, 58, 68, 74, 107, 120
FISCHER, Theobald, 46, 66
FLETCHER, J. C., 162, 163
FONSECA, Hermes da, 190, 203
FONTES, Amando, 191, 204
FONTES, Cardoso, 130, 150
FRANK, Waldo, 115, 119, 121
FRANKLIN, Benjamin, 159
FREYRE, Gilberto, 63, 65, 66, 67, 69, 81, 90, 96, 97, 98, 99, 100, 120, 121, 148, 149, 178, 179, 181, 202, 204, 206
FRONTIN, Paulo, 133, 151

G

GAINES, Francis Pendleton, 87, 88, 89
GAMIO, Manuel, 78, 97
GANIVET, Angel, 40, 65
GIDDINGS, Franklin H., 106
GILLESPIE, James Edward, 62
GLADSTONE, William E., 159, 180
GLICÉRIO, Francisco, 132, 150
GOBINEAU, conde de, 162, 180, 204
GOETZ, Walter, 174
GRECO, El, 185, 186, 202

GRIFFING, John B., 92
GUENTHER, Konrad, 123, 124, 143, 162

H

HANKE, Lewis, 178, 181
HAYER, Carlton, 83
HOLANDA, Aurélio Buarque de, 201, 205
HOLANDA, Sérgio Buarque de, 201, 206
HOOD, Thomas, 81, 99
HOOTON, E. A., 77, 78, 97
HOUSE, coronel Edward, 157
HYDE, mr., 41, 118

I

IHERING, Rudolf Von, 124
IVO, Ledo, 206

J

JACINTA, 127
JARDIM, Luís, 201, 205, 206
JEFFERSON, Thomas, 158, 159, 171, 179, 180
JEKILL, dr., 41, 118
JOÃO, São, 89, 90
JOÃO VI, Dom, 189, 190
JUÁREZ, Benito, 159, 180
JUREMA, Aderbal, 206

K

KAHLO, Frida, 202
KEYSERLING, conde de, 129
KIDDER, D. P., 162
KING-SING, Tong, 136, 138
KOHL, 46
KOHN, Hans, 40, 155
KOSTER, Henry, 82, 99
KUBITSCHEK, Juscelino, 122

L

LA FAYETTE, Marie-Joseph de, 159, 179
LAS CASAS, Bartolomé de, 59, 68

LAMARTINE, Alphonse de, 159, 179
LAURENT, professor, 38
LE BON, Gustave, 193, 204
LEAL, César, 206
LEGENDRE, Maurice, 40
LENTZ, Fritz, 161
LEWINSON, Paul, 155
LIMA, Jorge de, 185, 201, 202
LIMA, Luiz Costa, 206
LIMA, Manuel de Oliveira, 171, 181
LINCOLN, Abraham, 159, 180
LINS, Álvaro, 201, 205, 206
LINS, Osman, 204, 206
LINS, Sinval, 130
LOBATO, Monteiro, 198, 199, 205
LORENTE, Mariano Joaquin, 193
LUÍS, Washington, 190, 203
LUTERO, Martinho, 118, 159
LUTZ, Adolfo, 150

M

MACHADO, Alcântara, 79, 201
MACHADO, Pinheiro, 85, 99
MACIEL, Paulo, 193, 194, 197
MAGALHÃES, Basílio de, 79, 98
MANIGHEW, 81
MANN, Thomas, 95
MAOMÉ, 42
MARINHO, Saldanha, 112, 121
MARROQUIM, Mário, 201, 205
MARTINS, Wilson, 206
MARTIUS, C. F. Phil Von, 162, 180
MATOS, Gregório de, 187, 188, 190, 203
MAURA, bispo de, 159
MAYO, Elton, 189
MEADE, Richard Kidder, 171
MELO, Antônio da Silva, 130, 150
MELO, Gama e, 206
MENCKEN, Henry L., 64, 69
MENDES, Murilo, 185, 202, 203
MENDIETA Y NUÑEZ, Lucio, 78
MIALL, Bernard, 123
MILKAU, 194, 195, 197
MILLIET, Sérgio, 206

MILLS, Laurens J., 38
MILTON, John, 159, 180
MOISÉS, 42, 65
MONTELO, Josué, 206
MONTENEGRO, Olívio, 201, 205
MOOG, Vianna, 191, 204
MORAES, Vinicius de, 185, 203
MORAIS NETO, Prudente de, 201, 206
MOREIRA, Juliano, 172
MORROW, Glenn R., 101
MOTTA FILHO, Cândido, 98
MUELLER, professor, 38
MÜLLER, Lauro, 133, 150, 177
MURPHY, James, 55, 67

N

NABUCO, Joaquim, 86, 96, 100
NASH, Roy, 53, 67, 80, 163
NESTOR, Odilon, 200, 205
NETO, Mauro, 206
NEWTON, Isaac, 159, 180
NORMANO, J. F., 77, 97, 111, 168
NUNES, Cassiano, 206

O

OLAVO, Antônio, 206
OLIVEIRA, Franklin de, 206
OLIVEIRA, Henrique Veloso de, 166, 167
OROZCO, José Clemente, 185, 202
ORTIGÃO, Ramalho, 62
OTS Y CAPDEQUI, José Maria, 174
OUMANSKI, Constantin A., 157, 158

P

PARANÁ, marquês do, 100
PARETO, Vilfredo, 189, 203
PAULDING, James K., 88, 100
PEÇANHA, Nilo, 132, 150, 177
PEDRO II, Dom, 127, 131, 137, 159, 162, 171, 189, 190
PEIXOTO, Floriano, 150
PENA, Afonso, 150
PEREIRA, Astrogildo, 206

PESSOA, Epitácio, 137, 151
PFEIFFER, Ida, 81, 99
PHILLIPS, Ulrich B., 75, 89, 96
PIERSON, Donald, 162, 180
PIMENTEL, Oscar, 206
PINTO, Estêvão, 201, 205
POCAHONTAS, 142
POMBAL, marquês de, 44, 65
PORTELLA, Eduardo, 206
PORTINARI, Cândido, 185, 202
POTTER, Pitman B., 103
PRADO, Paulo, 79, 98
PRADO JÚNIOR, Caio, 206
PRESTAGE, Edgar 63
PUTNAM, Samuel, 190

Q

QUEIROZ, Rachel de, 185, 191, 202, 206
QUIXOTE, Dom, 203

R

RABELO, Sílvio, 201, 205
RADOSAVLEVICH, F. R., 161
RAMALHO, João, 60, 68
REBOUÇAS, André, 112
REGO, José Lins do, 96, 100, 185, 190, 191, 200, 201, 203
REISCHWEIN, Adolphe, 62
REY, professor, 37, 38
RIBAS, Emílio, 150
RIBEIRO, João, 79, 98
RICARDO, Cassiano, 79, 98
RÍOS, Fernando de los, 41, 42
RIVERA, Diego, 185, 202
RODRIGUES, Nelson, 206
RODRIGUES, Nina, 148
ROMERO, Sílvio, 96, 98, 100, 147, 197, 198
RONDON, Cândido, 144, 146, 166, 180
ROOSEVELT, Theodore, 64, 69, 108, 121, 164
ROQUETTE-PINTO, Edgar, 78, 98, 130, 163
ROSA, Guimarães, 204, 206
ROSAS, Juan Manuel de, 176, 181
ROTHSCHILD, 194, 204

S

SALAZAR, Oliveira, 66
SALES, Campos, 151
SALES, Herberto, 206
SALGADO, Plínio, 98, 206
SAMPAIO, Teodoro, 79, 98
SANCHO II, rei, 52, 67
SANDERSON, Dwight, 61
SANTOS, Constantino José dos, 50
SATANÁS, 89
SCHULTEN, Adolf, 38
SÉRGIO, Antônio, 49, 50, 66
SHAKESPEARE, William, 64, 68
SILVA, José Bonifácio de Andrada e, 59, 60, 68, 145, 146, 147
SILVA, L. S. Rebelo da, 47
SIQUEIROS, 202
SOBIESKI, 44
SOMBART, Werner, 51, 67
SOUTHEY, Robert 82, 99
SPENCER, Herbert, 194, 203, 204
SPIX, J. B. Von, 180
STALIN, Josef, 157
STEWART, C. S., 154, 155, 162, 178
STOCKARD, Charles R., 129, 130, 149
STRANGFORD, Lord, 121
SUASSUNA, Ariano, 206
SUMNER, William Graham., 116

T

TAMAIO, Rufino, 202
TAUNAY, Afonso D'E., 79, 98
TAVARES, Odorico, 185, 201, 203
TAYLOR, Alfred A., 87
THOMPSON, Edgar T., 87, 88, 89
TIBIRIÇÁ, cacique, 68
TOMASIC, professor, 38
TORRES, Alberto, 198, 205
TURNER, Frederick Jackson, 77, 97, 102, 110

U

UGARTE, Manuel, 177, 181
UNAMUNO, Miguel de, 40, 65

V

VARGAS, Getúlio, 99, 111, 117, 118, 120, 122
VEBLEN, Thornstein, 90, 100
VELLINHO, Moisés, 206
VERÍSSIMO, Érico, 191, 204
VERÍSSIMO, José, 198, 205
VIANA, F. J. de Oliveira, 99
VIANA FILHO, Luís, 201, 205
VICENTE, Gil, 66
VIEIRA, padre Antônio, 196
VILLA-LOBOS, Heitor, 185, 203
VOLTAIRE, François Marie Arouet, 159, 180

W

WALLACE, Alfred R., 81, 99, 162
WALSH, Robert, 105, 121
WARREN, John Esaias, 90
WASHINGTON, George, 158, 159, 180
WEBER, Max, 67
WEBSTER, W. H., 81, 84
WELLS, Herman B., 37
WHETHAMS, 78
WHITTLESEY, Charles R., 134
WILSON, Thomas Woodrow, 157, 158, 159, 179
WINTHER, professor, 38
WRIGHT, Quincy, 104

X

XAVIER, São Francisco, 63

Z

ZAVALA, Silvio, 58, 59, 68
ZOLA, Émile, 118

Impressão e Acabamento